UTB **2541**

Eine Arbeitsgemeinschaft der Verlage

Beltz Verlag Weinheim · Basel
Böhlau Verlag Köln · Weimar · Wien
Wilhelm Fink Verlag München
A. Francke Verlag Tübingen und Basel
Haupt Verlag Bern · Stuttgart · Wien
Verlag Leske + Budrich Opladen
Lucius & Lucius Verlagsgesellschaft Stuttgart
Mohr Siebeck Tübingen
C. F. Müller Verlag Heidelberg
Ernst Reinhardt Verlag München und Basel
Ferdinand Schöningh Verlag Paderborn · München · Wien · Zürich
Eugen Ulmer Verlag Stuttgart
UVK Verlagsgesellschaft Konstanz
Vandenhoeck & Ruprecht Göttingen
Verlag Recht und Wirtschaft Heidelberg
WUV Facultas Wien

PETER ERNST

Germanistische Sprachwissenschaft

UTB basics

WUV

Peter Ernst ist Professor am
Institut für Germanistik der Universität Wien.

Bibliografische Information Der Deutschen Bibliothek
Die Deutsche Bibliothek verzeichnet diese Publikation
in der Deutschen Nationalbibliografie;
detaillierte bibliografische Daten sind im Internet über
http://dnb.ddb.de abrufbar.

© 2004 Facultas Verlags- und Buchhandels AG
WUV, Berggasse 5, A-1090 Wien
Gestaltung: Atelier Reichert
Satz: grafzyx.at
Druck: Ebner & Spiegel, Ulm
Printed in Germany

ISBN 3-8252-2541-0

Inhaltsverzeichnis

Ein Linguist, ein Zoologe und ein Mathematiker fahren mit dem Zug durch die Schweiz. Auf einmal sehen sie auf einer Weide ein schwarzes Schaf stehen. „Aha", bricht der Linguist das Schweigen, „in der Schweiz sind die Schafe also schwarz!" „Nein, mein Herr", korrigiert ihn der Zoologe, „richtiger ist: In der Schweiz gibt es auch schwarze Schafe." „Sie irren beide", meint schließlich der Mathematiker, „wir müssen sagen: In der Schweiz existiert mindestens eine Weide, auf der mindestens ein Schaf steht, das auf mindestens einer Seite schwarz ist."

(Nach Simon Singh)

Einleitung

Es gibt eine Menge hervorragender Einführungen in die Linguistik auf dem Markt. Das Buch, das Sie in Ihren Händen halten, will keine davon ersetzen. Fachleute werden in diesem Buch nichts wesentlich Neues finden. Aber das macht nichts. Für Fachleute ist es auch nicht geschrieben, sondern für all jene, die sich zum ersten Mal systematisch mit Sprache beschäftigen und vielleicht vorhaben, ihr Wissen – etwa im Rahmen eines Hochschulstudiums – weiter zu vertiefen. In diesem Sinn will die vorliegende Darstellung das Fundament für eine sprachwissenschaftliche Ausbildung legen. Es sollen nicht so sehr die neuesten Entwicklungen in der Linguistik, so interessant und aufregend sie auch sein mögen, vorgestellt werden, sondern die Basis, das bewährte Rüstzeug, das in fast zweihundertjähriger Forschungsgeschichte von unzähligen Fachleuten (nicht nur der Sprachwissenschaft, sondern auch benachbarter Disziplinen) entwickelt, erprobt und zur Reife gebracht worden ist.

In neueste Entwicklungen kann man nur vordringen, wenn die Grundlagen gefestigt sind. Bevor man darangeht, ein Gebäude zu errichten, muss der Boden eingeebnet und das Fundament gelegt werden. Dies betrachte ich in übertragenem Sinn als meine Aufgabe. Welches (Lehr-)Gebäude dann auf dem Fundament errichtet wird, bleibt anderen Baumeistern überlassen. Manchmal müssen die Fundamente für spezielle Bauten auch erweitert, verstärkt oder in andere Richtungen ausgebaut werden. Auch das möchte ich einschlägigen Fachleuten überlassen.

Dies ist keine Darstellung der deutschen Sprache selbst. Der Leser, der so etwas erwartet, sollte zu einem Lehrbuch des Deutschen oder einer Grammatik oder beidem greifen. Nicht Ergebnisse stehen im Vordergrund unseres Interesses, sondern die Methode, wie man zu wissenschaftlichen Ergebnissen kommt. Als Grundlage der Darstellung sollen daher auch möglichst keine selbst konstruierten Sätze dienen – obwohl sich das manchmal nicht vermeiden lässt –, sondern reale sprachliche Äußerungen. Zu diesem Zweck wurde folgendes Textkorpus gewählt:

Egon-Erwin-Kisch-Preis 2003: Schreib das auf! Die besten deutschsprachigen Reportagen. Berlin: Aufbau Verlag 2003.

Dieser Basistext vereint mehrere Vorzüge in sich:
- Er ist nicht fiktional oder fiktiv.
- Er ist nicht literarisch (dies nicht als Werturteil, sondern im Sinn von „sprachlich nicht übertragen").
- Er ist aktuellen Datums.
- Er wendet sich nicht an ein Fachpublikum oder eine bestimmte Gesellschaftsschicht.
- Er möchte allgemein verständlich sein.
- Er enthält verschiedene Varietäten (Standard-, Umgangssprache, Dialekt).
- Die Autoren sind (mehr oder minder) jung und vertreten daher mit Sicherheit den gegenwärtigen Sprachgebrauch.
- Er ist leicht erhältlich (in Buchhandlungen und Bibliotheken).

Der Basistext ist zweispaltig gesetzt. Im vorliegenden Buch werden Belege nach der Seite zitiert, ein abgesetztes l oder r merkt an, ob es sich um die linke oder rechte Spalte handelt, z. B. *Ihre Gesichter konnte sich irgendwann keiner mehr merken.* (79 r) = Seite 79, rechte Spalte. Manchmal enthält eine Seite nur eine Spalte, dann entfällt die Angabe von l oder r. In diesem Zusammenhang wurden auch die metasprachlichen Texte über die Autorinnen und Autoren und ihre Ausbildung nicht als Primärtexte verwendet. Wenn es nicht möglich war, Beispiele aus dem Primärtext zu finden, werden selbst konstruierte Exempel genannt und durch den Zusatz (PE) gekennzeichnet.

Das Buch ist eine Einführung in die synchrone Sprachwissenschaft; der diachronen Sprachwissenschaft (historischen Linguistik, Sprachgeschichte) ist ein eigener Band in derselben Reihe gewidmet. Der Aufbau folgt einem der bekanntesten semiotischen Modelle, nämlich jenem von CHARLES WILLIAM MORRIS (s. S. 192). Das sprachliche Zeichen steht demnach in einem dreifachen Verhältnis: 1. zu anderen sprachlichen Zeichen (*Syntaktik* oder *Syntax*), 2. zu den bezeichneten Referenten (*Semantik*) und 3. zum Zeichenbenutzer (*Pragmatik*). „Syntax" wird hier in einem weiteren Sinn gesehen und nicht nur auf den Satz bezogen. Beziehungen von Zeichen zueinander existieren auch auf der phonemischen, morphologischen und anderen Ebenen; ja von vielen wird „Syntax" im Sinne von ‚Grammatik' verstanden.

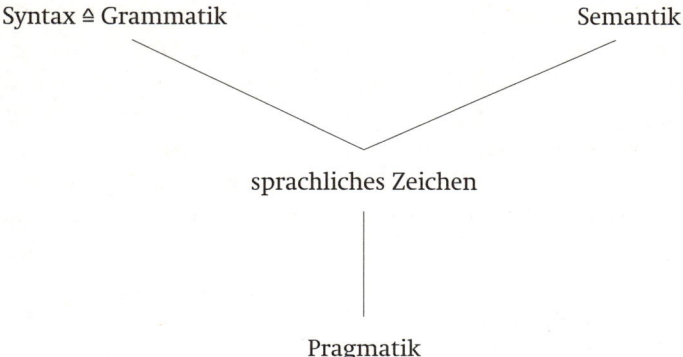

Dieses Schema legen wir auch dem vorliegenden Werk zu Grunde, vermehrt um ein Grundlagenkapitel (Kap. 1) und einen Anhang. Ein Teil des Lehrstoffs wurde mit Absicht in die Übungen verlegt, so dass erst ihre Absolvierung den Lehrgang komplett machen.

Es scheint heute für einen Einzelnen unmöglich zu sein, sämtliche Gebiete der Linguistik als Experte zu überblicken. Außerdem sind diese Teilgebiete bereits so zahl- und umfangreich, dass jede Einführung, die sich als umfassend verstehen will, nur mehr als Enzyklopädie oder Nachschlagewerk, aber nicht mehr als knappe Überblicksdarstellung gehandhabt werden kann. Aus diesem Grund und auch, um meine Kompetenzen nicht zu überschreiten, habe ich bewusst auf jene Gebiete verzichtet, auf denen ich mich nicht als Experte sehe, u. a. die Kognitive Linguistik, Psycho- und Neurolinguistik sowie Computerlinguistik. Ich habe mich aber bemüht, wesentliche Einführungsliteratur dazu anzugeben, wie überhaupt im Anhang eine Reihe weiterführender Literatur genannt wird, so dass sich der Leser selbst weiter informieren kann und soll. Das Buch ist als aufbauender Lehrgang konzipiert, es wird empfohlen, es von vorne nach hinten durchzuarbeiten und die Reihenfolge der Kapitel beim Lesen nicht zu ändern. Das vorliegende Buch hat seinen Zweck erreicht, wenn es Neugierde auf mehr (Beschäftigung mit Sprache und Sprachwissenschaft) weckt.

Ich danke meinen Freunden und Kollegen Manfred Glauninger, Hans Christian Luschützky, P. Thomas Petutschnig, Richard Reutner und Paul Rössler herzlich für die Fachdiskussionen und ihre Korrekturhinweise sowie Sergios Katsikas für seine Mitarbeit beim Kapitel „2.1 Phonetik und Phonologie", die über das Übliche weit hinausgeht. Michael Huter und dem WUV-Verlag danke ich für die Aufnahme des Buches in die Reihe „UTB basics", Sabine Kruse für ihren Einsatz, Wolfgang Straub für das produktive Lektorat und dem Team von grafzyx für die äußerst angenehme Zusammenarbeit. Selbstverständlich fallen alle Nachteile des Werkes in meine Verantwortung. Der Universität Wien danke ich für die Freistellung im Wintersemester 2003/2004, die mir seine Fertigstellung ermöglichte.

Ich widme dieses Buch meinem Sohn Albert.

Wien, im Jänner 2004   Peter Ernst

Grundlagen:
Der Mensch und seine Sprache

From the moment I could talk I was ordered to listen
Cat Stevens, Father and Son

Inhalt

1.1 | Das Wesen der Sprache

Als die Viking-Sonden der NASA 1976 und 1977 den Mars umrundeten, sandten sie etwa 300.000 Bilder von der Planetenoberfläche zur Erde. Darunter befanden sich auch einige Aufnahmen der Cydonia-Region auf der Nordhalbkugel des Mars, die beträchtliche Verwirrung auslösten: Glaubte man doch, in den Gesteins- und Sandformationen nicht nur pyramidenförmige Gebilde in einer stadtähnlichen Anordnung, sondern sogar ein menschliches Gesicht mit leicht geöffnetem Mund zu erkennen.

Abb 1 | *Das „Marsgesicht" (rechts oben) und die „City" (Mitte links)*

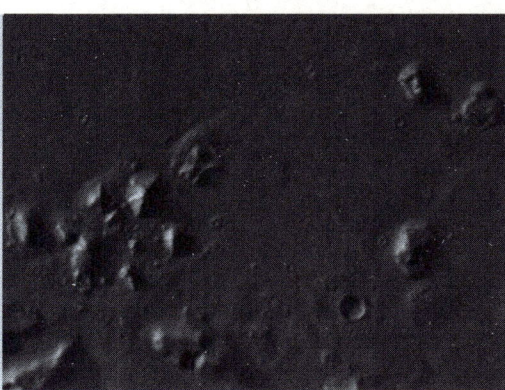

In den folgenden Jahren entbrannte ein heftiger Streit unter ausgebildeten und selbst ernannten Fachleuten, ob diese Strukturen tatsächlich existierten oder nur eine optische, durch besonderen Lichteinfall erzeugte Täuschung auf den leider unscharfen Fotografien wären. Wenn die Gebilde tatsächlich existieren, erhebt sich als Nächstes die Frage, ob sie natürlichen oder künstlichen Ursprungs sind, also ob eine außerirdische Intelligenz sie geschaffen haben könnte, etwa als Botschaft an die Menschheit. Für alle Positionen finden sich Befürworter und Gegner.

In gewissem Sinn stehen wir, wenn wir uns mit der menschlichen Sprache beschäftigen, vor denselben Problemen, die sich beim Betrachten des so genannten „Marsgesichts" ergeben. Das führt zu drei grundlegenden Fragen:

1. Hat die menschliche Sprache eine von Natur aus vorgegebene Struktur?

2. Wenn es diese Struktur tatsächlich gibt: Worin hat sie ihren Ursprung?
3. Wie können wir diese Struktur wissenschaftlich beschreiben?

Im Gegensatz zum Marsgesicht, das für die meisten Astronomen nur ein exotisches Detail darstellt und das in astronomischen Abhandlungen, die sich als seriös verstehen, gar nicht erwähnt wird, sind unsere Fragen über die Natur der menschlichen Sprache aber grundlegend für unsere Wissenschaft, die Linguistik.

Die Frage, ob eine Einzelsprache wie das Deutsche eine Struktur aufweist, mag auf den ersten Blick lächerlich erscheinen. In der Regel ist man, auch wenn man sich nicht mit Sprachwissenschaft beschäftigt hat, sofort bereit, diese Frage mit einem klaren „Ja" zu beantworten. Wenn man dann allerdings weiterfragt, wie denn diese Struktur aussieht, kommt man sehr bald ins Stocken. So werden jeweils Verfechter der Traditionellen Grammatik, der Valenzgrammatik und der Generativen Grammatik die Frage, ob Sprache eine „Struktur" habe, im Grunde bejahen. Allerdings werden sie diese Struktur jeweils grundsätzlich anders beschreiben, sodass man mit Berechtigung fragen kann, ob diese Struktur objektiv „in der Natur" besteht oder von den Grammatikern nur in die Sprache hineininterpretiert wird – mit anderen Worten: ob man in der Sprache nur jene Strukturen sehen *kann*, die man auch sehen *will*.
Man kann die gesamte Sprachwissenschaft als Suche nach den in der Sprache vermuteten Strukturen auffassen. Am Anfang der sprachwissenschaftlichen Neuorientierung zu Beginn des 19. Jahrhunderts – alles, was davor an Sprachwissenschaft betrieben wurde, ist heute nur mehr von forschungsgeschichtlichem Interesse – steht die Erkenntnis, dass die meisten Sprachen in Europa und sehr viele, räumlich weit entfernte asiatische Sprachen (etwa das Altindische und das Altpersische) vergleichbare Strukturen aufweisen. Damals kannte man allerdings das Wort *Struktur* in diesem Sinn noch nicht und bezeichnete die strukturelle Übereinstimmung zwischen Sprachen als *Verwandtschaft:* Man stellte sich Sprachen so miteinander „verwandt" vor wie Menschen. Heute unterscheidet man bei der **Sprachverwandtschaft** zwischen **typologischer** und **genealogischer Sprachvergleichung**.

Haben auch Tiere eine Sprache?

Immer wieder werden die Kommunikationssysteme der Tiere als „Sprachen" bezeichnet und mit der menschlichen Sprache qualitativ gleichgesetzt. Oft sieht man zwischen menschlichen Sprachen und **Tiersprachen** nur einen graduellen Unterschied, aber keinen prinzipiellen. Besonders Zoologen wollen damit die besondere kognitive Leistung der Tiere, etwa von Schimpansen und Delphinen, hervorheben und reden unverhohlen von Tiersprachen. Obwohl die Verständigungssysteme von Tieren erstaunlich komplex sein können (man denke etwa an die berühmte „Bienensprache"), muss von Seiten der Linguistik dennoch darauf beharrt werden, dass einzig und allein der Mensch über **Sprache** im Sinn der menschlichen Sprache verfügt, d. h. dass zwischen „Tiersprachen" und der menschlichen Sprache ein prinzipieller Unterschied besteht und nicht nur ein gradueller. Man kann dafür eine Reihe von Beweisen erbringen. Der bekannteste und überzeugendste darunter ist jener, dass nur der Mensch *mit seiner Sprache über seine Sprache* kommunizieren kann. Der Mensch kann etwa sagen: *Das Haus ist groß*, und er macht damit eine *objektsprachliche* Äußerung. Er kann aber auch sagen *‚Haus' ist ein Substantiv* und damit eine metasprachliche Äußerung über das sprachliche Zeichen ‚Haus' machen. Die Metaebene stellt man sich „über" der Objektebene vor. Selbstverständlich kann man sich dann auch eine Metametaebene *‚Haus ist ein Substantiv' ist ein Aussagesatz* vorstellen usw.:

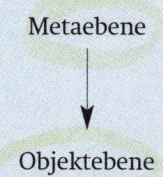

Metaebene

Objektebene

Bisher konnte noch nie bewiesen werden, dass auch Tiere über eine metasprachliche Ebene verfügen. Ein Schimpanse kann zwar Kärtchen für sprachliche Zeichen verwenden (etwa ein Kärtchen mit der Abbildung einer Banane) und er kann auch *relativ* gut die menschliche Gebärdensprache erlernen, aber er kann seine Sprache niemals selbst beschreiben, also auf die Metaebene gelangen:

So kann er nicht aus einem Häufchen von Karten alle mit Abbildungen von „femininen Substantiven" (wie *Banane*) heraussuchen. Darüber hinaus gibt es noch weitere Beweise, dass Tiersprachen strukturell anders sind als die menschliche Sprache; so kann man Lautäußerungen von Tieren etwa nicht segmentieren, also ein *wau* (oder wie man das Bellen eines Hundes empfindet) nicht in /w/ + /au/ wie *Haus* in /h/+/au/+/s/, vgl. Kap. 2.1. Ebensowenig kann man eine eindeutige Zuordnung von Ausdrücken und Inhalten treffen wie *wau* = ‚Haus', *wuff* = ‚Briefträger' etc.

Daraus folgt auch, dass Tiere ihre „Sprachen" niemals bewusst und gezielt verändern können, wie es der Mensch kann. Der berühmteste Versuch mit einem Schimpansen – der in Anspielung auf den berühmten Linguisten NOAM CHOMSKY „Nim Chimpsky" genannt worden war – wurde nach vier Jahren und dem Verbrauch von mehreren Millionen Dollar aus Mangel an grundlegenden wissenschaftlichen Erkenntnissen abgebrochen.

Derzeit ist der Forschungsgegenstand der Linguistik also *ausschließlich* die menschliche Sprache, und für einen Linguisten ist es verpönt, von *„Tiersprachen"* (bestenfalls unter Anführungszeichen) zu sprechen. Damit ist aber nicht gesagt, dass das immer so bleiben muss: Gegen Ende des 19. Jahrhunderts lag für die Medizin die Beschäftigung mit Träumen jenseits aller Vorstellungen. Es ist auch nicht bewiesen, dass es nicht noch irgendwo auf der Welt, etwa in unerforschten Amazonasregionen, eine Tierart geben könnte, die über Metasprache verfügt – auch wenn dies äußerst unwahrscheinlich ist.

Bisher haben wir mit dem Begriff *Struktur* stillschweigend vorausgesetzt, dass eine Sprache *Regelmäßigkeiten* oder *wiederkehrende Muster* aufweist. Normalerweise werden diese beiden Begriffe gleichgesetzt. Die Pyramiden und das Gesicht auf der Marsoberfläche stellen schlechte Beispiele für Strukturen dar, weil sie insgesamt relativ einfach sind (vor allem die geometrische Form einer Pyramide). Die menschliche Sprache ist aber weit komplexer.

Neuorientierung in der Linguistik

Abb 2 | William Jones (1746–1794)

1816 veröffentlichte FRANZ BOPP (1791–1867), erst fünfundzwanzigjährig, sein Werk „Über das Konjugationssystem der Sanskritsprache in Vergleichung mit jenem der griechischen, lateinischen, persischen und germanischen Sprache". Darin wird zum ersten Mal in wissenschaftlich exakter Methode und anhand ausführlicher und systematischer Vergleiche die Verwandtschaft verschiedener indogermanischer Sprachen bewiesen. Und 1819 erschien der erste Band der „Deutschen Grammatik" von JACOB GRIMM, die einen ähnlichen Beweis unter den germanischen Sprachen erbrachte. (Es handelt sich um eine historische Grammatik und keine Gegenwartsgrammatik im Sinn einer Duden-Grammatik.) Bereits 1814 hatte der Däne RASMUS KRISTIAN RASK (1787–1832) seine von der Dänischen Akademie preisgekrönte Arbeit „Untersuchung über den Ursprung der alten nordischen oder isländischen Sprache" geschrieben. Allerdings wurde seine Arbeit erst 1818 veröffentlicht und war außerdem in Dänisch verfasst, was ihrer Verbreitung im Weg stand.

1785 hatte der britische Kolonialbeamte Sir WILLIAM JONES, seit 1783 Oberrichter in Indien, in einem Vortrag vor der Asiatic Society in Kalkutta (veröffentlicht 1786 in der neugegründeten Zeitschrift „Asiatick Researches" [sic!]) die Verwandtschaft der alten europäischen Sprachen wie Griechisch, Latein und Gotisch mit dem altindischen Sanskrit festgestellt und in visionärer Weitsicht vermutet, dass allen diesen Sprachen eine heute nicht mehr existente „Ursprache" zu Grunde liegen könnte. Noch Jahrzehnte später (etwa bei FRIEDRICH SCHLEGEL, 1772–1829) ist die falsche Ansicht zu finden, das Sanskrit selbst sei diese Ursprungssprache.

Wilhelm Grimm
(1786–1859) und
Jacob Grimm (1785–
1863)

| Abb 3

Wir können uns die Struktur am Beispiel der Tierbezeichnungen ansehen:

Tabelle

Gattung	männlich ausgewachsen	weiblich ausgewachsen	jung
Rind	Stier, Bulle	Kuh	Kalb
Pferd	Hengst	Stute	Füllen, Fohlen
Schwein	Eber	Sau	Ferkel
Gans	Gänserich, Ganter	Gans	Küken, Gänschen?
Ente	Erpel, Enterich	Ente	(Enten-)Küken
Huhn	Hahn	Henne	Küken
Ziege	(Ziegen-)Bock	Ziege, Geiß	Zickel, Zicklein
Schaf	Widder, Bock	Schaf (alt: Aue)	Lamm
Katze	Kater	Katze	Kätzchen
Hund	Rüde	Hündin	Welpe

Die Frage, die man sich nun stellen kann, ist folgende: Es existieren männliche ausgewachsene Rinder, weibliche ausgewachsene Rinder, männliche junge Rinder und weibliche junge Rinder. Diese „Ordnung" ist von der Natur vorgegeben. Findet sie sich aber auch in der menschlichen Sprache wieder? Offenbar nicht: Zum einen wird bei den Jungen nicht zwischen männlich und weiblich unterschieden. Zum anderen scheinen die Bezeichnungen selbst keiner „inneren Ordnung" zu folgen: Die weibliche *Katze* heißt ebenso wie die Gattungsbezeichnung selbst (ebenso bei *Schaf, Ente, Gans*), der weibliche Hund trägt aber eine eigene Benennung (*Hündin*, ebenso bei *Rind, Pferd, Schwein*).

Hier drängt sich der Vergleich mit den Naturwissenschaften auf. Diese sind (vielleicht noch stärker als die Geistes- und Kulturwissenschaften) bemüht, in der Natur „Ordnungen" zu erkennen und diese auch mit eindeutigen Begriffen wiederzugeben (man vgl. etwa das Periodensystem der chemischen Elemente). Das Problem lässt sich in einem Punkt kristallisieren: dem der Vorhersagbarkeit. Wenn Sprache **statische Strukturen** aufweist, so müssen sprachliche Strukturen, die man noch nicht entdeckt hat, vorhersagbar sein. Immer wieder hat es in der Geschichte Versuche gegeben, sprachliche Veränderungen vorauszusagen, und gerade heute prognostizieren viele das Aussterben der Dialekte oder das Verdrängen der deutschen Sprache durch die scheinbar überhand nehmenden englischen Fremdwörter. Allerdings ist die menschliche Sprache so komplex, dass die exakte Vorhersage sprachlicher Strukturen niemandem möglich ist. Die Ursache liegt darin, dass sprachliche Strukturen nicht statisch, sondern **dynamisch** sind: Es gibt keine festen Werte (wie in der Physik das Atomgewicht u. a.), sondern jede Einheit wird duch die Gegenüberstellung von anderen Einheiten definiert. Die Tierbezeichnungen bieten dafür ein treffendes Beispiel. Man ist daher heute weitgehend der Meinung, dass die sprachlichen Strukturen nicht in der Natur vorgegeben sind wie das chemische Periodensystem.

Alle natürlichen Sprachen der Welt weisen offenbar Gemeinsamkeiten auf, die man **Sprachliche Universalien** oder **Sprachuniversalien** nennt. Allerdings hat man bis heute nicht allzu viel solcher Sprachuniversalien finden können. Eine davon scheint die Einheit „Wort" zu sein: So dürfte es in allen natürlichen Sprachen so etwas wie Wörter und Wortarten geben. Die Schwierigkeit für die Bestimmung sprachlicher Universalien liegt darin, dass wir bis heute nicht einmal wissen, wie viele Sprachen es gibt, und dass es kein Individuum und auch keine Forschergruppe gibt, die wirklich alle bisher bekannten Sprachen gut genug kennt.

Erklärung

Wie viele Sprachen gibt es auf der Welt?

▶ **Niemand kann genau angeben, wie viele Sprachen es auf der Welt gibt**. Dies liegt allerdings weniger an der Unfähigkeit der Wissenschaftler als an vielfältigen Problemen, die sich bei dieser Thematik ergeben. So sind die Kriterien nicht eindeutig, nach denen Sprachen gezählt werden können: Wann kann man von Sprache sprechen, wann von Dialekt? Nach den neuesten Schätzungen gibt es heute etwa 6.700 lebende Sprachen. Wie viele Sprachen ausgestorben sind, kann man nicht auch nur annähernd angeben. Allein in Indien existieren heute an die 420 Sprachen, und in Südamerika und Afrika kann man weit über 1000 Einzelsprachen zählen. Die geringste Zahl an Sprachen (etwa 70) findet man in Europa. Es ist allerdings zu berücksichtigen, dass die nach ihrer Primärsprecherzahl größten Sprachen allein einen Anteil von über 90 % an der Weltbevölkerung haben.

Die Frage nach dem Wesen sprachlicher Strukturen hängt untrennbar mit der Frage nach dem Wesen der menschlichen Sprache zusammen: Ist Sprache eine Kraft, ein Produkt, eine Übereinkunft, eine angeborene Fähigkeit?

Klar ist: Ohne den Menschen gäbe es keine menschliche Sprache. Das ist ein starkes Argument dafür, dass der Mensch der Schöpfer der Sprache ist. Allerdings ist die Sprache keine bewusste Schöpfung wie der Eiffelturm oder Mozarts Requiem, sie ist auch nicht die Schöpfung eines Einzelnen.

Wie kommt der Mensch zur Sprache? | 1.1.1

Der **Spracherwerb** des Menschen ist die Grundvoraussetzung für die menschliche Sprachfähigkeit. Wenn man bedenkt, dass – wie in populären Darstellungen oft zu lesen ist – erst die Sprache den Menschen zum Menschen macht und erst mit Sprache alle geistigen und kulturellen Leistungen des Menschen errungen werden konnten, hat dieses Problem etwa den gleichen Stellenwert wie die Frage nach der Entstehung des Lebens oder des Universums.

Das Wesen der Sprache

Bis zur Aufklärung wurde jeder Zweifel an der von der Kirche vorgegebenen Lehre, die Sprache sei dem Menschen als fertiges Produkt von Gott im Paradies geschenkt worden, als Ketzerei verur-
teilt. JOHANN GOTTFRIED HERDER (1744–1803) war einer der Ersten, der
(in seiner berühmten „Abhandlung über den Ursprung der Sprache", 1772) vehement auf der Ansicht bestand, dass der Mensch
seine Sprache selbst geschaffen hat. Allerdings glaubte er unter
dem Einfluss von JEAN-JACQUES ROUSSEAUS (1712–1778) Forderung
„Zurück zur Natur", der Mensch habe Kommunikationssysteme der
Tiere, die er gehört hatte, umgeformt und zur menschlichen Sprache weiterentwickelt, also nicht von sich aus selbst geschaffen.

Abb 4 | *Wilhelm von
Humboldt (1767–
1835)*

Für die Entwicklung der Linguistik von außerordentlicher Bedeutung wurde WILHELM VON HUMBOLDT, der in seinem umfangreichen
und zu Lebzeiten größtenteils unveröffentlichten Werk so gut wie
alle Aspekte rund um die menschliche Sprache aufgriff (auch wenn
es oft nur kurze Aperçus sind), sodass er heute in praktisch allen
Fragen zur Sprache zitiert werden kann. In der Vorrede zu seinem
umfangreichen Werk über die „Kawisprache" auf Java, das unter
dem Titel „Über die Verschiedenheit des menschlichen Sprachbau-
es und ihren Einfluss auf die geistige Entwicklung des Menschen-
geschlechts" von JOHANN K. E. BUSCHMANN posthum 1836–40 herausgegeben wurde, werden erstmals jene vier Sprachtypen postuliert,

die bis heute von Bedeutung bleiben sollten: **isolierende, flektierende, agglutinierende** und **inkorporierende** Sprachen. Eine seiner berühmtesten Aussagen in demselben Werk bezieht sich auf das Wesen der Sprache: HUMBOLDT sieht die menschliche Sprache nicht als fertiges Werk (griech. *ergon*), sondern als selbstschöpferische Kraft (griech. *energeia*). Damit verbunden wird der Begriff der „inneren Sprachform", die sich mit dieser der Sprache innewohnenden schaffenden Kraft, in der grammatischen Struktur äußert. Durch diesen geistig-humanistischen Aspekt unterscheiden sich die Humboldtianer (die Linguisten in der Nachfolge HUMBOLDTs wie HEYMANN STEINTHAL, 1823–1899) von den Formalisten (zu denen auch die Strukturalisten zu zählen sind).

Tatsache ist, dass jeder Sprecher, der eine normale Entwicklung durchläuft, mindestens eine Sprache als Muttersprache erlernt. Die nächstliegende Überlegung der Linguistik wäre dann, Kinder bei

Erklärung

Der Ursprung der Sprache

▶ Auch die Frage, warum und wie Sprache entstanden ist, kann nicht beantwortet werden. Mit den im 19. Jahrhundert ausgearbeiteten Methoden kommt man hinter einen Zeitpunkt von etwa 3000–4000 v. Chr. nicht zurück. In der ersten Hälfte des 20. Jahrhunderts hat man allerlei Theorien aufgestellt, die der dänische Sprachwissenschaftler OTTO JESPERSEN (1860–1943) mit „populären" Namen versehen hat. Danach sind folgende Ursprünge der menschlichen Sprache denkbar:

- Die „wau-wau"-Theorie: Sprache entstand durch die Nachahmung von Naturlauten als Signalgebung (von den Tieren abgelauscht).
- Die „la-la"-Theorie: Bei geselligen Anlässen (etwa vor dem Lagerfeuer) wurden mittels Sprachlauten Gefühle u.ä. geäußert.
- Die „ho-ruck"-Theorie: Sprache entstand zum Zweck der Koordinierung gemeinsamer Arbeiten.
- Die „au-au"-Theorie: Sprache ist spontane und instinktive Mitteilung.
- Die „ding-dong"-Theorie: Sprache stellt die Reaktion auf Laute der Umgebung dar (z. B. Vogelstimmen, Waldesrauschen, Klopfen eines Astes im Wind).

Heute sind alle diese und ähnliche „Theorien" obsolet, es gibt keine seriöse Antwort auf die Frage, warum und wie Sprache entstanden ist.

ihrem Spracherwerb zu beobachten – unglücklicherweise kann sich niemand von uns an den eigenen Spracherwerb erinnern, und Versuche mit Hypnose o.ä. gelten als nicht wissenschaftlich. Die Gretchenfrage, die trotz aller wissenschaftlicher Erkenntnisse auf vielen Gebieten heute immer noch nicht endgültig beantwortet werden kann, lautet daher: Lernt das Kleinkind die Sprache durch Nachahmung dessen, was es von den Sprechenden seiner Umwelt hört, oder ist ihm die Sprachfindung angeboren? Die erste Position wird als **Interaktionismus** (älter **Behaviorismus**) bezeichnet, die zweite als **Nativismus**. Als besondere Spielart des Nativismus erscheint der **Kognitivismus** von JEAN PIAGET (1896–1980), der lehrt, dass jeder Mensch als Kind angeborene kognitive Fähigkeiten in der kindlichen Entwicklung kontinuierlich zu Strukturen ausbaut.

Seit der zweiten Hälfte des 19. Jahrhunders gibt es systematische Aufzeichnung über den Spracherwerb von Kindern, die berühmteste stammt von CLARA STERN und WILHELM STERN: Die Kindersprache. Eine psychologische und sprachtheoretische Untersuchung. Leipzig 1928 (Nachdruck: Darmstadt Wissenschaftliche Buchgesellschaft 1987). Bereits „Language" von OTTO JESPERSEN (London 1922) ist ganz auf dem Spracherwerb des Kindes aufgebaut.

Im Allgemeinen gilt der Behavorismus in seiner reinen Form heute als veraltet: Heute glaubt niemand mehr, dass Kinder ihre Muttersprache dadurch erlernen, dass sie Sätze, die ihnen vorgesprochen werden, einfach nachsprechen und dabei von ihren Erziehenden korrigiert werden. Das kann auch leicht bewiesen werden: Jedes Kleinkind kann auf Anhieb akzeptable Sätze bilden, die es noch nie zuvor gehört hat.

1.1.2 | Spracherwerbsphasen beim Kind

Sprachschall kann das Neugeborene schon ab der Geburt wahrnehmen und von anderen Klängen unterscheiden; ja man hat bewiesen, dass es Geschichten, die ihm während seiner Zeit im Mutterleib vorgelesen worden sind, wiedererkennt. Die Fähigkeit zur Sprachproduktion ensteht allerdings erst später: Beim Neugeborenen liegt der Kehlkopf höher im Rachen, sodass bei der Nahrungsaufnahme die – flüssige – Nahrung seitlich am Kehlkopf vorbei in die Speiseröhre fließt. Dadurch kann der Säugling im Gegensatz zum Kind und Erwachsenen gleichzeitig atmen und

Grausame Experimente mit Kindern

Ein Franziskanerbruder berichtet, dass der deutsche Kaiser Friedrich II. (1194–1250) zwei neugeborene Kinder nach ihrer Geburt ohne Kontakt mit Pflegern aufwachsen ließ, um herauszufinden, welche Sprache sie von selbst (d. h. ohne sie von anderen gehört oder gelernt zu haben) verwenden würden. Die Kinder verstarben allerdings (wahrscheinlich an Vereinsamung), ohne ein Wort geäußert zu haben. Dieselbe Geschichte wird vom Schottenkönig Jakob IV. (1488–1513) überliefert.

Sehr bekannt ist auch die von Herodot im 5. Jh. v. Chr. niedergeschriebene Erzählung, dass Pharao Psammetich (664–610 v. Chr.) zwei Neugeborene in einem Garten isolieren und ohne menschlichen Kontakt aufwachsen ließ. Er glaubte, dass sie, wenn sie keiner Beeinflussung ausgesetzt wären, von selbst die ursprüngliche Sprache der Menschen verwenden würden. Als die Kleinen schließlich zu sprechen begannen, sagten sie angeblich das Wort *bekos*, das als die phrygische Bezeichnung für ‚Brot‘ identifiziert wurde. JOHANN KNOBLOCH äußerte die Vermutung, dass die Kinder vielleicht (wenn man die Geschichte überhaupt für wahr halten will) die Silben *beck, beck* als Nachahmung von Ziegenlauten geäußert haben könnten, die die Zeitgenossen dann als *bekos* interpretierten – ein gutes Beispiel dafür, dass auch „Sprachforscher" oft nur das sehen, was sie sehen wollen.

Unsicher ist heute, ob wir darauf vertrauen dürfen, ob diese Geschichten tatsächlich wie berichtet abgelaufen sind. Aber auch wenn wir ihnen keinerlei Erkenntniswert zugestehen – vielleicht außer der traurigen Einsicht, wie mit Kindern umgegangen wurde –, so lässt sich doch daraus die schon sehr früh ausgeprägte Suche nach sprachlichen Wahrheiten ablesen. Aus der tragischen Lebensgeschichte des Kaspar Hauser (vermutlich 1812–1833), der nach eigenen Angaben in einem verdunkelten Raum ohne menschlichen Kontakt aufwuchs, und anderen ähnlich gelagerten Fällen wissen wir, dass Isolierung sprachliche und kognitive Einschränkungen zur Folge hat. (Hauser starb mit 21 Jahren übrigens keines natürlichen Todes, sondern wurde ermordet.) Tatsache ist auch, dass immer wieder Menschen ohne den Kontakt zu anderen Menschen aufwachsen (in der Linguistik werden sie als **Wolfskinder** bezeichnet in Anlehnung an den Mythos von Romulus und Remus).

schlucken, die Schallproduktion ist aber deutlich eingeschränkt. Aus diesem Grund spricht man beim Säugling auch nicht von Phonemen oder Vokalen oder Konsonanten, sondern von **Vokanten** und **Klosanten** (vgl. dazu Kap. 2.1). Ab dem zweiten Monat bis zur Vollendung des ersten Lebensjahres „wandert" der Kehlkopf an seine spätere Stelle, wodurch auch eine ziemlich rechtwinkelige Biegung des Ansatzrohres (Mund- und Rachenbereich) entsteht, in das auch noch die Nasenhöhle durch das bewegliche Zäpfchen (Ende des Gaumensegels) mit einbezogen werden kann. Auch die Zunge gewinnt an Beweglichkeit. Durch diese Entwicklung erhält der Mensch die Möglichkeit zur umfangreichen Sprachlautartikulation, büßt aber dafür an Sicherheit ein: Er kann nämlich nicht gleichzeitig atmen und schlucken und daher leichter ersticken.

Am Anfang jeder menschlichen Kommunikation steht in der Individualentwicklung der **Schrei** – man kann beim Neugeborenen etwa sieben Arten von Schreien differenzieren. Mit 6 bis 8 Wochen setzt die **Gurrphase** ein ([ʔ]-, [h]-artiger Konsonant, [g]- und [k]-artige Laute in schneller Wiederholung). Ab etwa 4 Monaten kann der Säugling bei der Produktion nasale Laute ([m]-Klosant) von oralen ([g]-, [k]-, [b]-ähnlichen Klosanten) unterscheiden. Zwischen vier und acht Monaten beginnt das Kind mit diesen Lauten zu spielen und fängt auch schon an, vorgesprochene Vokale wie [a] und [i] nachzuahmen. Ab vier Monaten kombiniert der Säugling Klosant-Vokant-Kombinationen wie *bababa* oder *gagagagaga,* und damit fängt die „silbische" Phase an. Am Ende dieser **Lallphase** oder **Babbelphase** (mit etwa 10 Monaten) werden verschiedene Vokanten und Klosanten miteinander kombiniert wie *dadu* oder *mamumume,* auch als „buntes Babbeln" bezeichnet. Zugleich wird der Übergang zwischen Lauten weiter trainiert. Es konnte gezeigt werden, dass das Kind im Alter zwischen 9 und 13 Monaten individuelle Lautproduktionen reduziert und sein Phonemsystem tendenziell der Phonemverteilung seiner Muttersprache annähert (zum Phonem siehe Kap. 2.1). In einer Phase von etwa vier bis fünf Monaten überschneiden sich also Babbelphase und der Erwerb der ersten Wörter und damit der Muttersprache. Der Erwerb von Wörtern und einfachen Sätzen verläuft etwa nach folgendem Schema:

1. Einwortäußerungen: zwischen 1 Jahr und 18 bis 20 Monaten
2. Zweiwortäußerungen: zwischen 18 Monaten und zwei bis zweieinviertel Jahren

3. Drei- und Mehrwortäußerungen: zwischen zwei und vier Jahren
4. Komplexe Strukturen: ab etwa vier Jahren bis etwa 12 Jahre

Es muss ausdrücklich betont werden, dass alle diese Altersangaben statistische Mittelwerte sind, von denen im Individualfall erheblich abgewichen werden kann und die daher kein Werturteil über den Entwicklungsstand oder die Intelligenz eines Kindes erlauben.

An dieser Stelle ist auf ein weiteres terminologisches Problem der Linguistik hinzuweisen: Normalerweise wird die erste, als Kind erworbene Sprache eines Menschen als seine **Muttersprache** bezeichnet. Der Begriff geht wahrscheinlich auf lat. *materna lingua* zurück und wird etwa durch MARTIN LUTHER (1483–1546) weit verbreitet. Allerdings wurde der Terminus besonders im angehenden 20. Jahrhundert als zu romantisierend empfunden, wobei sich jedoch keiner der Ersatzvorschläge wie **Erstsprache, Primärsprache, natürliche Sprache, Grundsprache, Herkunftssprache** durchsetzen konnte: Am ehesten findet man noch Erstsprache oder Primärsprache. Erwirbt ein Kind zugleich mehrere Sprachen, ist es umstritten, ob man von zwei (oder mehr) Muttersprachen oder Erstsprachen sprechen kann. Alle diese Termini sind selten neutral, sondern lassen in gewissen Kontexten jeweils andere Nebenbedeutungen mitschwingen.

Ebenso ist es nicht eindeutig, zwischen **Zweitsprache** und **Fremdsprache** zu unterscheiden. Fremdsprache steht oft, aber eben nicht immer, für die „erste Fremdsprache", also jene Sprache, die man nach der Muttersprache erlernt. Dementsprechend wäre die nächste Fremdsprache dann die Zweitsprache, und es müsste auch eine Dritt- und Viertsprache usw. geben. Vielen Linguisten scheint eine solch rigorose Trennung aber an der Realität des Spracherwerbs vorbeizugehen. Auch die Unterscheidung, dass eine Fremdsprache „künstlich und gesteuert" (d.h. durch schulischen Unterricht) und eine Zweitsprache „natürlich und ungesteuert" (etwa durch den Aufenthalt in einem anderssprachigen Land) erworben wird, scheitert an der Unfähigkeit, „gesteuerten" und „ungesteuerten" Erwerb genau trennen zu können. So werden Fremdsprache und Zweitsprache oft als Synonyme verwendet.

Nicht zuletzt sind auch die Begriffe **Erwerben** und **Erlernen** alles andere als eindeutig. Lernen wird oft als bewusstes (und damit auch gesteuertes) Erfassen gesehen, während der Erwerb unbewusst und ungesteuert vor sich geht. Also: In der Schule

„erlernt" man eine Fremdsprache, durch einen Auslandsaufenthalt „erwirbt" man sie. Aber selbstverständlich sind auch hier keine festen Grenzen auszumachen.

1.1.3 | Kognitive Linguistik

Stand der Zusammenhang der menschlichen Grundfähigkeiten wie Sprache und Denken schon von Anfang an auf dem Programm der Philosophen und Linguisten, wird seit den 80er Jahren des 20. Jahrhunderts (der so genannten „**Kognitiven Wende**") in der Kognitiven Linguistik durch vermehrte Zusammenarbeit mit anderen Disziplinen wie Psychologie und Medizin an der Klärung der Frage gearbeitet, wie man mentale Sprachprozesse und -strukturen beschreiben und erklären kann. Die **Kognitive Linguistik** ist allerdings kein einheitliches Forschungsgebiet. Man versucht, Antworten auf Fragen zu finden wie:
- Welche kognitiven Mechanismen bilden die Sprachfähigkeit?
- Wie ist der Spracherwerb gesteuert?
- Welche kognitiven Prozesse steuern die Sprachverwendung?
- Welche Beziehungen bestehen zwischen der Sprachverwendung und anderen kognitiven Fähigkeiten (etwa dem Gedächtnis)?
- Kann man Zentren der Sprachtätigkeit im Gehirn und in den Nervenbahnen ausmachen und falls dies der Fall ist, welche Aufgaben übernehmen sie?

Mit solchen und weiteren Fragestellungen überschreitet man die Grenzen zur **Psycholinguistik**, die keine prinzipiellen Unterschiede zwischen dem Sprachverhalten und anderen intelligenten oder kognitiven Fähigkeiten des Menschen kennt. Auch die **Sprachstörungsforschung**, die als Oberbegriff für die Erforschung aller Beeinträchtigungen des Gebrauchs und Verstehens von Sprache steht, gehört zu diesem Teilbereich. Heute werden alle diese Forschungstätigkeiten unter dem Begriff der **Klinischen Linguistik** zusammengefasst. Als die am besten erforschte Sprachstörung kann wohl die **Aphasie** gelten.

Die Aphasiologie hat in ihrer mehr als hundertjährigen Forschungsgeschichte bewiesen, dass bestimmte Gehirnregionen für spezielle sprachliche Leistungen verantwortlich sind. Wenn diese Regionen ausfallen (durch Unfall oder sonstige Verletzungen),

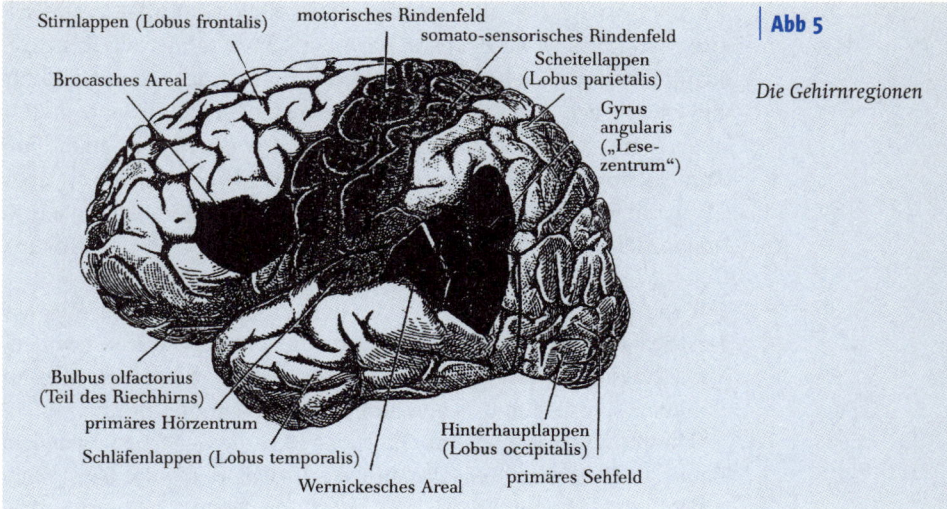

Stirnlappen (Lobus frontalis)   motorisches Rindenfeld
                                 somato-sensorisches Rindenfeld
                                          Scheitellappen
Brocasches Areal   (Lobus parietalis)

                                          Gyrus
                                          angularis
                                          („Lese-
                                          zentrum")

Bulbus olfactorius
(Teil des Riechhirns)
primäres Hörzentrum   Hinterhauptlappen
                                 (Lobus occipitalis)
Schläfenlappen (Lobus temporalis)
                                 primäres Sehfeld
Wernickesches Areal

Abb 5

Die Gehirnregionen

dann setzen die entsprechenden grammatischen Fähigkeiten aus. Dies gilt insbesondere für drei wichtige Sprachareale im menschlichen Gehirn:

1. Das **Broca-Areal** (vom französischen Chirurgen PAUL BROCA, 1824–1880, entdeckt), die Region der Großhirnrinde im unteren Abschnitt der dritten Stirnwindung in der meist linken Hirnhemisphäre, ist für die durch die Grammatik vorgegebenen Abhängigkeiten wie Wortstellung, Kasus- und andere Kongruenzen von Bedeutung. Seine Verletzung führt zur Aphasie (auch **motorische Aphasie** oder **Broca-Aphasie**). Das Sprachverständnis sowie die Artikulationsmöglichkeit sind unbeeinträchtigt, dafür kann der Patient keine formal zusammenhängenden Äußerungen hervorbringen (**„Telegrammstil"**).

2. Beschädigungen des **Wernicke-Areals** (nach dem deutschen Psychiater CARL WERNICKE, 1848–1905) in der ersten und zweiten Windung des Schläfenlappens führen zu Beeinträchtigung oder Ausfall des Sprachverständnisses. Die eigene Sprachproduktion bleibt erhalten, der Patient verwechselt jedoch Buchstaben, Silben oder Worte oder kann Wörtern keine Bedeutung zuordnen. Diese Erkrankung wird auch **sensorische Aphasie** genannt.

3. Störungen im Bereich des **Gyrus angularis** führen zu Wortfindungs- und Lesestörungen. Man erkennt, dass der Wortspeicher sowie die Schrift-Laut-Zuordnungen betroffen sind.

Darüber hinaus hat man festgestellt, dass die Grammatikverarbeitung lateralisiert ist: Bei etwa 97 % der Menschen ist die linke Gehirnhälfte die sprachdominante Hemisphäre, und zwar sowohl für die Lautsprache als auch für die Gebärdensprache. Das bedeutet aber nicht, dass die andere Gehirnhälfte überhaupt nicht am Sprachprozess beteiligt ist; der Anteil der beiden Hälften ist eher als variabler Übergang zu sehen. Allerdings befinden sich die drei genannten wichtigen Sprachfelder meist in der linken Hemisphäre.

Für die wissenschaftliche Beschreibung der realen Welt, die wir letztlich auch mit der Untersuchung von Sprache erreichen wollen, sind theoretisch zwei grundlegend verschiedene Vorgangsweisen denkbar. Wir wollen dies an einem Beispiel demonstrieren.

Unser Ziel sei die wissenschaftliche Klärung der Frage, wie viele Beine ein Hund hat. Dies können wir auf zweierlei Weise feststellen:

1. Wir untersuchen *alle* Hunde auf dieser Welt. (Dafür muss zunächst einmal festgelegt werden, was wir unter einem *Hund* verstehen wollen.) Wenn wir die Untersuchung beendet haben, können wir sicher sein, dass unsere Aussage der Realität entsprechen und damit wahr in wissenschaftlichem Sinn sein wird. Es ist aber auch einsichtig, dass ein solches Unterfangen aus zeitlichen, räumlichen, personellen, finanziellen und weiteren Gründen nicht realisierbar ist. Außerdem sagt unsere Feststellung zum Zeitpunkt ihrer Äußerung nichts über die Beinanzahl jener Hunde aus, die erst später geboren werden – wir konnten sie ja nicht untersuchen. Das bedeutet, dass unsere Aussage schon sehr bald veraltet sein wird. Ein solches Vorgehen, das von der Beobachtung möglichst vieler Einzelfälle auf allgemeine Merkmale schließt (vom Besonderen zum Allgemeinen), nennt man **induktiv**.

2. Eine zweite Möglichkeit wäre, aus der Zahl sämtlicher Hunde der Welt eine repräsentative Auswahl zu treffen und nur diese zu untersuchen. Die Auswahl wäre quantitativ (z.B. durch die Beschränkung auf 1000 Hunde) und räumlich (z.B. durch die Wahl von je 200 Hunden von jedem Kontinent) begrenzt, wodurch die Realisierbarkeit des Projekts entscheidend erhöht würde. Allerdings müssten wir ein gewisses Maß an theoretischen Vorarbeiten leisten. Wir müssten uns nicht nur genau darauf festlegen, was wir unter *Hund* verstehen, sondern auch, welche Hunde ausgewählt werden und warum. Wir müssen also

schon eine gewisse Vorstellung vom Untersuchungsbereich haben. Darüber hinaus könnten wir, da wir nicht alle Hunde dieser Welt untersucht haben, auch nicht sicher sein, ob unsere Aussage auch wirklich für alle Hunde gilt. Wir gehen noch immer induktiv vor, denn wir schließen von einer endlichen Anzahl von Exemplaren auf allgemeine Aussagen (ob dies nun 1000 Hunde sind oder alle, bleibt gleichgültig). Unsere Vorgehensweise wird erst **deduktiv**, wenn wir mittels Ausschluss von **All-Sätzen** die Falsifikation möglich machen. Wenn wir die Aussage „Es gibt keinen Hund, der nicht vier Beine hat" treffen, ist dies eine allgemeine Feststellung, die solange richtig ist, bis der erste Hund mit einer anderen Beinanzahl gefunden wird. Wir haben somit eine **wissenschaftliche Hypothese** durch deduktive Vorgehensweise (Herleitungen von allgemeinen Merkmalen auf Grund logischer Überlegungen, vom Allgemeinen zum Besonderen) gebildet. Die Grundhypothese kann und muss im Fall ihrer **Falsifikation** modifiziert werden. Wenn wir bei unserem Beispiel bleiben, so gilt unsere Hypothese über die Beinanzahl von Hunden nicht für jene Tiere, die durch Unfall, Missgeburt oder Genmanipulation eine andere Anzahl von Beinen haben. Sobald das Exemplar mit einer anderen Beinanzahl als vier gefunden wird, modifizieren wir unsere Hypothese zu der Aussage „Es gibt keinen gesunden Hund, der nicht vier Beine hat." Selbstverständlich ist auch diese Aussage wieder falsifizierbar.

Unsere Beobachtung hat zur Bildung einer Hypothese geführt. Diese Hypothese dient aber von nun an zur Erklärung und Beschreibung der Welt, denn wir gehen davon aus, dass alle gesunden, natürlich geborenen Hunde, überall auf dieser Welt, in der Vergangenheit, Gegenwart und Zukunft, vier Beine haben. Auf der Grundlage von Hypothesen wird ein **Modell** aufgestellt, eine Annäherung an die Wirklichkeit, in der nur gewisse Aspekte (die im jeweiligen Zusammenhang interessant sind) berücksichtigt werden. Das bedeutet: Je genauer ein Modell die Wirklichkeit beschreiben will, desto komplexer muss es sein – oder umgekehrt, je einfacher ein Modell ist, desto ungenauer beschreibt es die Wirklichkeit: Ein dreidimensionales Modell eines Hauses gibt ein genaueres Bild, ist aber komplexer als ein zweidimensionaler Aufriss.

Die historisch-vergleichende Sprachforschung

Die Grundlagen für den Aufbau einer methodischen Linguistik wurden zu Beginn des 19. Jahrhunderts in Deutschland geschaffen. Sprachwissenschaft wurde während des gesamten 19. Jahrhunderts ausschließlich als Sprachgeschichte betrieben. Mit der Gegenwartssprache beschäftigte man sich nur im Gymnasium, dessen Grundlagen von WILHELM VON HUMBOLDT 1809–1810 gelegt worden waren, gleichsam zur Heranbildung der (allerdings nur männlichen) Jugend. Wenn diese dann für „reif" für die Universität (ebenfalls HUMBOLDT'scher Prägung) erklärt wurde, eröffnete sich ihr die „wahre" Sprachwissenschaft, nämlich die historische.

Nach der „Gründergeneration" von BOPP, RASK und GRIMM bauten Forscher das Wissen um die Sprache rasant aus. Zu ihnen gehörten u. a. AUGUST FRIEDRICH POTT (1802–1887, „Etymologische Forschungen auf dem Gebiete der Indo-Germanischen Sprachen", 1. Band, 2 Teile, 1833–1836), RUDOLF VON RAUMER (1815–1876, „Aspiration und Lautverschiebung", 1837), AUGUST SCHLEICHER (1821–1868, „Compendium der vergleichenden Grammatik der indogermanischen Sprachen", 1861–1862) und HEYMANN STEINTHAL (1823–1899, „Die Classification der Sprachen dargestellt als die Entwicklung der Sprachidee", 1850). Vornehmliches Ziel der Linguisten war es, durch den Vergleich historischer Sprachstufen (daher die heutige Bezeichnung „historisch-vergleichende Sprachwissenschaft") die gemeinsame Ursprungssprache, das **Indogermanische** oder **Indoeuropäische,** zu rekonstruieren. Als Sprecher dieser nicht belegten Ursprache stellte man sich ein reales Urvolk, die **Indogermanen**, vor. (Die heutige Ansicht dazu weicht entschieden von den Vorstellungen des 19. Jahrhunderts ab.) Der Erkenntnisgewinn der historisch-vergleichenden Linguistik ist zu den großen Gelehrtenleistungen des 19. Jahrhunderts zu rechnen.

Als „Wunderkind der Germanistik" galt WILHELM SCHERER („Zur Geschichte der deutschen Sprache", 1868), der in sehr jungen Jahren als einer der Letzten noch Bedeutendes auf dem gesamten Gebiet der Germanistik leistete, bevor sich diese in einen literatur- und einen sprachwissenschaftlichen Zweig aufspaltete. SCHERER weist, wie schon VON RAUMER, vehement darauf hin, dass die Sprachgeschichte nicht aus geschriebenen Quellen rekonstruiert werden kann (da die Schrift nur ein sekundäres Zeichensystem ist), sondern unter den Voraussetzungen der Produktionsmöglichkeiten gesprochener Sprache betrachtet werden muss (so ist es kein Zufall, dass in der **Ersten Lautverschiebung** ein idg. [p] zu einem german. [f] wird und nicht zu einem [r]). Damit wurde WILHELM SCHERER zum großen Vorbild und Wegbereiter für die **Junggrammatiker**, obwohl er selbst nicht dieser Richtung zuzurechnen ist.

Wilhelm Scherer (1841–1886)

| **Abb 6**

Funktionen von Sprache | 1.2

Wie das Beispiel mit den Hundebeinen gezeigt hat, liegt jeglicher wissenschaftlichen Beschreibung die Modellbildung zu Grunde. Dies gilt in besonderem Maß für die Frage nach der Funktion von Sprache. Je nach Modell hat man unterschiedliche Antworten darauf parat.

Kommunikationsmodelle | 1.2.1

Bereits bei SAUSSURE (vgl. Kap. 1.4.1) wird die Vorstellung grundgelegt, dass Sprache – die bei ihm ausschließlich als gesprochene Sprache behandelt wird – als Verständigungsmittel zwischen mindestens zwei Menschen gebraucht wird.

SAUSSURE legt hier das sprachliche Zeichen zu Grunde: Der Lautkörper gelangt zum Ohr, das Gehirn erzeugt eine Vorstellung, der Empfänger seinerseits wird zum Sender und sendet einen Lautkör-

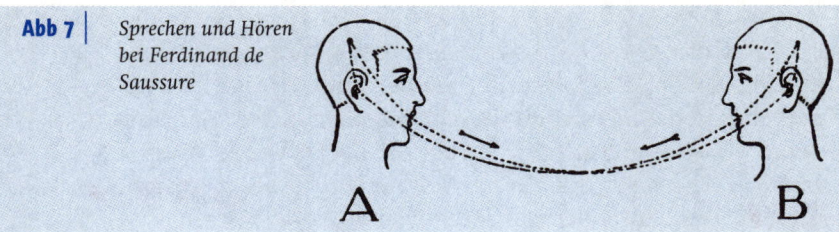

Abb 7 | *Sprechen und Hören bei Ferdinand de Saussure*

per aus etc. Damit liefert SAUSSURE das erste linguistische Kommunikationsmodell, freilich ohne den Terminus **Kommunikation** bereits zu verwenden.

Auf dieser Basis wurde das Modell weiterentwickelt, u. a. von ROMAN JAKOBSON. Besondere Bedeutung erlangte es im Zweiten Weltkrieg in der militärischen Kommunikation.

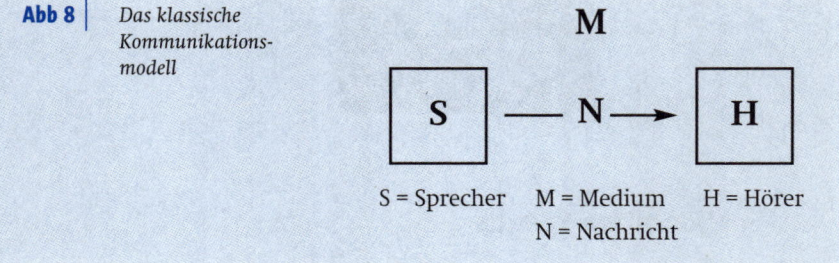

Abb 8 | *Das klassische Kommunikations- modell*

S = Sprecher   M = Medium   H = Hörer
N = Nachricht

Damit erfolgreiche **Kommunikation** stattfinden kann, muss es einen **Sender** geben, der eine **Nachricht** in einem **Medium** an einen **Empfänger** schickt. Der Empfänger kann seinerseits zum Sender werden, der neue Empfänger wieder zum Sender und so fort: SAUSSURE hat dies als *Kreislauf* bezeichnet.

Dieses einfache Kommunikationsmodell kann nun erweitert werden. Der Sprecher muss seine gedankliche Vorstellung in einen dem Hörer verständlichen **Kode** umsetzen, er muss sie **kodieren**, und der Empfänger muss sie **dekodieren**. Unter Kode kann in diesem Sinn durchaus eine Einzelsprache verstanden werden. Es genügt also nicht, dass der Sprecher eine Äußerung auf Griechisch tätigt, wenn der Empfänger kein Griechisch beherrscht – dann gibt es keinen übereinstimmenden Kode. Die Vorgänge der **Kodierung** und **Dekodierung** sind vielschichtig und laufen auf verschiedenen

Ebenen ab. In manchen Darstellungen wird genauer unterschieden zwischen **semantischer Kodierung** (Umsetzen der Vorstellung in sprachliche Bedeutungsträger, z. B. ✉ zu *Brief*), **syntaktischer Kodierung** (Umsetzen der Mitteilung in syntaktische Strukturen) und **phonologischer Kodierung** (Umsetzung in ein Lautkontinuum) und entsprechender Dekodierung in umgekehrter Reihenfolge unterschieden. Man könnte auch noch komplexere Phasen der Kodierung/Dekodierung und die damit verbundenen psychischen Vorgänge unterscheiden.

Erklärung

▶ Oft wird in der Kommunikation nicht zwischen Kanal und Medium unterschieden, und oft ist dies auch gar nicht notwendig. Trotzdem muss man sich den Unterschied etwa so vorstellen: Das Medium ist das Mittel der Sprachform, d. h., entweder ist sie mündlich oder schriftlich. Der Kanal hingegen ist der Übertragungsweg. Beim Medium Mündlichkeit kann der Kanal z. B. die Luft (die die Schallwellen überträgt) oder der elektronische Weg, z. B. über den Telefondraht (bei einem Telefongespräch), sein, beim Medium Schriftlichkeit ist der Kanal vielleicht der Postweg oder die Übergabe einer CD mit elektronisch gespeicherter schriftlicher Sprache.

Die Kommunikation muss **störungsfrei** verlaufen, darf also nicht durch Beeinträchtigung des **Kanals** (etwa Lärm bei mündlicher Kommunikation) unterbrochen werden. De facto ist reale Kommunikation aber nie vollkommen störungsfrei. Soll Kommunikation erfolgreich stattfinden, so müssen noch weitere Voraussetzungen gegeben sein:

1. Die Kommunikationspartner müssen über einen vergleichbaren Erfahrungshorizont (ein gemeinsames Weltwissen) verfügen. Ein Gespräch über Schnee·etwa wäre nicht oder nur sehr schwer möglich, wenn einer der Gesprächspartner keinen Winter kennt.
2. Die soziale Sprachschicht der Gesprächsteilnehmer spielt ebenfalls eine immense Rolle. Auch innerhalb der Soziolekte derselben Sprachgemeinschaft kann es Ausdrücke geben, die von Nichtangehörigen nicht verstanden werden. Dasselbe gilt natürlich für regional-dialektale Register.
3. Das sprachliche Zeichen verfügt nicht nur über eine allgemeine Bedeutung (**Denotat**), die im Lexikon kodifiziert ist, sondern auch über eine spezielle, meist emotional gefärbte Nebenbedeu-

tung (**Konnotat**), die meist nicht kodifiziert werden kann. Das Konnotat kann räumlich-geographisch, gruppensprachlich oder individuell bedingt sein: So ist der an sich neutrale Krankheitsname *Krebs* für viele Menschen negativ besetzt. Der Verabschiedungsgruß *Tschüss*, der sich gegenwärtig im Süden des deutschen Sprachgebietes immer weiter verbreitet, kann dort nur zwischen guten Bekannten geäußert werden, in Norddeutschland kann man sich auch von Fremden damit verabschieden.

4. Kommunikation erfolgt nicht im leeren Raum, sondern in der realen Welt mit realen Gesprächspartnern. So findet – nach der Lehre der Pragmalinguistik – auch alles seinen Weg in das Gespräch, was als „Begleitumstände" oder **Redekonstellation** die Umgebung ausmacht, in der das Gespräch stattfindet: Die Mimik etwa oder die Gestik der Gesprächspartner, der Tonfall, die Situation (ob es etwa zu regnen anfängt), die soziale Stellung der Gesprächspartner (ob sie in der Sozialhierarchie auf derselben Stufe stehen oder nicht) u.v.a.m.

5. Zur Redekonstellation gehören auch die **sozialen Normen**, die manchmal wegen ihrer immensen Bedeutung (zumindest nach

Abb 9

Ein komplexes Kommunikationsmodell
K1 = Kommunikationsteilnehmer 1,
K2 = Kommunikationsteilnehmer 2,
 V = Ausgangsvorstellung,
V' = Zielvorstellung,
Kod = Kodierung,
Dekod = Dekodierung,
M = Medium,
St = Störung,
Em – Em' = Emotionalbereiche,
Kn – Kn' = Konnotationen,
S – S' = Soziolekte,
E – E' = Erfahrungshorizonte

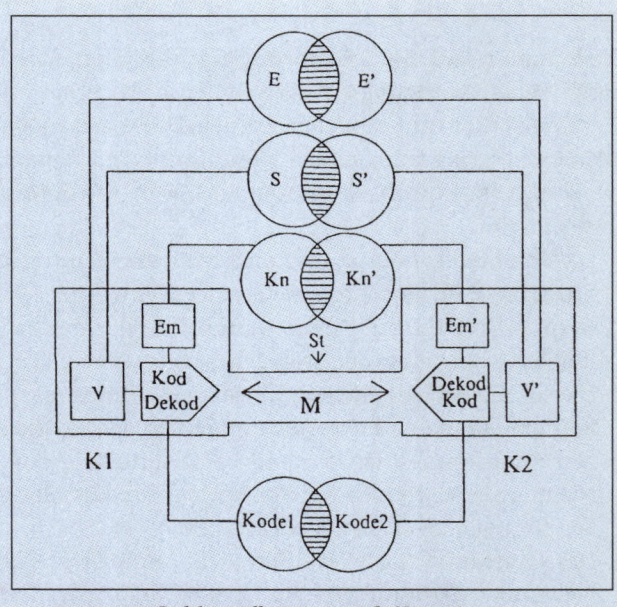

Redekonstellation + soziale Normen

Ansicht der Soziolinguisten) auch gesondert herausgestellt werden. Oft sind wir uns dieser Normen gar nicht mehr bewusst. So ist es üblich, beim Betreten und Verlassen eines Raumes einen Gruß wie *Guten Tag!* (elliptisch für ‚ich wünsche einen guten Tag!') oder *Grüß Gott!* (*grüßen* in der veralteten Bedeutung ‚segnen', also etwa ‚Gott segne dich!') zu äußern, der ohne den sozialen Kontext nicht zu verstehen wäre.

Wir sind auf diese Weise zu einem recht komplexen Kommunikationsmodell gelangt. Es muss aber hier der Hinweis genügen, dass dies bei weitem nicht die letzte Stufe darstellt und es durchaus noch viel komplexere Modelle gibt (etwa bei LÖFFLER 1994, S. 36).

Ich bin inzwischen zur Überzeugung gelangt, dass dieses Kommunikationsmodell in der Linguistik mehr Schaden angerichtet als Nutzen gestiftet hat, und zwar aus folgenden Gründen: Zuerst sendet der Produzent, und der Rezipient empfängt, dann wird der Empfänger zum Sender und der Vorgang wiederholt sich in umgekehrter Reihenfolge. In dieser Vorstellung wird – wenn auch nicht ausdrücklich ausgesprochen, so doch implizit vorausgesetzt – der Sender zum aktiven, der Empfänger zum passiven Teil der Kommunikation.

Nun halte ich es für grundfalsch, sich sprachliche Vorgänge in dieser Priorität vorzustellen, und man merkt an dieser Stelle sehr deutlich die Herkunft dieses Kommunikationsmodells aus der militärischen Nachrichtenübertragung: In einem Funkvorgang wird der Kanal von nur einem Kommunikationspartner benutzt, während er für den anderen gesperrt ist, und der Sender muss in der Praxis das Ende seiner Übertragung markieren (durch *over*). Reale **Face-to-face**-Kommunikation ist aber diesem Vorgang nicht vergleichbar, denn jeder Kommunikationsteilnehmer ist in gleichem Maß aktiv. Das bedeutet: Beim Produzieren einer sprachlichen Äußerung ist dieselbe Aktivität notwendig wie beim Rezipieren. Der Sender muss seine Mitteilungen unter Beachtung derselben Regeln konstruieren, die vom Empfänger zum Verstehen der Mitteilung verwendet werden. Wenn Menschen miteinander kommunizieren, so beziehen sie sich auf eine gemeinsame Umwelt, ein gemeinsames Wissen, gemeinsame Erfahrungen. Wir setzen Dinge, Sachverhalte und ihr Wissen darüber beim Kommunikationsprozess voraus.

Die Junggrammatiker

In den 70er Jahren des 19. Jahrhunderts begann sich an der Universität Leipzig eine lose Gruppe junger Linguisten zu formieren, die gegen den ihrer Ansicht nach überholten Wissenschaftsbegriff ihrer Zeit aufbegehrten. Da sie das in recht harschen Worten taten (BRUGMANN und OSTHOFF im Vorwort des ersten Bandes ihrer „Morphologischen Untersuchungen auf dem Gebiete der indogermanischen Sprachen", 1878, fortgesetzt bis 1890), formierte sich fast die gesamte ältere Generation gegen sie (der Ausdruck „Junggrammatiker" war zunächst auch spöttisch gemeint).

Die Junggrammatiker wollten es in Methodik und Ergebnissen den höchst erfolgreichen Naturwissenschaften gleichtun. An diesem „Minderwertigkeitskomplex" leiden die Geisteswissenschaften z. T. noch heute, wenn auch in anderer Form. Insbesondere der von ihnen neu geschaffene Begriff **Lautgesetz** und die damit verbundene Aussage „Lautgesetze sind ausnahmslos" stießen durch Missinterpretation auf massives Unverständnis: „Lautgesetz" ist kein Pendant zu „Naturgesetz", sondern bezeichnet eine sprachliche Entwicklung, die an einem bestimmten Ort eine bestimmte Zeit lang wirkt (produktiv ist). An diesem Ort und innerhalb dieser Zeit sind allerdings alle Laute einer bestimmten Kategorie betroffen. So werden im Frühneuhochdeutschen alle Kurzvokale in **offener Silbe** (Silbe vor Einfachkonsonanz) gedehnt: mhd. *lĕben* (mit kurzem *e* in offener Silbe) wird zu nhd. *Leben* (mit langem *e*), aber das *i* in mhd. *swimmen* (in **geschlossener Silbe**) bleibt auch im Nhd. kurz: *schwimmen*. Allerdings endet die Produktivität dieses Lautgesetzes zu einer bestimmten Zeit, sodass die Kurzvokale in offener Silbe in Fremdwörtern, die danach ins Deutsche aufgenommen worden sind, kurz bleiben. Übersehen wurde von den Kritikern (von denen sich HUGO SCHUCHARDT 1842–1927 besonders leidenschaftlich hervortat) auch, dass die Junggrammatiker von Anfang an den Begriff der **Analogie** mit dem des Lautgesetzes koppelten. Analogische Veränderungen sind nicht durch ein Lautgesetz verursacht, sondern durch die mächtige Vorbildwirkung anderer sprachlicher Erscheinungen. So wird das kurze *a* in mhd. *slac* ebenfalls gelängt (nhd. *Schlag*), obwohl es in geschlossener Silbe steht. Diese Dehnung ist eine Analogie zu den **casus obliqui**, in denen das *a* meist in offener Silbe steht: mhd. *des slages, dem slage, die slege* etc.

Die Wahrung der Vokallänge im Paradigma war also primär. Der Unterschied ist heute deutlich erkennbar im Gegensatz von *der Weg* (lang) und *geh weg* (kurz, wörtlich ‚Geh deines Weges‘): Beide Wörter haben dieselbe Etymologie, nur steht das Substantiv *Weg* im langvokalischen Paradigma und das Adverb *weg* nicht.

Zu den Junggrammatikern gehören u.a. KARL WEINHOLD (1823–1901), AUGUST LESKIEN (1840–1916), BERTHOLD DELBRÜCK (1842–1922), HERMANN PAUL (1846–1921), der Däne KARL VERNER (1846–1896), HERMANN OSTHOFF (1847–1909), KARL BRUGMANN (1849–1919), WILHELM BRAUNE (1859–1926), EDUARD SIEVERS (1850–1932), OTTO BEHAGHEL (1854–1936), FRIEDRICH KLUGE (1856– 1926) WILHELM STREITBERG (1864–1925) und KARL LUICK (1865–1935).

Die Junggrammatiker haben eine lange Reihe von bedeutenden Leistungen vollbracht, allerdings mussten sie sich den bis Ende des 19. Jahrhunderts immer lauter werdenden Vorwurf gefallen lassen, sie würden Sprache nur in detailreichen Einzelentwicklungen ohne eine zu Grunde liegende allgemeine Sprachtheorie betrachten (Schlagwort *Atomismus*).

Das Organonmodell   1.2.2

Spätestens an dieser Stelle müssen wir uns fragen, wozu Sprache denn dient und wie wir sie einsetzen, also die Frage nach der **Funktion** von Sprache in unserem Leben stellen. Darüber gibt es zwei konträre Vorstellungen: Zunächst hat man sich Sprache als eine Art Werkzeug vorgestellt, mit dem man etwas tun kann. So wie der Mensch zuerst einen Hammer als Werkzeug konstruiert hat und diesen dann verwendet, um etwas Konkretes zu tun (etwa einen Nagel für ein Bild in die Wand zu schlagen), so hat die Menschheit ihre Sprache(n) konstruiert, um damit etwas zu tun. Was aber kann man mit Sprache tun? Eine nahe liegende Antwort wäre: Man kann mit Sprache die Welt, in der wir leben, abbilden. Der Ausdruck *Haus* etwa ist die sprachliche Abbildung der Vorstellung (und damit des Gebildes) ‚Haus‘. In diesem Sinn kann man Sprache mit einem Fotoapparat vergleichen. So wie das „Werkzeug" Fotoapparat Abbilder der Wirklichkeit (etwa von einem Haus) liefert, so gibt uns auch die Sprache „Abbilder". Zu beachten ist, dass weder das Foto von einem

Haus noch der Ausdruck [haus] mit dem Gegenstand identisch sind,
sondern nur ein Abbild davon darstellen.

Das Kommunikationsmodell fügt sich in dieses Schema, denn
mündliche Sprache ist nach dieser Ansicht nur ein Mittel, um die
Abbildungsfunktion ausüben zu können. Sprache ist nicht Kommunikation, sie dient der Kommunikation. Und im Zentrum der
Kommunikation steht eine sprachliche Mitteilung, eben das
sprachliche Zeichen. Eines der berühmtesten Modelle in dieser
Richtung ist das BÜHLER'SCHE Organonmodell, das der Psychologe
KARL BÜHLER in seinem richtungweisenden Buch „Sprachtheorie"
(1934) um das sprachliche Zeichen herum entwickelt hat.

Abb 10 | *Das Bühler'sche*
Organonmodell

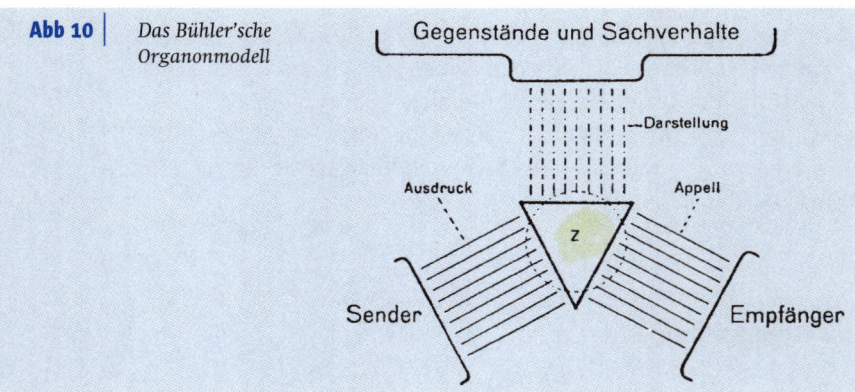

Im Mittelpunkt dieses Modells steht das sprachliche Zeichen Z
(gemeint ist nicht ein einzelnes Wort, sondern eine sprachliche
Äußerung), das als konkretes Schallphänomen mit dem Kreis symbolisiert wird und das durch drei variable Momente, dargestellt mit
den drei Seiten des gleichseitigen Dreiecks, in den Rang eines Zeichens erhoben wird. Damit sind drei grundsätzliche Funktionen
verbunden, die aus den Beziehungen des sprachlichen Zeichens zu
Sender, Empfänger und Welt bestehen:

1. Mit dem sprachlichen Zeichen kann der Sender seine persönlichen Gedanken und Empfindungen ausdrücken und dem
   Empfänger mitteilen: *„Ich habe nicht das Gefühl, versagt zu haben"*
   (304 r). Es sind Aussagen, die niemand außer dem Sprecher
   machen kann. Das nennt BÜHLER die **Ausdrucksfunktion** des
   sprachlichen Zeichens.

2. Die Beziehung des sprachlichen Zeichens zum Empfänger kann man sich als Aufforderung, Bitte, Befehl, Wunsch etc. an den Adressaten vorstellen: *„Stellen Sie das Telefon bitte laut!"* (302 l). Dies ist die **Appellfunktion** des sprachlichen Zeichens. Man kann sie sich auch so vorstellen, dass es sie ohne Empfänger nicht gibt.

3. Die **Darstellungfunktion** schließlich wird durch das Verhältnis des sprachlichen Zeichens zur realen Welt, von BÜHLER „Gegenstände und Sachverhalte" genannt, konstituiert. Sie meint Äußerungen, die auf Gegenstände und Sachverhalte referieren wie *„Sieben Kirchen gibt es im kleinen Ort"* (105 r). Auf die Problematik, ob die dargestellten Inhalte „wahr" oder „falsch" sind, kommt es – im Gegensatz zu vielen anderen Darstellungen – hier nicht an. Bezogen auf den Sprecher kann das sprachliche Zeichen als **Symptom** bezeichnet werden, bezogen auf den Hörer ist es **Signal**, bezogen auf Gegenstände ist es **Symbol**.

Wie am Beispiel mit den Hundebeinen gezeigt, kann man jedes Modell erproben und sehen, wie exakt es eine Erfassung seines Gegenstandsbereichs möglich macht. Im Fall des BÜHLER'SCHEN Organonmodells wird man sofort eine große Anzahl von sprachlichen Äußerungen finden, die Probleme bereiten. Man denke sich etwa folgende Situation: Der von allen gefürchtete Klassenvorstand betritt an einem kalten Wintertag den Klassenraum, in dem ein Fenster geöffnet ist. Mit finsterer Miene zeigt er auf das Fenster und ruft schlecht gelaunt den Schülern zu: *„Es zieht!"* Und sofort springt einer der Schüler auf und schließt das Fenster.

Wollten wir dieses sprachliche Zeichen nach BÜHLER klassifizieren, geriete man in einige Schwierigkeiten: Handelt es sich nun um die Darstellung eines Sachverhalts (es „zieht" tatsächlich), um einen Ausdruck (dem Lehrer ist kalt) oder einen Appell (er fordert die Schüler auf, das Fenster zu schließen)? Das Organonmodell in seiner Reinform muss in solchen und ähnlichen Situationen versagen, weil es einen wichtigen Aspekt des Kommunikationsmodells (auf dem es beruht) vernachlässigt: den Einfluss der Redekonstellation auf die sprachliche Äußerung. Es spielt eben auch eine große Rolle, in welcher Situation die Äußerung getätigt wird, welches Prestige die Gesprächspartner haben (Vorgesetzter und Untergebener oder Gleichgestellte), ob Reaktionen zu befürchten sind u.v.a.m. Eine Antwort auf diese Fragen versucht die **Sprechakttheorie** (s. Kap. 4.2).

Axiomatik der Sprachwissenschaft

KARL BÜHLER stellt vier Axiome der Sprachwissenschaft auf, die er nach dem Vorbild der mathematischen Axiome (selbstevidente Grundsätze, die nicht von anderen Grundsätzen abgeleitet sind und daher nicht bewiesen werden können) gebildet hat und von denen alle anderen sprachlichen Fakten deduktiv abgeleitet werden können:

1. Die Grundfunktionen von Sprache sind Darstellung, Ausdruck und Appell (Organonmodell). Leider wird das Organonmodell heute oft aus dem Zusammenhang der BÜHLER'schen Theorie gerissen und isoliert dargestellt, wodurch es einen aus heutiger Sicht rückwärts gewandten oder veralteten Eindruck hinterlässt. Es muss aber im Rahmen der gesamten Sprachtheorie BÜHLERS, d.h. zusammen mit den anderen drei Axiomen beurteilt werden. Erst so zeigen sich die (auch heute noch) zukunftweisenden Überlegungen BÜHLERS.

2. Sprache ist ein System von Zeichen. Das Zeichen ist ein Etwas, das für ein anderes Etwas steht. Wird das Zeichen derart als Vertreter definiert, kann und muss man aber die Frage stellen, kraft welcher Eigenschaft es die Vertretung ausüben kann, d. h. was es für sich ist und was es befähigt, die Vertretung zu übernehmen. Für BÜHLER sind dies vor allem abstrakte Merkmale. Er spricht daher von einem „Prinzip der abstrakten Relevanz" und erläutert dies anhand der Phonetik und Phonologie (vg. Kap. 2.1): Nicht die phonetischen Merkmale eines Zeichens sind wichtig, sondern jene, die es von den anderen Zeichen unterscheiden und die die Phonologie als distinktive Merkmale bestimmt.

3. Die Sprache bildet ein Vierfelderschema. BÜHLER fügt sowohl die von WILHELM VON HUMBOLDT geprägten Begriffe *Ergon* (Sprache als „Werk") und *Energeia* (Sprache als „Tätigkeit") als auch die Dichotomie *langue* und *parole* von FERDINAND DE SAUSSURE zu einer vierteiligen Matrix zusammen.

	I	II
A	Sprechhandlung	Sprachwerk
B	Sprechakt	Sprachgebilde

Bei KARL BÜHLER ergibt sich daraus folgendes Schema:
Spalte I versteht Sprache als „subjektbezogenes", d.h. auf die
Sprachverwender bezogenes Phänomen, Spalte II Sprache als
„subjektentbundenes" und dafür intersubjektiv fixiertes Phänomen. Ebene A sieht Sprache auf einer „niederen Formalisie-
rungsstufe" als Handlungen und Werke (hier also wieder Sprache als Handeln), Ebene B Sprache auf einer „höheren Formali-
sierungsstufe" als Akte und Gebilde. I–II referiert deutlich auf
die Sprachauffassung FERDINAND DE SAUSSURES, A–B auf jene WIL-
HELM VON HUMBOLDTS.

4. Die Sprache ist ein Zweiklassensystem, bestehend aus den beiden aufeinander bezogenen Ebenen der Konvention: der Wortwahl (Semantik) und dem Satzbau (Syntax). Das Flaggensystem
der Lotsensprache etwa besteht nur aus einem einzigen Satz Zeichen und ist daher ein Einklassensystem, ihm fehlt im Vergleich
zur Sprache der morphologische Aspekt.

Als Gegenstück zur **Abbild(ungs)funktion** von Sprache, das im
Kommunikationsmodell und im Organonmodell zu Ausdruck
kommt, wird oft das **Interaktionsmodell** gehandelt: Seit der Pragmatischen Wende wird die menschliche Sprache nicht als Werkzeug gesehen, sondern als Form des Handelns. Beide Positionen
finden sich etwa schon im Werk Platons, was auch zeigt, dass
beide Ansichten keine Gegensätze sein müssen, sondern einander
ergänzen.

Erscheinungsformen von Sprache | 1.3

Obwohl niemand einen genauen Überblick über alle Sprachen der
Welt haben kann, sieht es nach unserem heutigen Wissen so aus,
dass jede natürliche und lebende Sprache die Tendenz hat, im Lauf
der Zeit **Dialekte** (räumliche Unterscheidungen) und **Soziolekte**
(gesellschaftliche Unterscheidungen) zu bilden. Wir müssen daher
davon ausgehen, dass die menschlichen Einzelsprachen nicht
homogen sind, und für eine Reihe von Sprachen (etwa die europäi-

Ein Gleichnis

▶ Den Unterschied zwischen Grammatik und Pragmatik kann man sich mit einem einfachen Bild vorstellen: Wenn die Grammatik (das Regelwerk) einer Sprache mit den Bestandteilen eines Autos verglichen wird, so ist die Kenntnis der Grammatik gleich dem Wissen um die Bestandteile eines Wagens. Es macht aber noch niemanden zum guten Autofahrer, wenn er die Teile seines Wagens rest- und problemlos aufzählen kann. Die Fahrweise (oder die Anwendung, Pragmatik) ist eine Fähigkeit, die man nicht einfach auswendig lernen kann – und man kann auch ein ausgezeichneter Autolenker sein, ohne über die technischen Details auch nur im entferntesten informiert zu sein (bis auf ein Grundwissen, etwa wo sich das Gaspedal und die Bremse befinden). So ist das Sprachsystem (Motor   Grammatik, Wagenbestandteile) vom Sprachgebrauch (Fahrkönnen   Pragmatik) prinzipiell zu trennen. Aber auch hier sind beide Bereiche nicht sauber zu unterscheiden, denn die Anwendung bestimmter Wagenteile, z. B. der Scheibenwischer oder der Bremsen, bestimmt auch ihren Aufbau und umgekehrt.

Nach ALEKSANDER SZULC

schen) ist dies auch belegt. Prinzipiell muss man auch zwischen der **mündlichen Form** einer Sprache und ihrer **schriftlichen Form** unterscheiden, wobei jedoch nur eine kleine Minderheit der menschlichen Sprachen verschriftet sind und die genormte Schrift (**Rechtschreibung**) jeweils auch nur eine Standardvarietät abbildet.

Wenn wir uns konkret das Deutsche ansehen, so wissen wir mittlerweile, dass es keine einheitliche Sprache „Deutsch" gibt. Das kann man sofort und leicht beweisen: Für den Tag vor dem Sonntag gibt es keine einheitliche Bezeichnung: Im Norden sagt man *Sonnabend,* im Süden *Samstag.* Selbst wenn das Deutsche in allen andern Punkten vollkommen einheitlich wäre (was es natürlich nicht ist), in diesem einen Fall ist es das nicht, und damit gibt es auch keine vollkommen einheitliche deutsche Sprache.

In der Sprachwissenschaft und ihren Sprachbeschreibungen wird allerdings – aus forschungsgeschichtlichen Gründen (s. Kap. 1.4.1 Strukturalismus) – im Allgemeinen von einer **homogenen** Sprachform ausgegangen. Dies ist ein theoretisches Konstrukt, denn selbst wenn man die „höchste" Sprachschicht (die Standardsprache) damit gleichsetzen will, geht man fehl: Es gibt z.B. für das Deutsche, wie unser *Samstag*-Beispiel gezeigt hat, keine vollkommen einheitliche Sprachform. Wir sagen: Das Deutsche ist **heterogen**.

Eine einheitliche Sprachform erscheint aber vielen Sprachteilnehmern als anzustrebendes Ziel. Sie wünschen sich eine einheitliche **Norm**, von der niemand abzuweichen hat. Nun ist dies allerdings in einem heterogenen und sich ständig verändernden Bereich wie der Sprache schwer möglich.

Vor allem folgende Fragen bedürfen einer Klärung:

— Was versteht man unter einer sprachlichen Norm?

— Was ist der Gegenstandsbereich der Normierung?

— Wer setzt die Norm?

— Für wen wird die Norm gesetzt?

— Wer überwacht die Einhaltung der Norm?

— Gibt es Sanktionen bei Verstoß gegen die Norm?

— Welche Interessen sind mit der Durchsetzung einer Norm verbunden?

— Welche Möglichkeiten gibt es zur Durchsetzung einer Norm?

— Kann es zu einem Konflikt verschiedener Normen kommen?

— Kann man sich gegen Normen wehren, und wenn ja, wie?

Da sich nicht ausnahmslos alle Sprachteilnehmer an einer (hundertprozentigen) Norm orientieren werden und die Überwachung einer solchen Norm auch in der Durchführung unmöglich ist, bleibt die Norm als Idealisierung bestehen, kann aber niemals erreicht werden. In Bezug auf den tatsächlichen Sprachgebrauch sprechen wir daher auch von **Usus**; damit ist der Gebrauch von Sprache gemeint, der zwar von der Norm abweichen, aber noch akzeptiert werden kann. Selbstverständlich sind die Übergänge auch hier fließend.

Viele Sprachbeschreibungen verstehen sich als **vorschreibend** (**präskriptiv**), das bedeutet, sie wollen bewusst eine Norm setzen (etwa die Duden-Grammatik, auf deren Einband immer noch zu lesen ist: *Das unentbehrliche Standardwerk für richtiges Deutsch*). Andere Grammatiken wiederum verstehen sich als rein **beschreibend** (**deskriptiv**): Sie wollen den tatsächlichen Sprachgebrauch kodifizieren, ohne diesen als Norm anderen bindend vorschreiben zu wollen. In der Praxis gibt es diese reinen Ausprägungen allerdings nicht; jede Sprachbeschreibung ist eine Mischung aus Deskriptivität und Präskriptivität. Zuerst muss man den Sprachgebrauch erheben und beschreiben, und durch die Kodifizierung wird jede Beschreibung in gewissem Sinn auch zu einer Normvorscheibung.

1.3.1 | Was versteht man unter der „deutschen Sprache"?

1. Historisch gesehen (**diachron**) versteht man unter „Deutsch" eine Gruppe verschiedener, ihrer Herkunft nach westgermanischer Sprachen. Unter diesem Aspekt ist das Deutsche eine zur Standardsprache entwickelte Form des **Hochdeutschen** (das sind die Dialekte Mittel- und Süddeutschlands, die eine gemeinsame historische Entwicklung durchlaufen haben), die überregional in mündlicher und schriftlicher Form verwendet wird.

2. Nach der räumlichen Ausdehnung (**diatopisch**) ist das Deutsche eine Gruppe von heutigen Mundarten des Hochdeutschen (im Süden) und des Niederdeutschen (im Norden). Strukturell ist das Niederdeutsche eine vollkommen andere Sprache als das Hochdeutsche und auch mehr mit dem Friesischen und Englischen verwandt. Wenn Hoch- und Niederdeutsch heute als Einheit zusammengefasst werden, so deshalb, weil sich ihre Sprecher als Einheit betrachten, weil sie die hochdeutsche **Standardsprache** als übergreifende Norm empfinden und weil sich historisch die Standardvarietät als übergreifende Schriftsprache etabliert hat, also Hoch- und Niederdeutsch „zusammengewachsen" sind.
   Berücksichtigen muss man außerdem, dass die Muttersprachenregion des Deutschen nicht mit der Amtssprachenregion identisch ist und nicht mit dieser verwechselt werden darf. Nationale Amtssprache ist Deutsch nur in Deutschland, Österreich, Luxemburg, Liechtenstein und der Schweiz, eine regionale Amtssprache ist es in Südtirol und Ostbelgien.

3. Deutsch ist so wenig wie jede andere natürliche Sprache eine homogene Sprache. Es ist nicht nur räumlich-geographisch in Dialekte, sondern gleichzeitig auch gesellschaftlich-soziologisch in Varietäten differenziert; und es ist eine Tatsache, dass jedes Individuum über mehrere Varietäten verfügt. Wir können uns

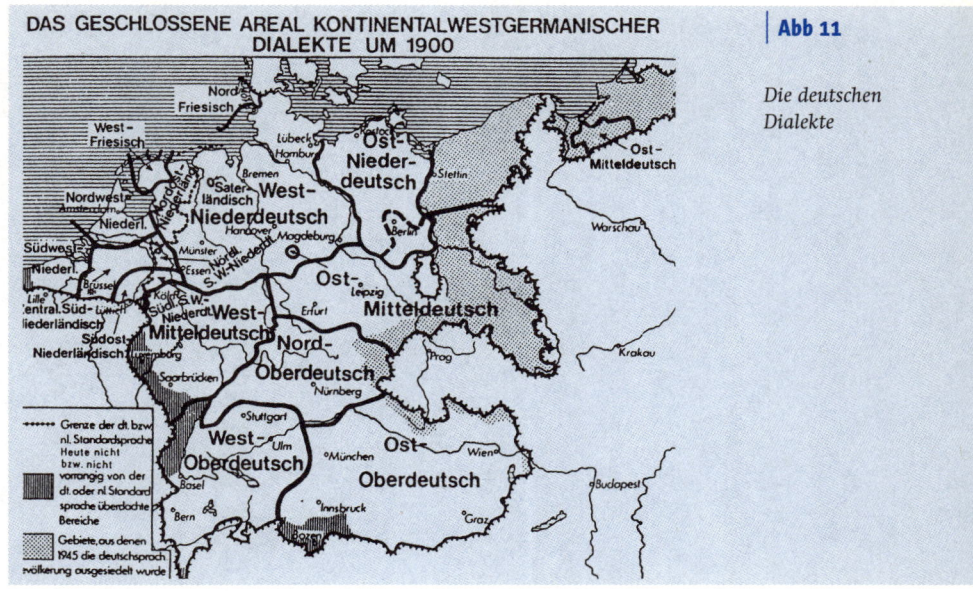

Abb 11

Die deutschen
Dialekte

die gesellschaftliche (**diastratische**) Schichtung etwa so vorstellen:

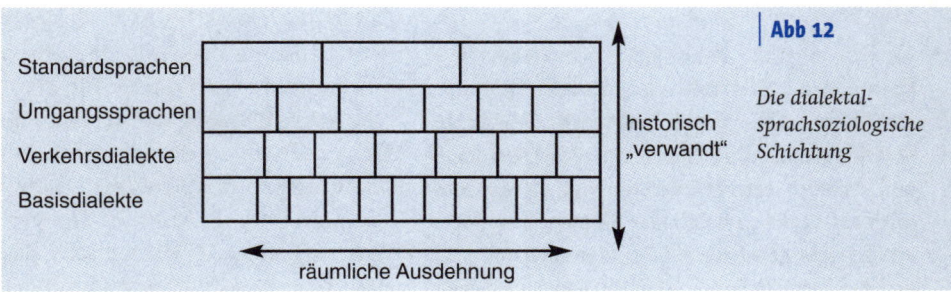

Abb 12

Die dialektal-
sprachsoziologische
Schichtung

Dialektologie

Manchmal findet man auch die Dreiteilung Standardsprache – Umgangssprache – Dialekt, wobei alle Übergänge zwischen sprachsoziologischen Schichten immer als fließend zu verstehen sind. Was aber kann man unter „Dialekt" verstehen? Natürlich gibt es, wie so oft in der Linguistik, keinen Konsens darüber.

Abb 13 | *Ausschnitt aus der Karte „mich" (Deutscher Sprachatlas)*

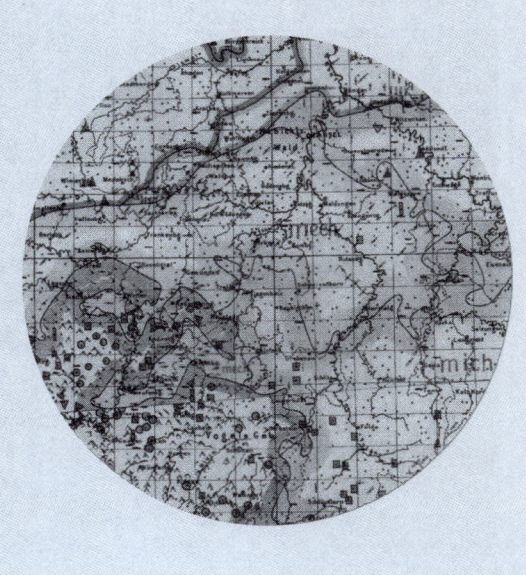

▶ Als eine mögliche Definition – neben anderen – könnte man „Dialekte" aus synchroner Sicht verstehen als ein „primär mündlich gebrauchte Sprachsysteme mit soziologisch niedrigem Rang und räumlich geringer Verbreitung, die diachronisch auf Grund gemeinsamer Herkunft aus einem Protosystem genetisch miteinander verwandt sind und synchronisch in der Schriftsprache als gemeinsamem Bezugssystem ihren sprachlichen Deckungsbereich besitzen." (PETER WIESINGER)

Heutige „deutsche Dialekte" müssen daher diachronisch auf Protosystemen beruhen, die zum Deutschen führen, und synchronisch die deutsche **Schriftsprache** (die schriftliche Ausprägung der Standardsprache) als Bezugssystem aufweisen. Das bedeutet, dass auf Grund dieses Verständnisses das Niederländische, das Flämische und das Friesische nicht zum Deutschen gezählt werden, das Niederdeutsche hingegen schon, obwohl es typologisch wie gesagt dem Englischen und Friesischen näher steht.

Wenn man den Bezug zu einer Standardsprache in mündlicher und schriftlicher Form als Kriterium für eine Sprache wählt, bedeutet das genau genommen auch, dass man bis zur Herausbildung einer Standardsprache im Frühneuhochdeutschen (ca. 1350–1650) konsequenterweise nur von „Dialekten" sprechen kann. In unserem sprachsoziologischen Schichtenmodell ist es überdies sinnvoll, mehrere Stufen von Dialekt zu unterscheiden, je nach der räumlichen Ausdehnung (bzw. Verständlichkeit).

Basisdialekt ist dabei die lokal gebundene Sprachform der ansässigen, wenig mobilen, vielfach älteren Bevölkerung (als sozialer Grundschicht) im privaten Gespräch mit Bekannten und Gleichgestellten.

Verkehrsdialekt ist die höher eingeschätzte Sprachform, die meist von nahe gelegenen Verkehrszentren beeinflusst ist. Es ist die Sprachform der zwar ansässigen, aber mobilen und meist jüngeren Bevölkerung im privaten bis halböffentlichen Gespräch mit Bekannten und Gleichgestellten.

Umgangssprache ist die vermittelnde Sprachform zwischen Dialekt und Standardsprache, vor allem in Städten, aber auch auf dem Land, im Umgang mit höher Gestellten und Fremden; vielfach schon die allgemeine Sprachform der mobilen mittleren und höheren Sozialschichten.

Unter **Standardsprache** kann man die großräumige Realisierung als Sprache der Öffentlichkeit (in Schule, Kirche, bei öffentlichen Anlässen usw.) verstehen. Die früher und außerhalb der Linguistik oft verwendete Begriffe „Hochsprache" oder „Hochdeutsch" (als Synonym für Standardsprache) sollten vermieden werden, da sie irreführend sind.

Anzumerken wäre noch, dass dieses traditionelle Modell der Dialekte seit etwa zwei Jahrzehnten nicht mehr in dieser Form gilt, da es zu „Grenzüberschreitungen" zwischen den mündlichen Sprachformen der jüngeren und älteren Generation kommt. Die Dialektologie beschäftigt sich seit geraumer Zeit mit diesen Veränderungen.

1.4 | Beschreibungsmöglichkeiten von Sprache

Linguistik ist die Wissenschaft von der Sprache. So oder so ähnlich kann man Linguistik oder Sprachwissenschaft auffassen, und die Definition ist in diesem Wortlaut auch oft zu finden.

Erklärung

Zur Terminologie ▶ **Die Ausdrücke Linguistik und Sprachwissenschaft werden heute weitgehend als Synonyme verwendet. Im Begriff *Linguistik* schwingt aber manchmal – im Gegensatz zur älteren, eher historisch ausgerichteten Sprachwissenschaft – die Vorstellung von „strukturalistischer" Sprachbeschreibung mit. Außerdem weist das Fremdwort Linguistik durch seine Entsprechungen engl. *linguistics*, französ. *linguistique* etc. internationalen Charakter auf und wird aus diesem Grund heute gerne bevorzugt. Außerdem erscheint es im Titel „Cours de linguistique générale" von FERDINAND DE SAUSSURE. Im Englischen und Französischen und anderen Sprachen bedeutet *linguistic*, *linguistique* etc. auch schlicht und einfach ‚sprachlich'.**

Die Sprachwissenschaft als Gesamtdisziplin umfasst eine Reihe von Teildisziplinen, die so vielfältig sind, dass sie kaum in einen gemeinsamen Rahmen gebracht werden können. Viele dieser Disziplinen haben sich allerdings erst im Laufe der letzten füfzig Jahre Wissenschaftsgeschichte herausgebildet. Am Anfang stand die Beschäftigung mit der historischen Dimension von Sprache, der Sprachgeschichte, erst vor etwa hundert Jahren wurde der Grundstein für die Beschäftigung mit der zeitgenössischen Sprache gelegt.

1.4.1 | Der Strukturalismus

FERDINAND DE SAUSSURE, der Begründer des Strukturalismus, hatte als Junggrammatiker begonnen. Im Laufe seines Lebens äußerte er allerdings mehrmals sein Unbehagen über das Fehlen einer allgemeinen Sprachtheorie – nach seinen Worten müssten sich die Sprachwissenschaftler zuerst über den Gegenstand ihrer Untersuchungen, die Sprache, klar sein, bevor sie zur Analyse schreiten könnten. Dieser theoretischen Beschreibung dienten wohl auch seine Vorlesungen, die dann als „Cours" veröffentlicht worden sind und die die Sprachwissenschaft auf eine völlig neue Grundlage stellten.

SAUSSURE beginnt seine Ausführungen damit, dass er Sprache ausschließlich als **mündliches** Verständigungssystem betrachtet. Schrift ist nach seiner Ansicht nur ein sekundäres, willkürliches Zeichensystem, das für die Struktur und Beschreibung der primären Sprachform (der mündlichen) keinerlei Bedeutung hat. In einer Wissenschaft, die ihre damaligen Meisterleistungen durch die Analyse schriftlicher Texte errungen hatte, war bereits diese Ansicht revolutionär. SAUSSURE geht aber noch viel weiter. Er fordert, dass sich die Linguistik ausschließlich mit der Gegenwartssprache zu beschäftigen hat, und das ziemlich genau am Ende eines Säculums, das ausschließlich in der historischen Sprachwissenschaft seine Erfüllung sah.

Im westlichen Kulturkreis beginnt die Schriftgeschichte etwa zeitgleich in Mesopotamien (sumerische Keilschrift) und Ägypten (Hieroglyphen) ca. 3100 v. Chr. Die altägyptischen Hieroglyphen setzen sich über die Sinai-Schrift in den altsemitischen Schriften fort, die im Nahen Osten von den Phöniziern zu einer reinen Lautschrift umfunktioniert wurden. Allerdings war auch das Phönizische eine semitische Sprache, und wie alle Schriften dieser Sprachfamilie blieben auch in ihr die Vokale unbezeichnet. Den entscheidenden Schritt zur vollen Alphabetschrift, die Zeichen für Konsonanten und Vokale kennt, unternahmen die Griechen, die die phönizische Schrift offenbar an mehreren Orten gleichzeitig übernahmen.

Der Strukturalismus betrachtet die Schrift als rein sekundäres Zeichensystem, das nicht der linguistischen Betrachtung wert ist. Heute geht man nicht so streng vor und ist sich durchaus bewusst, dass es zwischen gesprochener und geschriebener Sprache wechselseitige Beeinflussungen gibt.

FERDINAND DE SAUSSURE bringt seinen berühmten Vergleich der Sprache mit einem Schachspiel, der im „Cours" mehrmals bemüht wird: Tritt man während einer Partie an ein Schachbrett heran, so ist für die Erfassung der Situation nur der momentane, **synchrone** Stand der Figuren (die die Struktur des Spiels repräsentieren) von Bedeutung. Wie es zu diesem Zustand gekommen ist (also die historische, **diachrone** Entwicklung), ist für den Augenblick unwichtig. Die Lin-

> **Merksatz**

> ▶ „Es ist eingewendet, dass es noch eine andere wissenschaftliche Betrachtung der Sprache gäbe, als die geschichtliche. Ich muss das in Abrede stellen."
> HERMANN PAUL 1880

guistik soll in der Gegenwart einen synchronen Schnitt machen und die Gegenwartssprache beschreiben, anstatt sich auf die diachronen Voraussetzungen der Gegenwartssprache zu konzentrieren. Allerdings kann der Begriff „synchron" nicht auf eine bestimmte Jahreszahl eingeengt werden. Mit synchronen Mitteln kann man sprachliche Phänomene nur beschreiben, nicht aber erklären; dies ist bestenfalls mit diachronen Mitteln möglich.

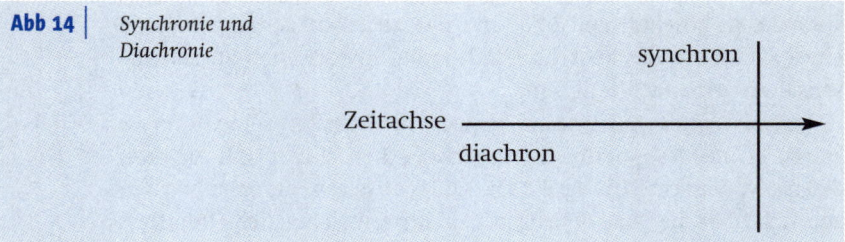

Abb 14 | *Synchronie und Diachronie*

Nun macht sich SAUSSURE Gedanken über das Wesen des linguistischen Untersuchungsgegenstandes, der Sprache selbst – die Junggrammatiker hätten diesen Aspekt, der doch die Grundlage jeder Sprachbeschreibung bildet, zu sehr vernachlässigt. Zunächst stellt er fest, dass nur der Mensch die Fähigkeit zur sprachlichen Verständigung habe. Diese Fähigkeit nennt er **langage**. Sie ist allen Menschen zu eigen, ungeachtet dessen, welche Sprachen sie beherrschen. Die Einzelsprache selbst nun betrachtet SAUSSURE als System, das für alle Sprachteilnehmer gleich sein muss (eine Annahme, die später heftigen Widerspruch hervorrief), und er vergleicht sie mit einem Wörterbuch, von dem jeder ein Exemplar besitzen kann. Allerdings ist dieses System, die **langue**, abstrakt und existiert nur in den Köpfen der Sprachteilnehmer, weshalb es auch für die Linguisten nicht direkt beobachtbar ist. Betrachten und analysieren kann man nur die tatsächlichen sprachlichen Äußerungen, die **parole**, die die Sprachverwender auf Grund der Kenntnis ihrer Sprache (der abstrakten langue) von sich geben.
Erste und vornehmste Aufgabe der Sprachwissenschaft ist die Untersuchung und Beschreibung der langue, da die parole situationsgebunden und fehlerhaft sein kann.

Der Siegeszug des Strukturalismus

In den Jahren 1907 bis 1911 hielt der bereits zu Lebzeiten berühmte Indogermanist FERDINAND DE SAUSSURE an der Universität Genf drei Vorlesungen über allgemeine Sprachwissenschaft. Obwohl er selbst wohl nie daran gedacht hatte, sie zu veröffentlichen, gaben seine Schüler CHARLES BALLY (1865–1947) und ALBERT SECHEHAYE (1870–1946) bearbeitete Vorlesungsmitschriften 1916 posthum unter dem Namen ihres Lehrers und mit dem Titel „Cours de linguistique générale" heraus (deutsch erstmals 1931 als „Grundfragen der allgemeinen Sprachwissenschaft"). Dieses Buch wurde zur Basis einer neuen Art der Linguistik, die nach einem Schlagwort von ROMAN JAKOBSON *Strukturalismus* genannt wird, und die die bis dahin betriebene Sprachwissenschaft von Grund auf revolutionierte. Der ungeheure Erfolg des Werkes liegt einerseits in der Berühmtheit seines Verfassers begründet, andererseits in der Tatsache, dass SAUSSURE das zeittypische Unbehagen an der traditionellen Sprachwissenschaft fokussierte und einen allgemeinen Entwurf für eine neuartige Sprachbetrachtung bot. Bereits seine Zeitgenossen GEORG VON DER GABELENTZ (1840–1893) und JAN BAUDOUIN DE COURTENAY (1845–1929), um nur die wichtigsten zu nennen, hatten ähnliche Ideen geäußert, VON DER GABELENTZ etwa reflektierte über den Gegensatz zwischen systemhafter Sprache und tatsächlicher Rede, und BAUDOUIN DE COURTENAY hatte aus der Untersuchung slowenischer Dialekte heraus ebenfalls einen Phonembegriff entwickelt.

SAUSSURES Ansätze wurden in den nachfolgenden Jahrzehnten zu einem komplexen Lehrgebäude (mit mehreren strukturalistischen Schulen, die sich z. T. auch gegenseitig bekämpften) ausgebaut. Wir müssen daher auch beachten, dass nicht alles, was heute unter dem Namen „Strukturalismus" überliefert und betrieben wird, von FERDINAND DE SAUSSURE selbst stammt.

Ferdinand de Saussure (1857–1913)

| Abb 15

▶ **langage = die menschliche Fähigkeit zur Sprache**
langue = das abstrakte Einzelsprachensystem
parole = die reale sprachliche Äußerung

Das sprachliche Zeichen besteht für SAUSSURE aus einer materiellen Seite (etwa der Lautkette, den Schallwellen, die an unser Ohr dringen), die er *signifiant* oder *image acoustique* nennt. Untrennbar damit verbunden wie „die zwei Seiten eines Blattes Papier" ist nicht etwa ein realer Gegenstand, sondern ein geistiges Bild, eine Vorstellung, die der Sprachteilnehmer mit dem Ausdruck verbindet.

Abb 16 | *Das Zeichenmodell von Ferdinand de Saussure*

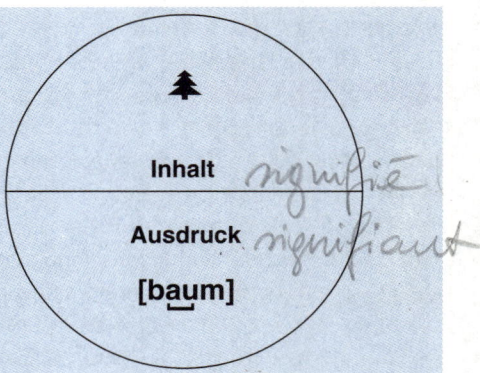

Ausdruck und Inhalt des sprachlichen Zeichens stehen in Verbindung miteinander, die allerdings im Wesentlichen beliebig (**arbiträr**) ist und auf **Konvention** beruht. Wir übernehmen diese Konvention beim Erwerb der Muttersprache oder beim Erlernen einer Fremdsprache (beim Vokabellernen). Dass die Beziehung willkürlich ist, erkennen wir daran, dass man sie innerhalb einer Sprachgemeinschaft bewusst ändern kann: Wir können mit dem Ausdruck [baum] nach Absprache die Vorstellung ☾ ‚Mond' verbinden, sodass der sprachliche Ausdruck *Wie schön scheint der Baum am Himmel!* plötzlich nicht mehr „sinnleer" ist.

▶ **Inhalt**	**Ausdruck**
signifié	**signifiant**
concept	**image acoustique**
Signifikat	**Signifikant**
Begriff	**Lautkörper**
Vorstellung	**Ausdruck**

Nach der Lehre SAUSSURES ist Sprache (d. h. die langue) mit einer Struktur gleichzusetzen, die dadurch gebildet wird, dass sprachliche Einheiten miteinander in Beziehungen stehen. Die Aufgabe der Sprachwissenschaft ist es, sowohl die Einheiten als auch die Beziehungen (die als „Regeln" aufgefasst werden können) zu entdecken und zu beschreiben. Dies muss in zwei Schritten geschehen. Zuerst müssen die Einheiten einer Sprache durch **Segmentieren** festgestellt werden, dann kann man ihre Funktion durch **Klassifizieren** bestimmen. Diese Prinzipien verwendet der Strukturalismus bei der so genannten Minimalpaarbildung: Zwei sprachliche Zeichen, die sich nur in einem Element der darunter liegenden sprachlichen Ebene unterscheiden (zwei Sätze durch ein Wort, zwei Wörter durch einen Laut) werden einander gegenüber gestellt.

Damit sind wir bei einem wichtigen Thema: Der Unterscheidung sprachlicher Ebenen. Diese Ebenen sind Laut, Wort, Satz und Text. Jede Ebene konstituiert die nächsthöhere, indem mehrere Laute ein Wort bilden, mehrere Worte einen Satz und mehrere Sätze einen Text **(Synthese)**. Durch Analyse kann jeweils die darunter liegende Ebene ermittelt werden: Ein Text besteht aus Sätzen, ein Satz aus Worten, ein Wort aus Lauten. Jede dieser Ebenen wird seit SAUSSURE in einer eigenen linguistischen Disziplin (oder je nach Schule auch mehreren) untersucht. Manchmal werden auch die Schrift und die Bedeutung als eigenständige Ebenen behandelt, obwohl sie nicht in dieses Schema passen: Man kann nicht sagen, dass mehrere Texte eine Bedeutung bilden oder mehrere Buchstaben einen Laut.

> **Merksatz**
>
> ▶ **Ein Minimalpaar wird von zwei sprachlichen Zeichen gebildet, die sich nur in einem einzigen ihrer Element (Bestandteile) unterscheiden, z.B.** *backen – packen*. **Eines der Elemente kann auch ein Nullelement Ø sein, z.B.** *Maus – aus*.

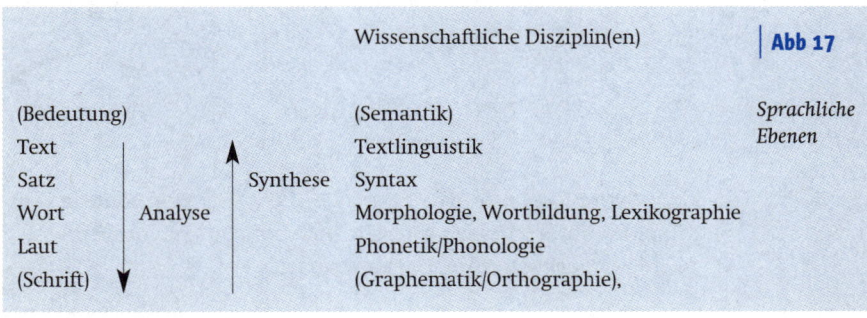

	Wissenschaftliche Disziplin(en)		**Abb 17**
(Bedeutung)		(Semantik)	*Sprachliche*
Text		Textlinguistik	*Ebenen*
Satz	↑ Synthese	Syntax	
Wort	Analyse	Morphologie, Wortbildung, Lexikographie	
Laut		Phonetik/Phonologie	
(Schrift) ↓		(Graphematik/Orthographie),	

Wir haben durch Segmentierung die Elemente *b* und *p* auf der Lautebene isoliert. Wir können aber noch nichts über ihre Funktion aussagen. Dies geschieht durch das Klassifizieren. Wiederum wird mittels Minimalpaaren festgestellt, dass im Deutschen *packen* etwas anderes bezeichnet als *backen*. Die Einheiten *b* und *p* haben also die Funktion, die Bedeutung sprachlicher Zeichen zu modifizieren.

Nun kann man, wie wir bei der Phonologie noch sehen werden, den Einheiten *b* und *p* Merkmale zuschreiben. Von diesen Merkmalen sind einige zur Unterscheidung wichtig (**relevant**), wie die Tatsache, dass *b* stimmhaft ist und *p* stimmlos. Andere Merkmale wiederum sind zwar vorhanden, dienen aber nicht der Unterscheidung: Sowohl *b* als auch *p* sind Verschlusslaute. Dieses Merkmal ist für die Unterscheidung vernachlässigbar oder **redundant**. Die Relevanz von Merkmalen ist allerdings kein absolutes Maß, sie wechselt, je nachdem, welche Einheiten betrachtet werden. Das relevante Merkmal zwischen *b* und *d* etwa ist nicht die Stimmhaftigkeit (beide sind stimmhaft), sondern der Artikulationsort: *b* ist ein Lippenlaut, *d* ein Zahnlaut.

Die Funktion der sprachlichen Zeichen wird bestimmt durch die Beziehungen, die sie untereinander aufbauen. Zwei Arten von Beziehungen konstituieren das sprachliche System der langue:

1. Die Beziehungen der Zeichen auf einer Ebene. Sprache ist linear. Damit sie funktionieren kann, müssen die Zeichen, die zeitlich aufeinander folgen, deutlich unterscheidbar sein. Jedes Zeichen steht in Beziehung zu den noch folgenden Zeichen:

Abb 18 | *Syntagma*

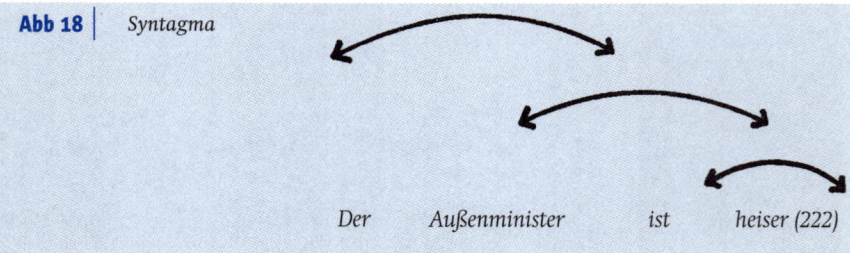

Der   Außenminister   ist   heiser (222)

Grundvoraussetzung ist, dass sich die Zeichen eindeutig voneinander unterscheiden müssen. Eine sprachliche Äußerung wie *der der der der* wäre nicht grammatisch.

Obwohl SAUSSURE das Konzept des Syntagmas nur anhand von Wörtern erläutert, existieren syntagmatische Beziehungen auf allen sprachlichen Einheiten, also etwa auch zwischen Lauten oder Sätzen.

2. Es bestehen aber auch Beziehungen zwischen Zeichen auf unterschiedlichen Ebenen. Sprachliche Zeichen sind untereinander austauschbar.

> **Merksatz**
>
> ▶ **Die horizontale Beziehung der sprachlichen Zeichen auf derselben Ebene wird syntagmatische Beziehung oder Syntagma oder Kontrast genannt.**

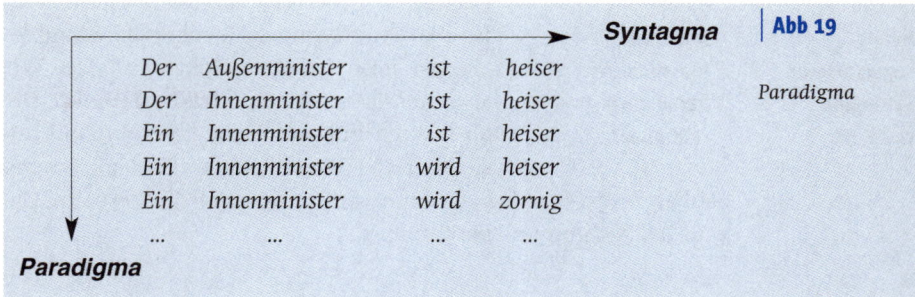

Abb 19

Allerdings kann nicht jedes Zeichen gegen jedes beliebige andere ausgetauscht werden. Eine Ersetzung, die zu dem Satz *Am Außenminister ist heiser* führt, ist nicht sinnvoll. Die Linguistik muss eben ausprobieren, welche Ersetzungen grammatisch sind. Diese konstituieren dann einen Teil des sprachlichen Systems.

Insgesamt versteht SAUSSURE das sprachliche Zeichen in erster Linie ex negativo: Ein sprachliches Zeichen ist durch das definiert, was die anderen sprachlichen Zeichen nicht sind. Das bedeutet, dass sich jedes Zeichen wie in einem dreidimensionalen Koordinatensystem durch seine Beziehungen, die es zu den anderen Zeichen innehat und die jedes Zeichen einmalig machen, definiert. Allerding betrachtet der Strukturalismus die

> **Merksatz**
>
> ▶ **Die Austauschbarkeit von Zeichen auf der vertikalen Achse wird als paradigmatische Beziehung oder Paradigma oder Opposition bezeichnet.**

Sprache (die langue) als homogene Sprachform und vernachlässigt Varitäten wie Dialekt, Soziolekte u.a.m.

Man muss auch verstehen, dass es nach dieser Auffassung **offene** und **geschlossene Systeme** gibt: Die Funktion der Laute in einer Sprache ist ein geschlossenes System, es ist relativ fest und unveränderlich. Der Wortschatz einer Sprache hingegen ist ein offenes System, er kann jederzeit um Elemente bereichert werden.

Eines der Grundprobleme der Linguistik ist die Tatsache, dass ihr Untersuchungsgegenstand – im Unterschied zu naturwissenschaftlichen Disziplinen wie Botanik oder Zoologie – nicht direkt beobachtbar ist. Wir können ja niemandem in den Kopf „hineinschauen", wie er akzeptable Sätze bildet. Der einzige Weg, der der Linguistik offen steht, ist die Untersuchung fertiger Sprachäußerungen, also bereits gebildeter Sätze. Wir sprechen von einem **Blackbox-Effekt**: Die abstrakten grammatischen Regeln sind unsichtbar, gleichsam in einer black box (uneinsehbaren Kiste) verborgen, und wir können nur die Resultate daraus beobachten und beschreiben.

Merksatz

▶ **SAUSSURE'sche Dichotomien**

langue	parole
Inhalt	**Ausdruck**
segmentieren	**klassifizieren**
Syntagma	**Paradigma**
relevant	**redundant**

Abb 20 | *Der Blackbox-Effekt*

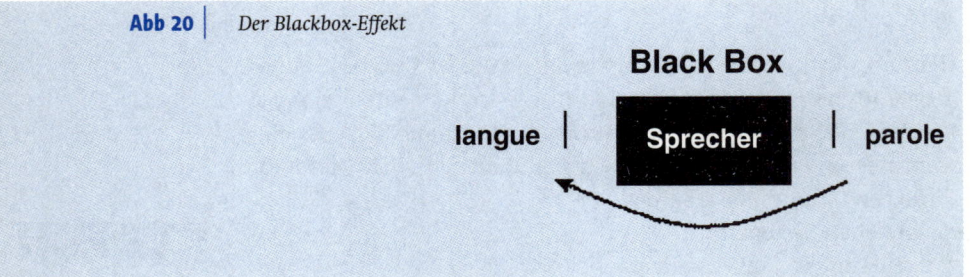

Ausgehend vom „Cours" bildeten sich in vielen verschiedenen Ländern strukturalistische Schulen, die die neuen Ideen ausbauten, die sich aber z. T. weit vom Ursprung entfernten und einander daher auch zu widersprechen und zu bekämpfen begannen. Die strukturalistische Sprachbeschreibung gilt heute als Musterbeispiel für die Systemlinguistik, ja Strukturalismus und Systemlinguistik werden oft gleichgesetzt.

Zusammenfassung

▶ Die menschliche Sprache, nicht mit den Kommunikationssystemen der Tiere gleichzusetzen, ist bis heute eines der großen Rätsel der Menschheit. Es gibt niemanden, der erklären kann, wie die Sprache entstand, seit wann es die menschliche Sprache bzw. wieviele Sprachen es auf der Welt gibt, ob alle Sprachen der Welt auf eine einzige Ursprache zurückgehen u. dgl. mehr. Die Linguistik, die Wissenschaft von der Sprache, geht heute davon aus, dass jede natürliche Sprache über eine komplexe, dynamische Struktur verfügt, die es aufzudecken und zu beschreiben gilt. Dabei stehen jedoch einige methodische Schwierigkeiten im Wege: Erstens sind in der Linguistik – im Gegensatz etwa zu den Naturwissenschaften – Untersuchungsgegenstand und Beschreibungsmittel identisch. Zweitens ist die Sprache nicht das Produkt eines Einzelnen, sondern basiert auf Übereinkunft von vielen, die aber nicht die Kontrolle über die Sprache ausüben. Drittens ist Sprache nicht homogen, sondern besteht aus geographisch, sozial und situativ differierenden Varietäten, die nicht genau voneinander abgegrenzt werden können. Sie alle zusammen bilden eine Sprache wie das Deutsche.

Auch über die Funktionen, die Sprache in unserem Leben spielt, ist man sich nicht einig. Der älteren Abbildungsfunktion, die Sprache als (passives) Werkzeug sieht, mit dem man die Wirklichkeit abbildet, steht der Funktionsbegriff der Interaktionstheorie gegenüber, nach der man mit Sprache aktiv handelt. Beide Theorien sollten aber nicht als Gegensätze, sondern als Ergänzungen betrachtet werden.

Eine ernst zu nehmende Linguistik gibt es seit etwa 190 Jahren. Vor rund 90 Jahren stellte der Schweizer Linguist FERDINAND DE SAUSSURE die bis dato ausschließlich historisch betriebene Sprachwissenschaft auf neue Grundlagen, und seither hat sich der nach seinem Tod entstehende „Strukturalismus" in viele Schulen aufgespalten, die bis heute den methodisch wichtigsten Zugang zur Sprachbeschreibung darstellen.

Übungen

1   ● Besorgen Sie sich Literatur über die „Bienensprache" nach KARL VON FRISCH und geben Sie die wichtigsten Bewegungen der Bienen an.

2   ● Nennen Sie je zwei Vertreter der Gründungsgeneration, der historisch-vergleichenden Sprachwissenschaft und der Junggrammatiker.

3   ● Warum können die Kommunikationssysteme von Tieren nicht als „Sprache" im linguistischen Sinn bezeichnet werden?

4   ● Warum werden im BÜHLER'schen Organonmodell die Beziehungen des sprachlichen Zeichens zu Sender und Empfänger mit durchgezogenen Linen darstellt, die Beziehung zu „Gegenständen und Sachverhalten" aber mit durchbrochenen Linien?

5   ● Nennen Sie die Spracherwerbsphasen beim Kind.

6   ● Welche Logogramme gibt es im heutigen Deutsch?

7   ● Bei welchen Wortpaaren handelt es sich um Minimalpaare?
Frau – blau, Gold – Geld, Fenster – finster, fragen – ragen, fragen – sagen, Zeit – seit, lacht – Licht, reisen – reißen

8   ● Vergleichen Sie das BÜHLER'sche Organonmodell (S. 38) mit dem einfachen Modell von FERDINAND DE SAUSSURE (S. 32). Worin bestehen die prinzipiellen Unterschiede?

9   ● Können Sie sich Siutationen vorstellen, in denen unser Kommunikationsmodell auf S. 34 nicht gilt?

Grammatik: Systemlinguistik |2

Der Begriff **Grammatik** ist mehrdeutig. In der Linguistik trägt er üblicherweise drei Grundbedeutungen:

1. Grammatik im weitesten Sinn meint eine Sprachtheorie, also die Auffassungen, ob die Sprache eine Struktur hat, wie diese aussehen könnte und wie man sie wissenschaftlich beschreiben kann (vgl. Kap. 1). In diesem Sinn kann man eine große Anzahl von Grammatik- oder Sprachtheorien unterscheiden; die im deutschen Sprachraum verbreitetsten sind die **Traditionelle Grammatik**, die der **Schulgrammatik** zu Grunde liegt, die **Valenz-** (oder **Dependenzgrammatik**) und die **Generative Grammatik** (oder **Transformationsgrammatik**, ältere Bezeichnung: **Generative Transformationsgrammatik**).

2. Grammatik bezeichnet aber auch die Strukturen der beschriebenen Sprache selbst im Sinn der SAUSSURE'schen langue. Man versteht darunter das abstrakte Regelsystem einer Sprache, das hinter jeder Einzelsprache vermutet wird. SAUSSURE hat die langue mit einem Wörterbuch verglichen, von dem jeder Sprachteilnehmer ein identisches Exemplar erhält.

3. Schließlich bedeutet **Grammatik** aber auch die schriftlich festgehaltenen Sprachbeschreibungen, also die kodifizierten Regeln, das Buch.

Der Beobachtungsgegenstand (der Objektbereich) der Linguistik ist identisch mit dem Beschreibungsmittel. Mit anderen Worten: Wir müssen mit Sprache über Sprache reden. Im Grunde ist jede linguistische Äußerung daher ein Element der Metasprache (vgl. oben u. Tiersprachen). Das kann zu Schwierigkeiten, besonders in der **Terminologie**, führen; oft muss genau festgelegt werden, was mit einem bestimmten Begriff gemeint ist. Außerhalb der Linguistik wird aber oft der Fehler gemacht, dass hinsichtliche der Sphäre Objekt- und Beschreibungsbereich gleichgesetzt werden (was man in der Diskussion über die letzte Rechtschreibreform verfolgen konnte). Wir müssen wissen, dass jeder Sprachbeschreibung (jeder **Grammatik** im weiteren Sinn) zunächst eine bestimmte Auffassung von Sprache zu Grunde liegt (also eine Sprachtheorie).

Sprachbeschreibung (Grammatik) ↔ Sprachtheorie ↔ Sprache (Objektbereich)

In der Linguistik unterliegen wir dem Paradoxon jeder empirischen Forschung: Wenn man etwas beobachten und analysieren will, muss man bereits eine Vorstellung von dem haben, was man beobachten will – also auf Daten aufbauen, die man erst durch die Analyse zu gewinnen hofft.

Phonetik und Phonologie | 2.1

Die **Phonetik** (griech. *phōnḗ* ,Stimme, Ton, Laut') beschreibt die Laute einer Sprache, sie beschäftigt sich also nur mit der gesprochenen Sprache. Sie ist genau genommen eine Naturwissenschaft, da sie sich mit Phänomenen der Natur (der Anatomie des Menschen und den akustischen Eigenschaften von Lauten) beschäftigt. Die Phonetik untersucht die Erzeugung von Sprechlauten, ihre physikalischen Eigenschaften sowie ihre Wahrnehmung.

Die **Phonologie** ist dagegen eine Komponente der Grammatik von Einzelsprachen. Sie umfasst den Lautbestand von Einzelsprachen, die Funktion, welche die einzelnen Laute im System der jeweiligen Sprache erfüllen (z.B. die bedeutungsunterscheidende Funktion), die Distribution der Laute in der jeweiligen Sprache (mögliche Stellungen und Kombinatorik der Laute) sowie die Veränderungen, die Laute etwa unter dem Einfluss ihrer Nachbarlaute erfahren können. Im Unterschied zur Phonetik kann die Phonologie sowohl auf die gesprochene als auch indirekt auch auf die geschriebene Sprachform angewendet werden. **Phonemik** umfasst die Phonologie mit der **Prosodie**.

Phonetik | 2.1.1

Die Phonetik beschreibt die Sprechlaute an sich sowie die Bedingungen ihrer Erzeugung, Übertragung und Wahrnehmung. Ein einfaches Kommunikationsmodell sieht etwa wie in Abb. 21 aus.

1. Die **Artikulatorische Phonetik** beschreibt die Erzeugung der Laute durch die menschlichen Sprechorgane (= Artikulation im weitesten Sinn).
2. Die **Akustische Phonetik** untersucht die Bedingungen der Lautübertragung im Medium und die physikalischen Eigenschaften der Sprachlaute.
3. Die **Auditive Phonetik** (oder **Perzeptionsphonetik**) beschäftigt sich mit der Wahrnehmung der Laute durch den Hörer.

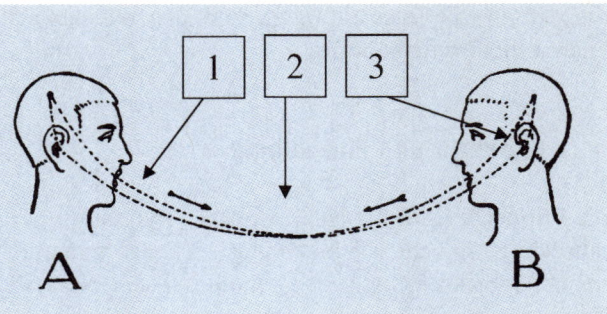

Abb 21

Kommunikation

Die historisch gewachsenen Schriftsysteme geben (selbst in ihrer unter dem phonographischen Gesichtspunkt entwickeltsten Form, der Alphabetschrift) die lautliche Manifestierung der Sprache nur sehr unvollkommen und nicht eindeutig wieder. Es ist aber unbedingt notwendig, zwischen dem tatsächlichen Laut und seiner Verschriftung in verschiedenen Sprachen zu differenzieren und eine Möglichkeit zu finden, Laute eindeutig und präzise zu verschriften. Daher wurden eigene **phonetische Transkriptionssysteme** geschaffen, die ein 1:1-Verhältnis von lautlicher und schriftlicher Ebene gewährleisten: Das heißt, für jeden einzelnen Laut darf nur ein Zeichen verwendet werden, jedes Zeichen darf nur einen Laut repräsentieren.

Das verbreitetste dieser Zeichensysteme ist das Alphabet der Association Phonétique Internationale (im deutschen und romanischen Sprachraum abgekürzt als API, im englischen als IPA von International Phonetic Association), maßgeblich entwickelt von PAUL PASSY (1859–1940) und DANIEL JONES (1881–1967). Es bezeichnet sämtliche Sprachlaute aller Einzelsprachen der Welt. Davon seien jene Zeichen angeführt, die für die Laute der deutschen Sprache gelten:

API-Zeichen für die Vokale des Deutschen (nach Duden-Aussprachewörterbuch)

[ɑ] dunkler A-Laut, z.B. in *Staat* [ʃtɑːt]

[a] heller A-Laut, z.B. in *Stadt* [ʃtat]

[ɐ] schwachtoniger A-ähnlicher Laut („a-Schwa"), z.B. in *hier* [hiːɐ̯], *Lehrer* [ˈleːrɐ]

[e] geschlossener E-Laut, z.B. in *Ehre* [ˈeːrə]

[ɛ] offener E-Laut, z.B. in *Ähre* [ˈɛːrə], *Mensch* [mɛnʃ]

[ə] schwachtoniger E-Laut („e-Schwa"), z.B. in *Rabe* [ˈraːbə]

Der Beginn der wissenschaftlichen Phonetik

Während JACOB GRIMM und seine Zeitgenossen die Begriffe „Buchstabe" und „Laut" noch gleichsetzten, erkannte man in der Folgezeit, dass die schriftliche Fixierung vom materiell-physikalischen Laut streng zu trennen ist (einer der Ersten, die darauf hingewiesen hatten, war Grimms Zeitgenosse RUDOLF VON RAUMER). WILHELM SCHERER und – unter seinem Einfluss – die Junggrammatiker hatten entdeckt, wie wichtig die anatomischen Voraussetzungen der Lautproduktion für die Beschreibung von Sprachveränderungen sind. EDUARD SIEVERS (1850–1932) veröffentlichte 1876 seine „Grundzüge der Lautphysiologie, zur Einführung in das Studium der Lautlehre der indogermanischen Sprachen" (man beachte den Untertitel!), die ab der zweiten Auflage den Titel „Grundzüge der Phonetik" trugen. SIEVERS, bereits im Alter von 21 Jahren Außerordentlicher Professor in Jena, wurde damit zum Begründer der wissenschaftlichen Phonetik, die sich in der Folge von der Hilfswissenschaft zur vollwertigen linguistischen Disziplin entwickelte. Bereits 1877 folgte der berühmte englische Phonetiker HENRY SWEET (1845–1912), angeblich das reale Vorbild des Professors Henry Higgins in „Pygmalion"/„My Fair Lady", mit seinem „Handbook of Phonetics".

[i] geschlossener I-Laut, z.B. in *Stiel* [ʃtiːl]

[ɪ] offener I-Laut, z.B. in *still* [ʃtɪl]

[o] geschlossener O-Laut, z.B. in *Robe* [ˈroːbə]

[ɔ] offener O-Laut, z.B. in *Robbe* [ˈrɔbə]

[ø] geschlossener Ö-Laut, z.B. in *schön* [ʃøːn]

[œ] offener Ö-Laut, z.B. in *plötzlich* [ˈplœtslɪç]

[u] geschlossener U-Laut, z.B. in *gut* [guːt]

[ʊ] offener U-Laut, z.B. in *lustig* [ˈlʊstɪç]

[y] geschlossener Ü-Laut, z.B. in *Güte* [ˈgyːtə]

[ʏ] offener Ü-Laut, z.B. in *Brücke* [ˈbrʏkə]

[i̯] unsilbischer Vokal, z.B. in *Silvia* [ˈzɪlvi̯a]

[u̯] unsilbischer Vokal, z.B. in *Suebe* [ˈzu̯eːbə]

[ai̯] Diphthong ⟨ei⟩, ⟨ai⟩, z.B. in *Leib* [lai̯p]

[au̯] Diphthong ⟨au⟩, z.B. in *Haus* [hau̯s]

[ɔy̯] Diphthong ⟨eu⟩, ⟨äu⟩, z.B. in *Mäuse* [ˈmɔy̯zə]

[ã] nasalierter A-Laut (nur in französ. Fremdwörtern), z.B. in *Chance* [ˈʃãːs(ə)]

[õ] nasalierter O-Laut (nur in französ. Fremdwörtern), z.B. in *Bonbon* [bõˈbõː]

[ẽ] nasalierter E-Laut (nur in französ. Fremdwörtern), z.B. in *Cousin* [kuˈzẽ:]

[œ̃] nasalierter Ö-Laut (nur in französ. Fremdwörtern), z.B. in *Parfum* [parˈtœ̃:]

API-Zeichen für die Konsonanten des Deutschen (nach Duden-Aussprachewörterbuch

[m] bilabialer Nasallaut M, z.B. in *Mann* [man]

[ɱ] labiodentaler Nasallaut, z.B. in offen [ˈɔfɱ]

[n] alveolarer Nasallaut N, z.B. in *neu* [nɔy]

[ŋ] velarer Nasallaut NG, z.B. in *Klang* [klaŋ]

[p] stimmloser bilabialer Verschluss-laut P, z.B. in *Paul* [pau̯l]

[b] stimmhafter bilabialer Verschluss-laut B, z.B. in *aber* [ˈaːbɐ]

[t] stimmloser dentaler Verschluss-laut T, z.B. in *laut* [lau̯t]

[d] stimmhafter dentaler Verschluss-laut D, z.B. in *laden* [ˈlaːdn̩]

[k] stimmloser velarer Verschlusslaut K, z.B. in *Kranz* [krants]

[g] stimmhafter velarer Verschluss-laut G, z.B. in *Tage* [ˈtaːgə]

[ʔ] glottaler Verschlusslaut (= harter Einsatz, „Knacklaut"), fakultativ vor jedem anlautenden Vokal, z.B. in *Abend* [ˈʔaːbənt]

[f] stimmloser labiodentaler Reibe-laut F, z.B. in *falten* [ˈfaltn̩]

[v] stimmhafter labiodentaler Reibe-laut W, z.B. in *was* [vas]

[s] stimmloser dentaler/alveolarer Reibelaut S, z.B. in *reißen* [ˈrai̯sn̩]

[z] stimmhafter dentaler/alveolarer Reibelaut S, z.B. in *reisen* [ˈrai̯zən]

[ʃ] stimmloser alveopalataler Reibe-laut SCH, z.B. in *Schuh* [ʃuː]

[ʒ] stimmhafter alveopalataler Reibe-laut, z.B. in *Garage* [gaˈraːʒə]

[j] stimmhafter palataler Reibelaut J, z.B. in *Joch* [jɔx]

[ç] stimmloser palataler Reibelaut CH („ich-Laut"), z.B. in *nicht* [nɪçt]

[x] stimmmloser velarer Reibelaut CH („ach-Laut"), z.B. *Loch* [lɔx]

[h] stimmloser glottaler Reibelaut (Hauchlaut) H, z.B. in *Hand* [hant]

[r] apikaler Vibrant R („Zungenspit-zen-R"), z.B. in *Rose* [ˈroːzə]

[ʀ] uvularer Vibrant R („Zäpfchen-R"), z.B. in *Rose* [ˈʀoːzə]

[l] alveolarer Laterallaut L, z.B. in *leise* [ˈlai̯zə]

[pf] stimmlose labiale Affrikata PF, z.B. in *Pfanne* [ˈpfanə]

[ts] stimmlose dentale Affrikata Z, z.B. in *Zug* [tsuːk]

[tʃ] stimmlose alveopalatale Affrikata TSCH, z.B. in *deutsch* [dɔytʃ]

In einem mehrsilbigen Wort wird der Hauptakzent durch das Zeichen ['] vor der tontragenden Silbe bezeichnet, z.B. ['roːzə]. Eine Länge wird durch das Zeichen [ː] markiert, z.B. [ɑː] für das lange „a" in *Staat* [ʃtɑːt]. Soll eine Lautung wiedergegeben werden, wird das Zeichen zwischen eckige Klammern [ ] gesetzt, z.B. [a]. Ein Element der Schrift hingegen steht zwischen spitzen Klammern ⟨ ⟩, z.B. ⟨a⟩. Damit kann eindeutig zwischen **Laut/Phon** [a] und **Graph/Graphem** ⟨a⟩ unterschieden werden.

Da das lateinische Alphabet zu wenig Buchstaben für eine exakte Lautbeschreibung aufweist, ist man bei phonetischen Lautschriften gezwungen, zusätzliche Zeichen einzubeziehen. Dies wird erreicht einerseits durch die Hinzunahme neuer Zeichen (etwa aus anderen Alphabeten, wie z.B. das französische ⟨ç⟩ für den palatalen stimmlosen Reibelaut), andererseits durch die Verwendung von Zusatzzeichen (**Diakritika**, Sg.: **Diakritikon**), die über oder unter ein öfter verwendetes Grundzeichen gesetzt werden (wie <õ> für das nasalierte o). Die letztere Methode wird vor allem gewählt, damit der Bestand an Grundzeichen möglichst klein und übersichtlich gehalten werden kann.

Neben der internationalen API-Lautschrift sind zahlreiche weitere Transkriptionssysteme in Gebrauch. Dies ist darauf zurückzuführen, dass die verschiedenen linguistischen Disziplinen und die einzelsprachlichen Philologien (teilweise noch vor Schaffung des API) eigene, auf ihre Bedürfnisse zugeschnittene und an die drucktechnischen Möglichkeiten ihrer Entstehungszeit angepasste Lautschriftsysteme entwickelten. Die deutschsprachige Dialektologie verwendet das so genannte „Teuthonista"-Alphabet, benannt nach der gleichnamigen dialektologischen Zeitschrift, in der es ursprünglich vorgestellt und benutzt wurde.

Artikulatorische Phonetik

2.1.2

Die Artikulatorische Phonetik ist die älteste der drei phonetischen Teildisziplinen. Sie setzt sich zum Ziel, die unterscheidbaren Laute der Sprache bei ihrer Produktion durch die menschlichen Sprechorgane wissenschaftlich zu erfassen und zu beschreiben.

Die menschliche Lautproduktion beruht auf der Abfolge von vier Gesten:

Das Jahr 1876

Das Jahr 1876 ist für die Entwicklung der Linguistik von besonderer Bedeutung. Selten konzentrierten sich zukunftweisende Projekte und Methoden derart klar in einem einzigen Kalenderjahr:

1. GEORG WENKER begann mit seinem Pilotprojekt für den Deutschen Sprachatlas, der Dialektaufnahme der Rheinprovinz. Diese Vorstufen wurden als „Das rheinische Platt" 1877 veröffentlicht.
2. EDUARD SIEVERS veröffentlichte seine „Grundzüge der Lautphysiologie", mit der die wissenschaftliche Phonetik begründet wurde.
3. Vom 4. bis 15. Januar 1876 tagte in Berlin die „Konferenz zur Herstellung größerer Einigung auf dem Gebiet der deutschen Orthographie" (I. Orthographische Konferenz). Sie scheiterte zwar, aber als direkte Konsequenz gab der Schulleiter KONRAD DUDEN (1829–1911) zum ersten Mal sein „Vollständiges Orthographisches Wörterbuch der deutschen Sprache" heraus, das sich – in weiteren Auflagen und Bearbeitungen – zum Standardwerk entwickelte.
4. Der Junggrammatiker KARL VERNER formulierte sein berühmtes und später so benanntes **Verner'sches Gesetz**, in dem er die junggrammatische These von der Ausnahmslosigkeit der Lautgesetze anhand der Stimmhaftwerdung der indogermanischen stimmlosen Reibelaute im Germanischen bewies.
5. 1876 erschien AUGUST LESKIENS „Deklination im Slawisch-Litauischen", wo zum ersten Mal die junggrammatische Methode (Lautgesetz und Analogie) konsequent angewendet wird.
6. KARL BRUGMANN veröffentlichte seine gefeierte Entdeckung der Nasalis sonans und des Palatalgesetzes.

1. **Respiration** (Erzeugung eines Luftstromes durch die Atmungsorgane)
   Die meisten Sprachlaute (so auch die in den europäischen Sprachen verwendeten Laute) werden **pulmonal-egressiv** (also bei der *Ausatmung* von Luft aus der Lunge) gebildet. Die Atmungsorgane (Lunge und ihre Muskulatur) erzeugen einen Luftstrom, der kontrolliert durch die Luftröhre und den Kehlkopf in den Rachen-, Mund- und Nasenraum geleitet wird, wo die eigentli-

che Artikulation der Laute stattfindet. Neben der **Brust-** oder **Rippenatmung** ist v.a. die **Zwerchfellatmung** gut steuerbar, sodass wir bewusst einen kontinuierlichen Luftstrom erzeugen können.

2. **Phonation** (Stimmgebung durch die Stimmbänder im Kehlkopf) Die Phonation (Stimmgebung) erfolgt im **Kehlkopf** (dem **Larynx**). Die folgende Abbildung zeigt ihn im Querschnitt:

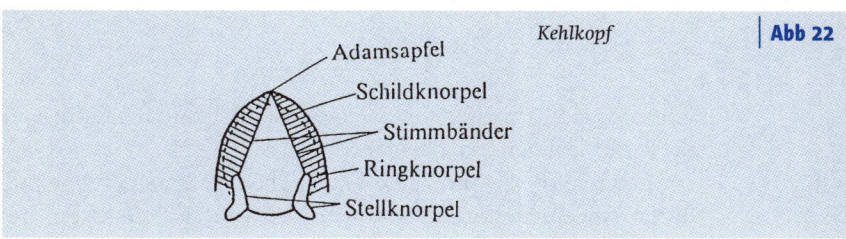

Kehlkopf

| **Abb 22**

Adamsapfel
Schildknorpel
Stimmbänder
Ringknorpel
Stellknorpel

Die **Stimmbänder** (oder – präziser – **Stimmlippen**) können mit Hilfe der **Stellknorpel** bewegt werden. Sind die Stimmlippen gespreizt (wie in der oben stehenden Abbildung), kann der von der Lunge kommende Luftstrom die dazwischen liegende **Glottis** (Stimmritze) ungehindert und kontinuierlich passieren: Es entstehen **stimmlose** Laute. Liegen die Stimmlippen hingegen aneinander, werden sie vom Luftstrom in Schwingung versetzt, wodurch sich die Glottis in rascher Abfolge wiederholt öffnet und schließt. Die folgende Abbildung zeigt einen solchen Öffnungs-Schließungs-Zyklus, der sich pro Sekunde zwischen hundert- bis zweihundertmal (bei Männern) bzw. zweihundert-bis dreihundertmal (bei Frauen) wiederholt. Das beruht auf den physiologischen Unterschieden zwischen Mann und Frau (so haben Frauen kürzere und dünnere Stimmlippen und daher eine höhere Stimmlage).

Durch die zyklische Öffnung und Schließung der Stimmlippen wird der Luftstrom wiederholt unterbrochen und kann gewissermaßen nur „tropfenweise" die Glottis passieren: Es entstehen **stimmhafte** Laute. Oberhalb des Kehlkopfs gelangt der Luftstrom in den **Rachen-**, den **Mund-** und den **Nasenraum**, die zusammen als **Ansatzrohr** bezeichnet werden. Verschiedene Verformungen des Ansatzrohres durch die beweglichen Artiku-

Abb 23 | *Schwingungsphasen der Stimmbänder*

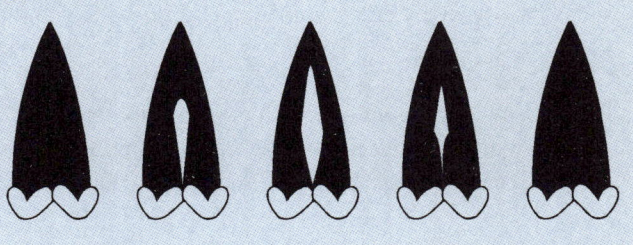

lationsorgane transformieren diesen Luftstrom schließlich in die verschiedenen Sprachlaute.

Sprachlaute, die ohne Beteiligung anderer Sprechorgane nur durch verschiedene Einstellungen der **Glottis** entstehen, bezeichnet man als **glottale** Laute. Für das Deutsche sind hier das [h] (Verengung der Glottis: Es entsteht ein Reibelaut) und der so genannte **Knacklaut** [ʔ] (kurzer Verschluss der Glottis: Es entsteht ein Verschlusslaut) zu nennen.

3. **Nasalierung** (Absperren oder Zuschalten der Nasenhöhle durch Heben bzw. Senken des Gaumensegels)

   Wenn der Phonationsstrom die Rachenhöhle erreicht, wird sein weiterer Weg in die übrigen Resonanzräume durch die Bewegungen des **Velums** (Gaumensegels) gesteuert. Wird das Velum gehoben, ist der Zugang zur Nasenhöhle versperrt; der Phonationsstrom kann nur durch die Mundhöhle entweichen, es entstehen **orale** Laute.

   Wird das Velum gesenkt, ist der Zugang zur Nasenhöhle geöffnet; der Phonationsstrom gelangt in die Nasenhöhle, es entstehen **nasale** Laute. Wenn der Luftstrom gleichzeitig durch Mund- und Nasenhöhle ungehindert entweichen kann, entstehen Nasalvokale (wie etwa im Französischen bzw. in französischen Fremdwörtern im Deutschen, z.B. das [ã] in *Chance* [ˈʃãːs(ə)]). Wenn im Mundraum ein Verschluss gebildet wird und der Phonationsstrom nur durch die Nasenhöhle entweicht, entstehen nasale Konsonanten (z.B. [m], [ɱ], [n], [ŋ]).

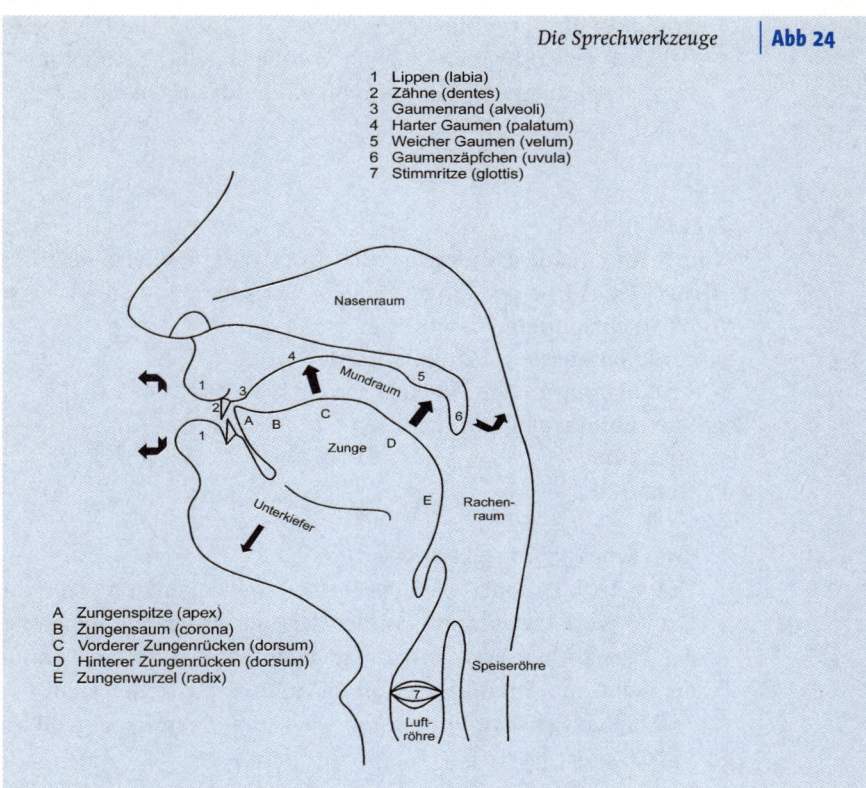

Die Sprechwerkzeuge | **Abb 24**

1 Lippen (labia)
2 Zähne (dentes)
3 Gaumenrand (alveoli)
4 Harter Gaumen (palatum)
5 Weicher Gaumen (velum)
6 Gaumenzäpfchen (uvula)
7 Stimmritze (glottis)

A Zungenspitze (apex)
B Zungensaum (corona)
C Vorderer Zungenrücken (dorsum)
D Hinterer Zungenrücken (dorsum)
E Zungenwurzel (radix)

4. **Artikulation** (Bildung der Laute durch Veränderungen des Mund- und/oder Rachenraumes)
   Die eigentliche Bildung der Laute, die Artikulation im engeren Sinn, erfolgt im Ansatzrohr, vor allem im Mundraum, durch das Zusammenwirken von beweglichen und unbeweglichen Artikulationsorganen (vgl. die Abbildung gegenüber). Die beweglichen Artikulationsorgane (Lippen, Zunge, Unterkiefer, Velum) sind die aktiven Artikulatoren. Die unbeweglichen Artikulationsorgane stellen die Artikulationsstellen (Artikulationsorte) dar, die vor allem bei der Bildung der Konsonanten eine entscheidende Rolle spielen.

   Im Allgemeinen unterscheidet die Artikulatorische Phonetik zwei Haupttypen von Lauten: Konsonanten und Vokale. Obwohl sich die beiden Typen artikulatorisch, akustisch und funktional grundlegend unterscheiden, gibt es auch Laute, die Merkmale beider Typen aufweisen und eine Zwischenstellung einnehmen; diese Laute nennt man Approximanten oder Halbvokale (engl. *glides*).

2.1.2.1　Konsonanten

Konsonanten sind **Hindernislaute**: Im Ansatzrohr wird ein Hindernis (Verschluss oder Enge) gebildet. Konsonanten können nach fünf Gesichtspunkten beschrieben werden:

a. Artikulationsstelle (Artikulationsort)
b. Artikulationsmodus (Artikulationsart)
c. Stimmtonbeteiligung
d. Spannung
e. Quantität

a. *Artikulationsstelle (Artikulationsort)*

Unter Artikulationsstelle oder -ort versteht man jene Stelle im Mund- oder Rachenraum, an der der Laut unter Zuhilfenahme der beweglichen Sprechorgane gebildet wird. Die für die Laute der deutschen Sprache relevanten Artikulationsstellen sind:

1. bilabial: Der Laut wird durch Ober- und Unterlippe gebildet (z.B. [p], [b], [m])
2. labiodental: Die Unterlippe berührt die oberen Schneidezähne (z.B. [f], [v], [ɱ])
3. dental: Zungenspitze an den oberen Schneidezähnen (z.B. [t], [d])
4. alveolar: Zungenspitze und/oder Zungenkranz am Zahndamm (z.B. [s], [z])

In den meisten Sprachen wird der Unterschied zwischen dentaler und alveolarer Artikulation nicht zur Unterscheidung von Bedeutungen (s.u. Kap. 2.1.5) genutzt; Laute wie [t], [d], [n] etc. können daher sowohl dental als auch alveolar artikuliert werden. Tendenziell sind jedoch [t] und [d] im Deutschen eher dental, im britischen Englisch eher alveolar.

5. alveopalatal: Der Zungenkranz (der leicht nach oben gebogenen und in der Mitte der Länge nach gerillten Zunge) nähert sich dem vordersten Ende des harten Gaumens (z.B. [ʃ], [ʒ]).
6. palatal: Der vordere Zungenrücken nähert sich dem harten Gaumen (z.B. [ç], [j]).

7. velar: Der hintere Zungenrücken nähert sich dem weichen Gaumen (z.B. [k], [g], [x], [ŋ]).

Palatale und velare Laute werden manchmal unter den Termini guttural oder tektal zusammengefasst. (Lat. *guttur* bedeutet ‚Gurgel, Kehle', *guttural* ist demzufolge unsinnig.)

8. uvular: a. Der hinterste Teil des Zungenrückens nähert sich dem Zäpfchen (z.B. [χ], [ʁ]); b. das Zäpfchen vibriert (z.B. [ʀ]).

9. glottal oder laryngal: Die Artikulation eines glottalen Lautes findet nicht im Mundraum, sondern schon im Kehlkopf statt ([h], [ʔ]).

b. *Artikulationsart (Artikulationsmodus)*

Unter Artikulationsart ist zu verstehen, wie ein Laut gebildet wird, oder – präziser formuliert – welcher Art das Hindernis ist, das im Mundraum gebildet wird.

1. Nasale

Das Gaumensegel ist gesenkt, der Zugang zur Nasenhöhle ist offen. Im Mundraum wird ein Verschluss gebildet, der Phonationsstrom entweicht ausschließlich durch die Nasenhöhle, die als Resonanzraum dient. Der Verschluss im Mundraum ist identisch mit jenem der Plosive (Verschlusslaute); der einzige artikulatorische Unterschied zwischen Nasalen und Plosiven besteht in der Stellung des Gaumensegels. Nasale sind von Natur aus stimmhaft. Die Nasale des Deutschen sind [m], [n] und [ŋ].

2. Plosive (Verschlusslaute, Okklusive, Explosivlaute)

Das Gaumensegel ist gehoben, der Zugang zur Nasenhöhle ist verschlossen. Im Mundraum wird ein Verschluss gebildet; der aus der Lunge strömende Luftstrom kann nicht entweichen, erzeugt einen Überdruck und sprengt schließlich den Verschluss. Die Bildung der Plosive besteht aus drei Phasen: Bildung des Verschlusses, Halten des Verschlusses, Sprengung des Verschlusses. Die dritte Phase, die Sprengung des Verschlusses, kann auch entfallen.

Plosive unterscheiden sich untereinander hinsichtlich der Eigenschaften Stimmbeteiligung (siehe unten Punkt c), Spannung (siehe unten Punkt d) und Aspiration.

– Plosive können stimmlos (z.B. [p], [t], [k]) oder stimmhaft (z.B. [b], [d], [g]) sein.

- Plosive können gespannt (z.B. [p], [t], [k]) oder ungespannt (z.B. [b], [d], [g]) sein.
- Plosive können behaucht (aspiriert) realisiert werden (z.B. [pʰ], [tʰ], [kʰ]). Die Behauchung selbst nennt man auch Aspiration, den aspirierten Laut Aspirata (Plural: Aspiratae). Im Deutschen können nur stimmlose Plosive aspiriert werden.

3. Frikative (Reibelaute, Engelaute, Spiranten)

   Im Mund- oder Rachenraum wird eine Enge gebildet, durch die der Luftstrom entweicht. Dabei entsteht ein Reibegeräusch. Frikative können stimmhaft bzw. ungespannt (z.B. [v], [z], [ʒ], [j]) oder stimmlos bzw. gespannt (z.B. [f], [s], [ʃ], [ç], [x]) sein. Der glottale Frikativ [h] wird allerdings nicht durch eine Enge im Mund- oder Rachenraum, sondern bereits im Kehlkopf durch eine Verengung der Glottis gebildet.

4. Affrikaten

   Eine Affrikata ist eine enge Verbindung aus einem Verschlusslaut und einem **homorganen** (d.h. an demselben oder einem benachbarten Artikulationsort gebildeten) Reibelaut. Im Deutschen gibt es nur stimmlose Affrikaten: [pf], [ts], [tʃ] (geschrieben ⟨pf⟩, ⟨z⟩, ⟨tsch⟩); die Affrikata [kx] kommt nur in bestimmten Dialekten (Kärnten, Tirol) vor. Andere Sprachen (z.B. Italienisch und Englisch) kennen auch stimmhafte Affrikaten.

5. Laterale

   Bei der Artikulation der Laterale berührt der mittlere Teil der Zunge (beim [l] ist es die Zungenspitze) den Zahndamm oder den harten Gaumen. Die seitlichen Zungenränder sind gesenkt, die Luft entweicht an beiden Seiten.

6. Vibranten

   Bei der Artikulation der Vibranten wird ein bewegliches Artikulationsorgan (die Zungenspitze oder das Zäpfchen) in Vibration versetzt. Dadurch kommt es zu einer sehr raschen Abfolge von Verschlüssen und Öffnungen, wobei die Zahl der „Anschläge" von Sprache zu Sprache unterschiedlich ist. Im Deutschen sind zwei Vibranten verbreitet: der apikale Vibrant [r] („Zungenspitzen-R") und der uvulare Vibrant [ʀ] („Zäpfchen-R"). Vibranten sind meist stimmhaft. Das so genannte „französische R" ([ʁ]), das auch im Deutschen (in Teilen Norddeutschlands) vorkommt, ist dagegen kein Vibrant, sondern ein stimmhafter uvularer Frikativ.

Laterale und Vibranten werden traditionell unter dem Terminus Liquide (Singular: die Liquida) zusammengefasst.

c. *Stimmtonbeteiligung*
Wenn die Stimmlippen während der Artikulation eines Konsonanten vibrieren und dadurch einen Stimmton erzeugen, ist der Konsonant stimmhaft (z.B. [b], [d], [g], [v], [z], [ʒ], [j], [m], [n], [ŋ], [l], [r], [ʀ]). Vibrieren die Stimmlippen nicht, ist der Konsonant stimmlos (z.B. [p], [t], [k], [f], [s], [ʃ], [ç], [x], [h], [pf], [ts], [tʃ]).
Nasale, Laterale und Vibranten sind stimmhaft, daher werden diese Laute auch **Sonoranten** genannt (stimmlose Varianten kommen vor, sind aber in den Sprachen der Welt relativ selten).

d. *Spannung*
Konsonanten können mit unterschiedlicher Muskelspannung artikuliert werden. Man unterscheidet daher gespannte Konsonanten und ungespannte Konsonanten. Dabei wird die höhere Muskelspannung im Ansatzrohr von einem höheren Druck der ausströmenden Luft begleitet; außerdem weisen gespannte Konsonanten zumeist eine größere Dauer als ungespannte Konsonanten auf.

Gespannte Konsonanten nennt man Fortes (Singular: die Fortis) od. „harte" Konsonanten; ungespannte Konsonanten werden als Lenes (Singular: die Lenis) od. „weiche" Konsonanten bezeichnet. In der historischen Sprachwissenschaft werden gespannte Verschlusslaute *Tenues* (Singular: die Tenuis), ungespannte Plosive *Mediae* (Singular: die Media) genannt.

Das Merkmal der Spannung spielt gerade im Deutschen eine wichtige Rolle, da es für nicht wenige Sprecher/Hörer das entscheidende Merkmal zur Unterscheidung zwischen [p], [t], [k], [f], [s], [ʃ] und [ç] (= gespannt) einerseits und [b], [d], [g], [v], [z] [ʒ] und [j] (= ungespannt) andererseits ist; die Stimmhaftigkeit von [b], [d], [g], [v], [z] [ʒ] und [j] ist nämlich im Deutschen (besonders im süddeutschen Raum) nur schwach ausgeprägt und macht sich – wenn überhaupt – erst in überdeutlicher Aussprache bemerkbar.

e. *Quantität*
Wie die Vokale können auch Konsonanten kurz oder lang artikuliert werden, bei langen Verschlusslauten wird die Länge durch ein längeres Halten des Verschlusses (2. Phase) und eine

dadurch verzögerte Sprengung des Verschlusses (3. Phase) erzielt. Lange Konsonanten gibt es etwa im Italienischen, Finnischen und Ungarischen sowie in deutschen Mundarten der Schweiz. In der historischen Sprachwissenschaft werden lange Konsonanten als Geminaten (Singular: die Geminata) bezeichnet. In der deutschen Standardlautung kommen Langkonsonanten nur in abgeleiteten (*an+nähern*) oder zusammengesetzten (*Lauf+feuer*) Wörtern vor. In einfachen Wörtern sind alle Konsonanten kurz: das [t] in *Rate* ['raːtə] unterscheidet sich in seiner Länge nicht von jenem in *Ratte* ['ratə]. Die Doppelschreibung von Konsonanten (<*Ratte*>) bezeichnet in der Orthographie der deutschen Gegenwartssprache nicht die Länge des Konsonanten, sondern die Kürze des Vokals davor.

Die Konsonanten lassen sich auf Grund ihrer Eigenschaften in einem Schema (Abb. 25) darstellen

Konsonanten sind normalerweise unsilbisch, d.h., sie bilden in der großen Mehrzahl der Fälle nicht das Zentrum (den Kern oder Gipfel), sondern nur Anfang (Anfangsrand) oder Ende (Endrand) einer Silbe (Näheres s. Kap. 2.1.8). Teilweise ausgenommen davon sind jedoch Nasale und Liquide, die in Abwesenheit eines Vokals ebenfalls als Silbengipfel fungieren können. Im Deutschen ist das in *unbetonten* Silben wie in *welchem* ['vɛlçm̩], *warten* ['vartn̩] oder *Mantel* ['mantl̩] der Fall. Man beachte, dass das <e> in der Endung dieser Wörter zwar in der Orthographie repräsentiert, in der tatsächlich realisierten Standardlautung jedoch nicht vorhanden ist. Erst in überdeutlicher Aussprache (Überlautung) erscheint es als [ə] oder [ɛ]. In einigen slawischen Sprachen (z.B. im Tschechischen und Slowenischen) kann auch die Liquida [r] silbisch sein (vgl. z.B. die Ortsnamen *Brno* = Brünn und *Trst* = Triest).

Sonoranten sind Laute, die durch das Fehlen einer geräuscherzeugenden Enge- oder Verschlussbildung gekennzeichnet sind. Ihr Pendant sind die **Obstruenten**, die durch ebendiese geräuscherzeugende Enge- oder Verschlussbildung charakterisiert sind.

2.1.2.2 | Vokale

Vokale sind **Öffnungslaute**. Die Stimmlippen vibrieren und erzeugen einen Stimmton. Dieser wird im Mundraum durch die Einstellung der beweglichen Artikulationsorgane (Zunge, Unterkiefer, Lip-

Abb 25

Konsonantenschema des Deutschen

Artikula-→tionsart	Stimm-→ton	bilabial	labio-dental	dental/alveolar	alveo-palatal	palatal	velar	uvular	glottal
Nasale	(sth.)	m	ɱ	n			ŋ		
Plosive	stl.	p		t			k		ʔ
	sth.	b		d			g		
Frikative	stl.		f	s	ʃ	ç	x		h
	sth.		v	z	ʒ	j		ʁ	
Affrikaten	stl.	pf		ts	tʃ		kx		
Laterale	(sth.)			l					
Vibranten	(sth.)			r				ʀ	

Artikulationsstelle (Artikulationsort)

pen) so modifiziert, dass die für die verschiedenen Vokale typischen Frequenzmuster entstehen. Vokale sind typischerweise silbisch, d.h., sie fungieren im Normalfall als Silbengipfel.

a. *Oralität oder Nasalität*

Ist bei der Artikulation eines Vokals das Gaumensegel gehoben und der Zugang zur Nasenhöhle versperrt, kann der Luftstrom

Abb 26 | *Mögliche Einteilung der deutschen Sprachlaute nach der Artikulationsart*

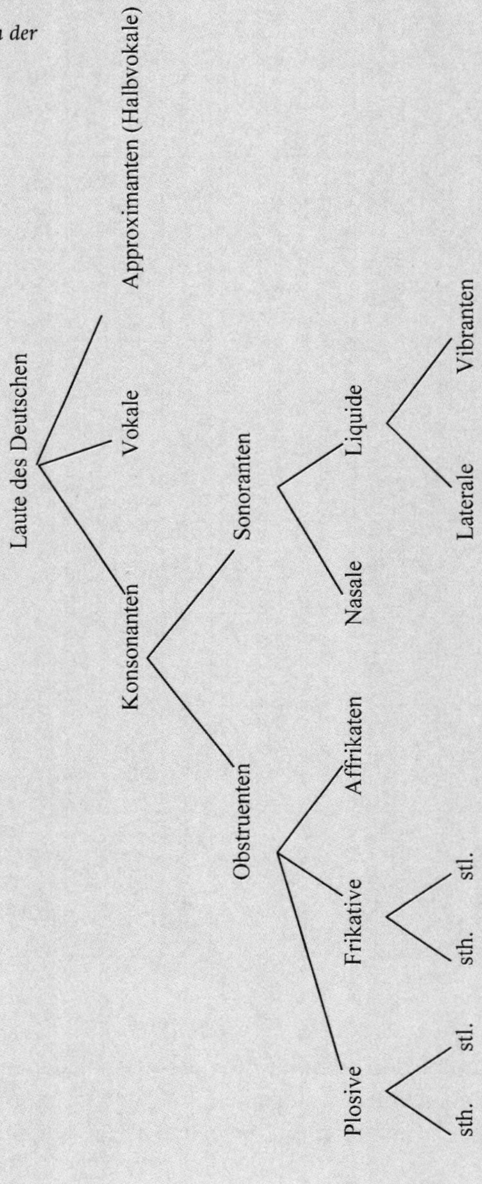

nur durch den Mundraum entweichen; es entsteht ein oraler Vokal.

Ist das Gaumensegel gesenkt, so ist der Zugang zur Nasenhöhle frei. Der Luftstrom entweicht gleichzeitig durch Mund- und Nasenraum, es entsteht ein nasaler Vokal. Nasalvokale finden wir etwa im Französischen, Portugiesischen und Polnischen sowie in französischen Fremdwörtern im Deutschen: [ã] in *Chance* [ˈʃã:s(ə)], [õ] in *Bonbon* [bõˈbõ:], [œ̃] in *Cousin* [kʊˈzœ̃:], [ẽ] in *Parfum* [parˈfẽ:].

b. *Vokalqualität*
Die Vokalqualität wird durch Veränderung des Resonanzraumes (Mund- und Rachenhöhle) mit Zunge (bzw. Unterkiefer) und Lippen bestimmt.

Die Vokalqualität wird anhand von drei Parametern beschrieben: Zungenhöhe, horizontale Zungenlage und Lippenstellung.
1. Zungenhöhe (Öffnungsgrad des Kieferwinkels)
Die Zungenhöhe (auch „vertikale Zungenlage") ist umgekehrt proportional zum Öffnungsgrad des Kieferwinkels: Vokale mit hoher Zungenstellung werden mit einem relativ geschlossenen Kieferwinkel artikuliert, Vokale mit tiefer Zungenstellung mit einem relativ offenen Kieferwinkel. Da Zungenhöhe und Öffnungsgrad des Kieferwinkels zusammenhängen, werden die Vokale in manchen Darstellungen nach ihrer Höhe, in anderen nach ihrem Öffnungsgrad charakterisiert. Demnach unterscheidet man im Deutschen fünf Höhenstufen bzw. Öffnungsgrade:
   Hohe (geschlossene) Vokale: [i], [y], [u]
   Halbhohe (halbgeschlossene) Vokale: [ɪ], [ʏ], [ʊ]
   Mittlere Vokale: [e], [ø], [o]
   Halbtiefe (halboffene) Vokale: [ɛ], [œ], [ɔ] sowie [ə]
   Tiefe (offene) Vokale: [a], [ɑ] sowie [ɐ]
2. Horizontale Zungenlage
Nach der horizontalen Lage der Zunge im vorderen oder hinteren Mundraum unterscheidet man:
   Vordere (palatale) Vokale (auch „Vorderzungenvokale"):
   Die Zunge wird (proportional zu ihrer Höhe) nach vorne geschoben: [i], [ɪ], [y], [ʏ], [e], [ɛ], [ø], [œ].
   Zentrale Vokale:
   Die Zunge wird weder nach vorne noch nach hinten bewegt: [a], [ɑ], [ə], [ɐ].

Hintere (velare) Vokale (auch „Hinterzungenvokale"):
Die Zunge wird nach hinten gezogen, der hintere Zungenrücken wird angehoben: [u], [ʊ], [o], [ɔ].

3. Lippenstellung

Die Lippen können bei der Artikulation von Vokalen ungerundet (neutral oder gespreizt) oder gerundet sein. Dieses
Merkmal bewirkt die Differenzierung zwischen I-Lauten
(ungerundet) und Ü-Lauten (gerundet) bzw. zwischen E-Lau-
ten (ungerundet) und Ö-Lauten (gerundet). Die Hinterzungenvokale (O- und U-Laute) sind im Deutschen immer gerundet,
die tiefen Vokale (A-Laute) ungerundet:

Ungerundete Vokale: [i], [ɪ], [e], [ɛ], [a], [ɑ], [ɐ]
Gerundete Vokale: [y], [ʏ], [ø], [œ], [u], [ʊ], [o], [ɔ]

Wegen der räumlichen Anordnung der Vokalartikulationsor-
te in der Mundhöhle bezeichnet man das folgende Schema
als **Vokaldreieck** (bzw. – bei Differenzierung des A in ein
palatales (helles) [a] und ein velares (dunkles) [ɑ] – als **Vokaltrapez**).

Abb 27 *Das Vokaltrapez des Deutschen*

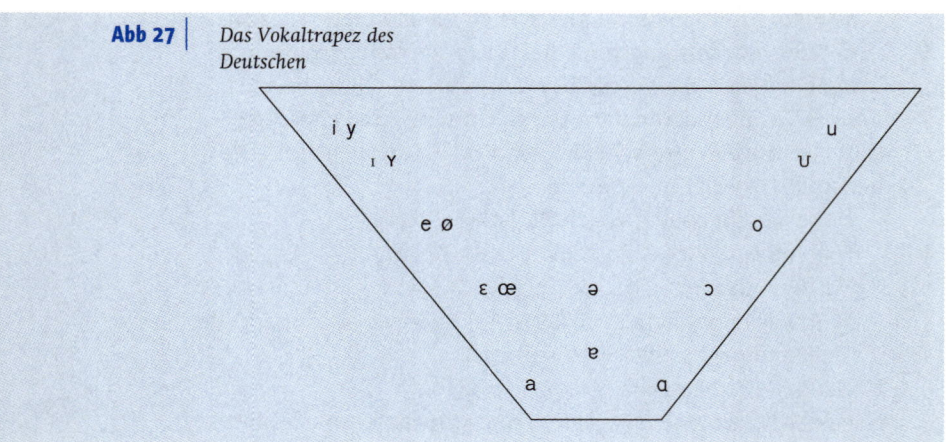

c. *Vokalquantität*

Neben der Vokalqualität kann auch die Vokalquantität von
Bedeutung sein. In vielen Sprachen, unter anderem auch im
Deutschen, werden Vokale nach ihrer Länge (Bildungsdauer)

unterschieden. So unterscheidet man zwischen **Kurz-** und **Langvokalen**. Im Deutschen besteht ein systematischer Zusammenhang zwischen Vokalquantität und Vokalqualität: Die hohen und mittleren Kurzvokale sind offener als die entsprechenden hohen und mittleren Langvokale. Dagegen unterscheiden sich die tiefen Vokale [a] und [ɑː] vorrangig durch die Quantität (und nur bei manchen Sprechern durch nach vorne – [a] – bzw. nach hinten und (leicht) nach unten – [ɑː] – verlagerte Zungenrücken und Zungenwurzel). Manche Darstellungen bezeichnen das helle [a] als „vorderes" und das dunkle [ɑ] als „hinteres", aber nach Ansicht anderer Forscher werden denn beide Laute ohne merklich unterschiedliche Zungenstellung artikuliert.

Kurzvokale: [ɪ], [ɛ], [ø], [œ], [a], [ʊ], [ɔ]
Langvokale: [iː], [eː], [ɛː], [yː], [øː], [ɑː], [uː], [oː]

Ein langes, offenes [ɛː] existiert nur in der Standardsprache, z.B. in *Käse* [ˈkɛːzə]. In Österreich mit Ausnahme Vorarlbergs und in Bayern wird der Laut üblicherweise als geschlossenes [eː] ausgesprochen: *Käse* [ˈkeːzə]. Allerdings ist unter Phonetikern umstritten, ob es das lange geschlossene [eː] in einer realen Varietät wirklich gibt oder ob es nur eine vorgeschriebene Leseaussprache darstellt.

d. *Schwachtonige (reduzierte) Vokale*

Im Deutschen gibt es (ausschließlich in *unbetonter* Stellung) zwei *schwachtonige* oder *reduzierte* Vokale (auch „Murmellaute" genannt): Der so genannte **e-Schwa** [ə] ist ein schwachtoniges „e", das in unbetonten Endsilben und in einigen unbetonten Vorsilben vorkommt, z.B. *Sonne* [ˈzɔnə], *Beratung* [bəˈraːtʊŋ]. Der so genannte **a-Schwa** [ɐ] ist ein schwachtoniger a-ähnlicher Laut, der durch die *Vokalisierung* des *r* im Silbenauslaut entsteht, z.B. *Bier* [biːɐ̯], *vergeben* [fɛɐ̯ˈgeːbn̩].

Zusammengefasst lässt sich das Vokalinventar der deutschen Sprache folgendermaßen darstellen:

Abb 28 | *Vokalschema des Deutschen*

Horizontale Zungenlage

Zungenhöhe →	vorne ungerundet		vorne gerundet		zentral ungerundet		hinten gerundet	
	lang	kurz	lang	kurz	kurz	lang	lang	kurz
hoch	iː	ɪ	yː	ʏ			uː	ʊ
halbhoch	eː		øː				oː	
mittel					ə			
halbtief	ɛː	ɛ		œ	ɐ			ɔ
tief					a	ɑː		

e. *Diphthonge*

Ein **Diphthong** (vokalischer *Zwielaut*) besteht aus zwei aufeinander folgenden vokalischen *Einzellauten* (**Monophthongen**), die zur *selben* Silbe gehören: *meist* [maɪst], *Laus* [laʊs], *neu* [nɔy]. Keine Diphthonge sind also aufeinander folgende Monophthonge, die zu *verschiedenen* Silben gehören: *Maestro* [ma.ˈɛstro], *Laos* [ˈla.ɔs], *Poet* [poˈeːt].

Man unterscheidet steigende Diphthonge (der „Vorderteil" ist unsilbisch) von fallenden Diphthongen (der „Vorderteil" ist silbisch). Dagegen teilt man nach der Zungenhöhe die Diphthonge in *öffnende* (Typ [ʊɐ̯]) und *schließende* (Typ [au̯]) ein. Die drei Diphthonge der deutschen Standardlautung [ai̯] (*meist*), [au̯] (*Laus*) und [ɔy̯] (*neu*) sind fallende und schließende Diphthonge. Ebenfalls Diphthonge sind die durch die oben erwähnte Vokalisierung von /r/ im Silbenauslaut entstehenden Vokalfolgen in Wörtern wie *Bier* [biːɐ̯] oder *vergeben* [fɛɐ̯ˈɡeːbm̩].

Erklärung

▶ Unter Standardlautung (auch Hochlautung) versteht man die in den großen Aussprachewörterbüchern („Siebs", GWDA, Duden-Aussprachewörterbuch) festgelegte (= standardisierte) Ausspracheform des Deutschen, die auf artikulatorische Deutlichkeit und überregionale Verständlichkeit abzielt. Jedes Wörterbuch schreibt allerdings seine eigene Norm vor. Da Kommunikation im Alltag in vielen Fällen zwischen Gesprächspartnern gleicher regionaler Herkunft abläuft und auch nicht immer große Wortdeutlichkeit erfordert, treten an die Stelle dieser formalen und weitgehend dialektneutralen Aussprache meist stärker regional geprägte und informellere Ausspracheformen, die so genannten Umgangslautungen. Eine den speziellen Bedürfnissen des Theaters – Deklamieren in großen Räumen – angepasste Variante der Standardlautung ist die so genannte Bühnenaussprache. In Gesprächssituationen, die aus bestimmten Gründen (laute Umgebung, große Entfernung zwischen Sprecher und Hörer, didaktisches Vor-Sprechen im Sprachunterricht etc.) eine außergewöhnliche Wortdeutlichkeit verlangen, kommt dagegen die so genannte Überlautung zur Anwendung.

In verschiedenen Dialekten treten darüber hinaus auch fallende Diphthonge wie [ʊɐ̯], [ɪɐ̯] oder [ɔɐ̯] auf: vgl. etwa wienerisches *Bluat* (Blut) und *Kriag* (Krieg) oder steirisches *broat* (breit).

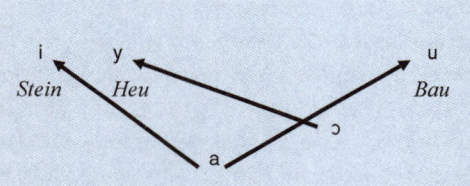

Diphthongschema des Deutschen | **Abb 29**

f. *Approximanten (Halbvokale)*

Approximanten oder **Halbvokale** sind zwischen Vokalen und Konsonanten, genauer zwischen hohen Vokalen und Reibelauten, anzusiedeln: Die Zunge nimmt eine sehr hohe Stellung ein und nähert sich dem Gaumen. Die so entstehende Enge lässt keinen reinen Öffnungslaut (= Vokal) mehr zu, sie ist aber noch zu groß, als dass ein echtes Reibegeräusch (wie bei einem Frikativ) entstehen könnte. Approximanten sind per definitionem stimmhaft. Ebenso wie die Konsonanten sind Approximanten *unsilbisch*, d.h., sie können nicht Träger eines Silbengipfels sein. Beispiele für Approximanten sind etwa der palatale Approximant [j] in engl. *yes* [jɛs].

2.1.2.3   Worttranskription nach Duden-Aussprachewörterbuch

1 Die Preise neben den Sonderangeboten sind stets mit einem Sternchen versehen.
2 Die Fußnote dazu lautet seit Jahrzehnten:
3 „Sollten diese Artikel trotz sorgfältig geplanter Angebotsmengen allzu schnell ausverkauft sein, bitten wir um Ihr Verständnis."
4 Dieser Satz ist die Ursache dafür, dass Aldi-Kunden an den Sonderangebotstagen – im Norden stets mittwochs, im Süden donnerstags – schon weit vor Geschäftsöffnung Schlange stehen.
5 Die drögen Texte haben bei der Kundschaft den Glauben entstehen lassen, von Aldi nie übervorteilt zu werden, in der gewählten Preisklasse immer die beste Qualität zu bekommen, und zwar immer zum niedrigsten Preis (263 l)

1 diː ˈpraizə ˈneːbən deːn zɔndɐʔangəˈboːtn̩ zɪnt ʃteːts mɪt ˈʔainəm ʃtɛrnçən fɛɐ̯ˈzeːən

2 diː ˈfuːsnoːtə daˈtsuː ˈlautət zait jaːɐ̯ˈtseːntn̩

3 ˈzɔltn̩ ˈdiːzə ʔarˈtɪkl̩ trɔts ˈzɔrkfɛltɪg gəˈplaːntə ʔangəboːtsmˈɛŋən ʔaltsuː ʃnɛl ʔausfɛɐ̯ˈkauft zain bɪtn̩ viːɐ̯ ʔum ʔiːɐ̯ fɛɐ̯ˈʃtɛntnɪs

4 ˈdiːzə zats ʔɪst diː ˈʔuːɐ̯zaxə ˈdaːfyːɐ̯ das ˈʔaldɪkʊndn̩ ʔan deːn zɔndɐʔangəboːtsˈtaːgn̩ – ʔɪm nɔrdn̩ ʃteːts ˈmɪtvɔxs ʔɪm zyːdn̩ ˈdɔnɐstaːks – ʃoːn vait foːɐ̯ gəʃɛftsˈʔœfnʊŋ ˈʃlaŋə ˈʃteːən

5 diː ˈdrøːgn̩ ˈtɛkstə ˈhaːbn̩ bai deːɐ̯ ˈkʊntʃaft deːn glaubn̩ ʔɛntˈʃteːən ˈlasn̩ fɔn ˈʔaldɪ niː ʔyːbɐˈfoːɐ̯tailt tsuː ˈveːɐ̯dn̩ ʔɪn deːɐ̯ gəˈveːltn̩ ˈpraisklasə ʔɪmɐ diː bɛstə kvaliˈtɛːt tsuː bəˈkɔmən ʔunt tsvaːɐ̯ ʔɪmɐ tsum ˈniːdrɪgstn̩ ˈprais

An Besonderheiten in diesem kurzen Text beachte man:

Die Transkription von isolierten Worten entspricht zwar der gesetzten Norm, nicht aber der tatsächlichen Redeweise.

Das Graphem <h> fungiert im intervokalischen Inlaut als Morphemtrenner und wird nicht ausgesprochen wie in *stehen* (mit vereinzelten Ausnahmen, z.B. *Uhu*).

In Wörtern wie *Donnerstag* zeigt sich die Auslautverhärtung.

Qualität weist kurzes geschlossenes [i] auf, das ist in Fremdwörtern möglich.

Das Duden-Aussprachewörterbuch unterscheidet nicht zwischen hellem [a] und dunklem [ɑ]. Ebenso wird der Knacklaut [ʔ] vor Vokal nicht angeführt (wurde in diesem Beispiel ergänzt).

Wie das Beispiel *Aldi* zeigt, unterliegen auch Namen der Standardlautung.

Man beachte die unterschiedlichen Notationsweisen von <-r-> in *Stern, ver-, Vater, der, zwar* und von <-nd-> in *sondern, Verständnis, Kundschaft*.

Manchmal sind auch gleichwerte Varianten möglich, z.B. ˈfoːɐ̯ta͜il ˈfɔrta͜il.

Das Duden-Aussprachewörterbuch setzt nur einen einzigen Akzent pro Wort (z.B. *Sonderangeboten*), auch wenn Haupt- und Nebenakzente möglich wären.

Der Bogen unter Diphthongen und Affrikaten deutet an, dass es sich um Lautverbindungen und keine Einzellaute handelt.

Erklärung

▶ **Faustregel für die eindeutige Lautidentifikation**
Bei den Konsonanten müssen der Artikulationsort, die Artikulationsart und die Stimmhaftigkeit bestimmt werden, z.B. [b] = stimmhafter bilabialer Plosiv (im Unterschied zu [p] = stimmloser bilabialer Plosiv). Nur bei den Nasalen und Liquiden kann das Merkmal der Stimmhaftigkeit entfallen, da es redundant ist, z.B. [ŋ] = velarer Nasal. Bei den Vokalen sind vier Merkmale zu nennen, drei qualitative und ein quantitatives: Zungenhöhe (Öffnungsgrad), Horizontale Zungenlage, Lippenstellung und Quantität (Länge), z.B.: [i] = hoch, vorne, ungerundet und kurz. Die Definition als „Vokal" oder „Konsonant" ist nicht notwendig, da dies durch die Angabe der Merkmale von selbst folgt.

2.1.3 | Akustische Phonetik

Die Übertragung der Information erfolgt in einem Medium und einem Kanal. Im Falle von mündlicher Verständigung werden die Laute der menschlichen Sprache durch die Luft übertragen. Sprachlaute sind, rein physikalisch gesehen, Schallphänomene. Sie sind daher auch mit Hilfe physikalischer Mittel hinsichtlich der Schalleigenschaften Dauer, Tonhöhe (Frequenz) und Lautstärke beschreibbar. Diese Beschreibung besorgt die Akustische Phonetik.

Schall entsteht durch Schwingungen von (Luft-) Partikeln. Solche Schwingungen haben den Verlauf einer Sinuskurve und breiten sich im Medium in Form einer Schallwelle aus. Das akustische Produkt einer **einfachen** Schwingung ist ein **Ton**. Die physikalischen Eigenschaften von Schwingungen schlagen sich folgendermaßen in der Akustik von Tönen nieder:

1. Die Geschwindigkeit des Schwingungsvorgangs wird als **Frequenz** bezeichnet und in **Hertz** (Hz) gemessen. Sie bestimmt die **Tonhöhe**: je höher die Frequenz, desto höher der Ton.
2. Die Weite des Ausschwingens wird als **Amplitude** bezeichnet und bestimmt die **Lautstärke**: je größer die Amplitude, desto lauter der Ton.

Abb 30 | *Physikalische Eigenschaften eines Tons*

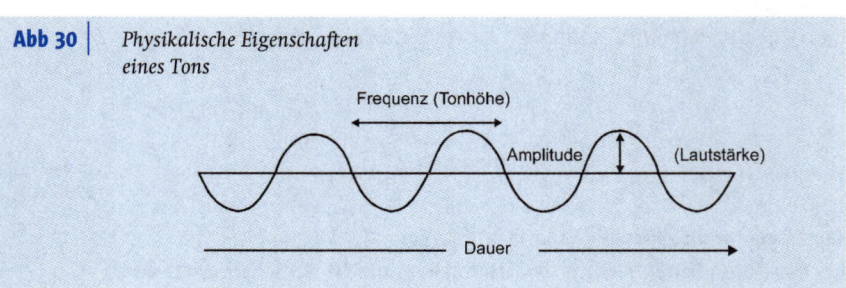

Der uns im Alltag umgebende Schall beruht allerdings typischerweise nicht auf einer einfachen Partikelschwingung, sondern vielmehr auf Überlagerung vieler solcher einfacher Schwingungen (vgl. die folgende Abbildung). Dieser **Komplexschall** wird als **Klang** bezeichnet, wenn die Frequenzen der darin enthaltenen Einzelschwingungen ganzzahlige Vielfache zur Frequenz einer Grundschwingung sind (Beispiel: Einzelschwingungen mit 300 Hz, 450 Hz, 1200 Hz, 1800 Hz zur Grundschwingung 150 Hz). Sind die Frequenzen der Einzelschwingungen dagegen *nicht* ganzzahlige Vielfache einer Grundfrequenz (Beispiel: 300 Hz, 377 Hz, 1156 Hz zur Grundfrequenz 180 Hz), spricht man von einem **Geräusch**:

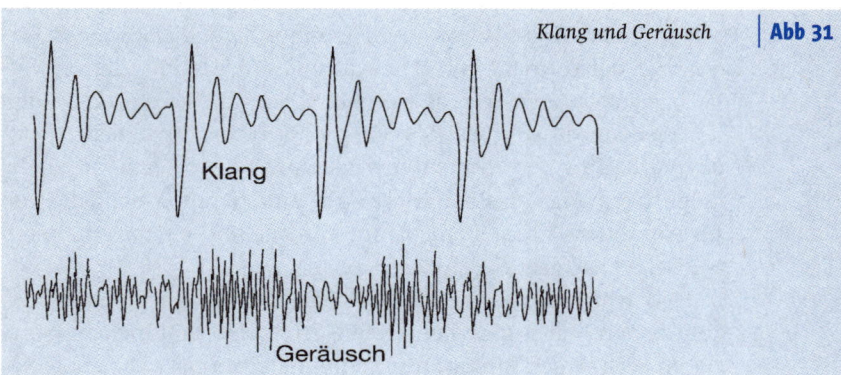

Klang und Geräusch   **Abb 31**

Klang

Geräusch

Unter den Sprachlauten haben **Vokale** und **Sonoranten** (Nasale, Liquide) Klangcharakter, **Plosive** und **Frikative** dagegen Geräuschcharakter. Im Fall der Vokale und Sonoranten wird durch die Vibration der Stimmlippen im Kehlkopf ein Basis-Klang erzeugt, dessen Teiltöne anschließend durch die Resonanzräume des Ansatzrohres verstärkt (oder gedämpft) werden. Welche Teiltöne zu so genannten **Formanten** verstärkt werden, hängt von der speziellen Einstellung des Ansatzrohres durch die Artikulatoren ab: Im Falle eines [a] werden beispielsweise Teiltöne mit 600 Hz und 1200 Hz zu Formanten verstärkt, bei [i] dagegen Teiltöne mit 300 Hz und 2400 Hz. Diesen **Basis-Klang** haben wir im Abschnitt über Artikulatorische Phonetik, dem allgemeinen Sprachgebrauch folgend, als **Stimmton** bezeichnet. Vom Standpunkt der Akustischen Phonetik ist dieser Sprachgebrauch unkorrekt, da es sich dabei um Komplexschall, d.h. um das akustische Produkt von mehreren einander überlagernden Schwingungen und nicht um das hörbare Ergebnis einer einzelnen Schwingung handelt.

Im Fall der geräuschhaften Plosive und Frikative fungiert das verschlossene bzw. verengte Ansatzrohr als Geräuschquelle. Welche Teiltöne das produzierte Geräusch enthält und wie stark bzw. schwach diese Teiltöne sind, hängt von der Artikulationsstelle und der Artikulationsart ab: So enthält etwa das [f] im Bereich zwischen 500 Hz und 8000 Hz zahlreiche Teiltöne mittlerer Intensität; im Unterschied dazu ist das [s] gekennzeichnet durch das Fehlen von Teiltönen unter 2000 Hz sowie ein Bündel besonders schallstarker Teiltöne ab 3500 Hz.

Für die Kommunikation sind allerdings nicht die absoluten Frequenzen der Formanten von Bedeutung, sondern ihr relatives Verhältnis zueinander, wie die folgende Abbildung zeigt: Die absoluten Frequenzen sind von Sprecher zu Sprecher verschieden. Erst das Verhältnis der Formanten zueinander bietet dem Hörer die Möglichkeit, die einzelnen Laute zu identifizieren, gleichgültig, ob sie von einer Frau, einem Mann, einem Kind, einem erkälteten Menschen usf. geäußert werden.

1947 wurde das Visible-Speech-Verfahren beschrieben, mit dem zum ersten Mal in der Menschheitsgeschichte gesprochene Sprache in Form eines **Sonagramms** (**Spektrogramms**) auf Papier festgehalten werden konnte. Heute wird für diesen Zweck ausschließlich Signalverarbeitungssoftware eingesetzt.

Abb 32 | *Tonhöhenverlauf in absoluten Zahlen*

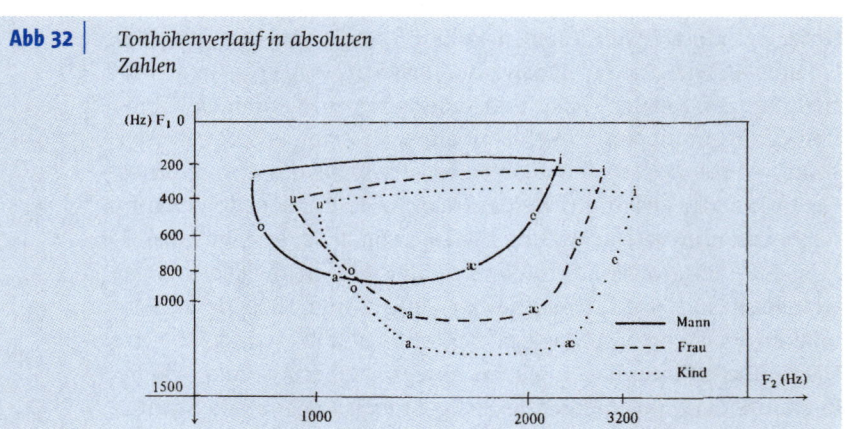

2.1.4 | Auditive Phonetik

Die Auditive Phonetik untersucht die **perzeptuelle** Verarbeitung (daher auch: **Perzeptionsphonetik**) von Sprachschall durch den Hörer. Sie verfolgt vor allem drei Forschungsziele:

1. Die Beschreibung der anatomischen Gestalt und der physiologischen Funktionsabläufe von **peripheren** (Ohr) und **zentralen**
(Hörzentren des Hirnstamms und der Hirnrinde) Perzeptionsor-
ganen.

Das menschliche Ohr | **Abb 33**

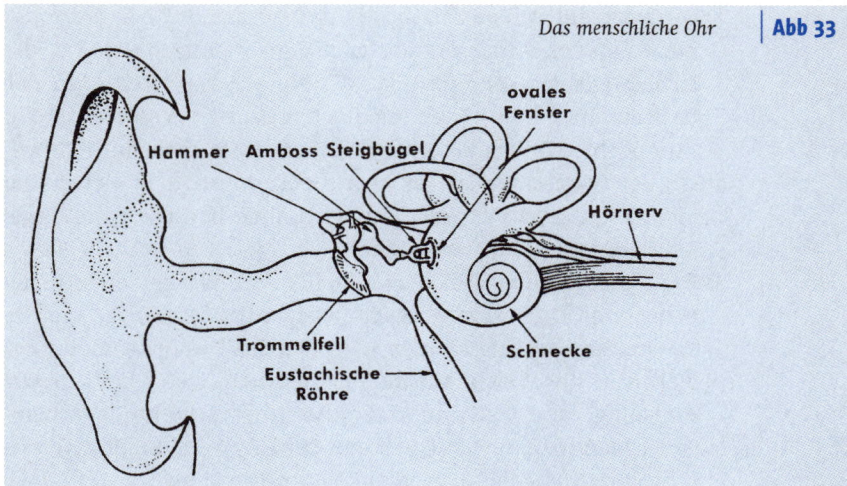

Im Ohr werden die Schallwellen aufgefangen und in drei auf-
einanderfolgenden Teilen verarbeitet: Außenohr, Mittelohr und
Innenohr.

Außenohr: Zunächst fängt die **Ohrmuschel**, ein Knorpel, die
Schallwellen auf und leitet sie durch den **Hörkanal** bis zum
Trommelfell, einer Membran, die durch die Luftdruckunter-
schiede in den Schallwellen zum Schwingen gebracht wird.
Zugleich schützt das Trommelfell die inneren Teile des Ohres
vor Schmutzpartikeln.

Mittelohr: Die Schwingungen des Trommelfells werden von
drei zarten, kompliziert angeordneten Knöchelchen, Hammer,
Amboss und Steigbügel, auf das ovale **Schneckenfenster** an der
Gehörschnecke übertragen. Dabei verstärkt sich der Schalldruck
um etwa 30 Dezibel.

Innenohr: Das Innenohr stellt den komplexesten Teil unseres
Gehörorgans dar. Sein Zentrum ist die **Schnecke** (Cochlea), eine
durch zwei Membranen in drei Kanäle unterteilte und mit
Lymphflüssigkeit gefüllte Röhre, in deren Zentrum das **Corti-**

sche Organ sitzt. Dieser Teil des Ohres hat noch andere wichtige Funktionen auszufüllen, so kontrolliert er etwa auch den Gleichgewichtssinn.

Ein Kanal der Schnecke, **Scala vestibuli**, und die sie umgebende Membran sind für das Hören von besonderer Bedeutung. Die darin enthaltene Flüssigkeit wird durch die Stöße des Steigbügels an das Schneckenfenster in Schwingungen versetzt, die sich durch die spiralförmige Windung der Schnecke an der Basismembran ausbreiten und noch verstärken. Wenn die Stöße ihre höchste Intensität erreicht haben, werden sie auf Haarzellen des Cortischen Organs übertragen und dort in elektrische Signale umgewandelt. Diese werden über die Nerven weitergeleitet und im Gehirn verarbeitet.

2. Die Beschreibung der perzeptuellen Aufnahme-, Identifizierungs- und Differenzierungsfähigkeiten des Menschen: Welche akustischen Signale können wir prinzipiell wahrnehmen (und welche nicht)? Welche akustischen Informationen benötigen wir unbedingt (und welche nur fallweise), um bestimmte Sprachlaute zu identifizieren? Mit welcher Genauigkeit können wir verschiedene Sprachlaute voneinander unterscheiden?

Als **absolute Hörschwelle** gilt die minimale wahrnehmbare Intensität der Schallwellen, die in **Dezibel** (dB) gemessen wird. Die Wahrnehmbarkeit des Signals hängt aber nicht nur von der Dezibel-Höhe, sondern auch von der Frequenz ab. Die Hörschwelle des menschlichen Hörvermögens beginnt bei etwa 16 Hz und reicht bis etwa 15 kHz beim Ewachsenen und etwa 20 kHz beim Kind. Das Wahrnehmungsvermögen in diesem Spektrum variiert individuell, so wird etwa ein Schalldruck von 30 dB mit einer Frequenz von 100 Hz als genau so laut wahrgenommen wie einer von 3 db mit 1000 Hz. Die Lautstärke wird in **Phon** gemessen, das ist der Schalldruckpegel in db bei 1 kHz.

Aus all dem folgt, dass das Hörvermögen des Menschen nicht „absolut" ist. Sowohl Lautstärke als auch Dauer (Länge), Tonhöhe und Frequenzunterschiede werden individuell wahrgenommen.

3. Die Beschreibung der durch Sprachschall erzeugten Wahrnehmungsqualitäten (und deren Veränderung): Welche Schallbestandteile erzeugen beispielsweise den auditiven Eindruck eines „dunklen" Vokals, welche Veränderungen in der akustischen Zusammensetzung eines solchen Vokals erleben wir umgekehrt

als „Aufhellung"? Mit den Antworten auf diese und ähnliche Fragen beschäftigt sich die **Psychoakustik**.

Phonologie 2.1.5

Phon, Phonem, Allophon 2.1.5.1
Die strukturalistische Sprachwissenschaft arbeitet mit den Methoden der **Segmentierung** und **Klassifizierung**. Die Artikulatorische Phonetik beschreibt die einzelnen Laute hinsichtlich ihrer Artikulationsart und ihres Artikulationsorts. Damit ist allerdings noch nichts darüber gesagt, in welcher Weise die Laute bei der Spracherzeugung verwendet werden. Die Frage nach der **Funktion** beantwortet die **Phonologie**.

Die Zahl und die Art der phonetisch unterscheidbaren Laute im Deutschen lassen noch keine Rückschlüsse auf ihre Rolle bei der sprachlichen Kommunikation zu. So lässt sich die Äußerung *Rose* verschieden realisieren: Wir können das *r* als Zungenspitzen-[r] oder als Zäpfchen-[ʀ] aussprechen, das *o* geschlossener oder offener. Es entstehen dann unterschiedliche Laute, die von Sprecher zu Sprecher leicht variieren können.

Die verschiedenen O-Laute, deren Merkmale nach den Kategorien der Artikulatorischen Phonetik sehr wohl unterscheidbar und eindeutig beschreibbar sind, wirken sich aber nicht auf die kommunikative Funktion der Äußerung aus; wir werden daher die Äußerung jedes Mal als *Rose* verstehen. Problematischer wird der Fall dann, wenn die veränderten Merkmale der Laute immer größer werden. Tritt an Stelle des Liquids *r* der Liquid *l*, so entsteht ein neuer Begriff mit einer anderen Bedeutung (*Lose*).

Wir müssen also nach der **Funktion** der Laute fragen. Dabei spielt die Beschreibung nach absoluten artikulatorischen Merkmalen keine Rolle: Was hilft es uns, wenn wir „Lose" artikulatorisch einwandfrei beschreiben können, in Wirklichkeit aber „Rose" gemeint ist? Wir müssen vielmehr die **relative** Beziehung der Laute zueinander eruieren: Welche Laute können oder müssen mit anderen kombiniert werden, damit **sinnvolle** Äußerungen entstehen?

Das erste wichtige Merkmal der Phonologie ist somit die Einbeziehung der **Bedeutung**, die im Rahmen der Phonetik keinerlei Beachtung gefunden hat.

▶ **Im Gegensatz zur Phonetik werden in der Phonologie die Bedeutung sprachlicher Zeichen in die Überlegungen mit einbezogen.**

Damit eine sinnvolle Äußerung entsteht, soll Folgendes zutreffen:

1. Die Sprachzeichen müssen sich voneinander in gewisser Weise unterscheiden: Im Wort *Vollmond* [ˈfɔlmoːnt] müssen sich [l] und [m] gut voneinander abheben. Tun sie das nicht, entsteht eine Äußerung wie [ˈfɔmoːnt], die als *vom Mond* verstanden werden kann. Die Beziehung eines Zeichens zum vorhergehenden und folgenden bezeichnet man als **Kontrast**, sie ist eine **syntagmatische Beziehung**.

2. In gleicher Umgebung können Zeichen durch andere ausgetauscht werden, wobei sich eine Sinnänderung ergeben kann: Tritt in *weder* [ˈveːdə] an Stelle des geschlossenen [eː] ein offenes [ɛː], ändert sich nichts an der Bedeutung. Tauscht man es aber gegen ein [iː] aus, erhält man einen neuen Sprachkörper (*wieder*). Die Beziehung eines Zeichens zu einem austauschbaren anderen in derselben Umgebung bezeichnet man als **Opposition**, sie ist eine **paradigmatische Beziehung**.

Kontrast und Opposition konstituieren zusammen das System der Sprachzeichen. Sie bestimmen quasi die „Regeln", anhand derer sinnvolle Ausdrücke gebildet werden. Will man diese Regeln beschreiben, bedient man sich der Beschreibungsmittel Kontrast und Opposition. Nehmen wir etwa folgendes Minimalpaar (um Verwechslungen mit graphematischen Problemen zu vermeiden, verwenden wir nur Kleinschreibung):

> *rose*
>
> *hose*

Unter Berücksichtigung der Bedeutung erkennt man, dass die Änderung des ersten Zeichens auch eine Änderung in der Bedeutung bewirkt: *rose* bezeichnet etwas anderes als *hose*. Dabei tragen die Elemente *r* und *h* selbst keine Bedeutung, sie bewirken aber einen Bedeutungsunterschied der beiden Wörter. Man kennt auch den Begriff des **Nullphonems**:

> *Maus*
>
> Ø *aus*

Ein Phonem muss man sich als abstrakte, vom Menschen geschaffene Einheit vorstellen. So wie in der Zoologie die abstrakten Kategorie „Paarhufer" und „Einhufer" geschaffen worden sind. Die Exemplare der Klassen, also einzelne Kühe und Pferde, existieren in realiter. Die tatsächliche, materielle Realisierung eines Phonems, die mit artikulatorischen Merkmalen beschrieben werden kann, bezeichnet man als **Phon**, das auch synonym für **Laut** steht. Ein Phonem ist demnach diejenige Klasse aller

Phone, die in derselben Position dieselben Bedeutungsunterschiede bewirken, also dieselben bedeutungsunterscheidenden Funktionen inne haben. Man kann auch sagen, die rein materiell-taxonomische Segmentierung des Gesprochenen ergibt die Phone, die Klassifizierung der Phone hinsichtlich ihrer Funktion ergibt die Phoneme.

Phone, die sich hinsichtlich ihrer artikulatorischen Merkmale unterscheiden, jedoch in derselben Umgebung denselben Bedeutungsunterschied bewirken, die also demselben Phonem angehören, bezeichnet man auch als **Allophone**. Allophone können **frei** sein (**fakultative Varianten**), das heißt, sie können in derselben Umgebung vom Sprecher beliebig ausgetauscht werden: Es ist gleichgültig für die Bedeutung, ob der Sprecher [roːze] oder [ʀoːze] sagt. Allophone können allerdings auch **stellungsgebunden** sein. Dann kommen sie nur in einer bestimmten Umgebung vor: Das Phonem /x/ hat als Realisierungen die Allophone [ç] und [x], von denen das palatale („vordere") [ç] nur nach vorderen Vokalen (kurzen und langen [i, y, e, ɛ, ø]), das velare („hintere") [x] nach den hinteren Vokalen [u, o] und dem neutralen [a] (und den entsprechenden Langvokalen) steht. Bei diesem Beispiel fällt außerdem auf, dass die Vorkommensmöglichkeiten von [ç] und [x] einander ausschließen: In der Umgebung, in der [ç] steht, kann kein [x] erscheinen, und umgekehrt. Man spricht in einem solchen Fall von **ausschließlichem** Vorkommen oder **komplementärer Distribution**. Allophone mit komplementärer Distribution können per definitionem zueinander nie in Opposition stehen. Der Grund für die komplementäre Distribution von [ç] und [x] ist offenkundig: Die Aussprache eines palatalen Konsonanten ([ç]) nach einem vorderen (palatalen) Vokal bzw. eines velaren Konsonanten ([x]) nach einem hinteren (velaren) Vokal bedeutet eine wesentliche artikulatorische Erleichterung.

Die Allophone [ç] und [x] können nicht durch Minimalpaare eruiert werden, da sie ja keinerlei Bedeutungsunterschiede bewirken. Nur das von ihnen gebildete Phonem /x/ kann in Opposition zu anderen Phonemen treten, z.B. *wachen* und *waschen*. Daraus ist ersichtlich, dass ein Phonem nicht weiter segmentierbar ist. (Man beachte: Allophone sind nicht „Teile" eines Phonems, sondern seine verschiedenen Realisierungen.)

2.1.5.2 Distinktive Merkmale

Ein Phonem ist eine abstrakte Einheit und nicht weiter segmentierbar. Trotzdem kann man Phoneme nach den artikulatorischen Eigenschaften der ihnen zu Grunde liegenden Laute beschreiben. So gelangt man zu verschiedenen Merkmalen: /d/ etwa ist beschreibbar nach Artikulationsort („dental") und Artikulationsart („Verschlusslaut", „stimmhaft"), /t/ dagegen als „dental", „Verschlusslaut", „stimmlos".

/d/:	dental	Verschlusslaut	**Lenis**
/t/:	dental	Verschlusslaut	**Fortis**

Das einzige Merkmal, das /d/ und /t/ voneinander unterscheidet, ist somit ungespannt/gespannt. Alle **Bedeutungsunterschiede**, die die Phoneme /d/ und /t/ bewirken, gehen letztlich auf dieses eine Merkmal zurück. Man bezeichnet es daher als **distinktives Merkmal**. Die für die Unterscheidung nicht bedeutsamen Kriterien sind demgegenüber **redundante Merkmale** (bei /d/ und /t/ also „dental" und „Verschlusslaut"). Oppositionsverhältnisse, die im System mehrmals zwischen Elementen auftreten, werden auch **Korrelationen** genannt. Die Korrelation **Lenis/Fortis** tritt im Deutschen beispielsweise auch bei den Phonemen /b/ – /p/ und /g/ – /k/ auf.

Das Merkmal „stimmhaft" ist nicht als messbar im Sinne akustischer Phonetik zu verstehen. Es ist kein absolutes Merkmal, sondern existiert nur relativ zum phonologischen System und ergibt sich erst in Opposition zum Merkmal „stimmlos". Beim Vergleich anderer Phoneme ergeben sich andere distinktive und redundante Merkmale:

/d/:	**dental**	Verschlusslaut	Lenis
/b/:	**bilabial**	Verschlusslaut	Lenis

Die Prager Schule

Im Jahr 1926 beschloss eine Gruppe von jungen Linguisten unter der „geistigen Leitung" des Anglisten VILÉM MATHESIUS (1882–1945), regelmäßig zu Vorträgen und Diskussionen zusammenzukommen. Damit war die lockere Vereinigung des Prager Linguistenkreises, später auch als Prager Schule (des Strukturalismus) bezeichnet, geschaffen. Beim Ersten Linguistenkongress 1928 in Den Haag trat der Kreis erstmals nach außen hin geschlossen auf. Die auf diesem Kongress von ROMAN JAKOBSON (1896–1982) vorbereiteten und von SERGE KARCEVSKIJ (1885–1955) und NIKOLAI S. TRUBETZKOY (1890–1938) mitunterschriebenen Thesen (später als „phonologisches Manifest" bezeichnet) gelten als das Programm der Prager Schule, beschäftigen sie sich doch mit der Frage, wie man die Grammatik einer Sprache am besten und adäquatesten darstellen könne. Von 1929 bis 1939 erschienen die acht Bände der „Travaux du Cercle Linguistique de Prague" (TCLP), der Zeitschrift des Prager Kreises. Im Gegensatz zu einer weit verbreiteten, aber falschen Ansicht ist der Prager Strukturalismus nicht ausschließlich synchron ausgerichtet, von Anfang an beschäftigte er sich auch mit diachronen Aspekten.

NIKOLAI TRUBETZKOY gilt im Allgemeinen als der Begründer der Phonologie, die ganz im Sinn SAUSSURES die distinktiven Einheiten nicht durch ihre phonetische Substanz definiert, sondern durch ihre Stellung im System, d.h. durch ihre Abgrenzung gegenüber anderen Einheiten. Seine „Grundzüge der Phonologie" (Band 7 der „Travaux") sind das Ergebnis jahrzehntelanger Forschungsarbeit.

ROMAN JAKOBSON muss an der Grundlegung der Phonologie ein ebenso großer Anteil zugebilligt werden. JAKOBSON war wie TRUBETZKOY aus Russland emigriert, ein abenteuerlicher Lebensweg führte ihn über Brünn und Schweden in die USA, wo er als einer der bedeutendsten Linguisten des 20. Jahrhunderts u.a. am Massachusetts Institute of Technology (MIT) wirkte. Mit seiner Theorie der binären phonologischen Oppositionen beeinflusste er NOAM CHOMSKY und die Entwicklung der Generativen Grammatik. Von seinem einstigen Mitglied JOSEF VACHEK (1909–1996) wurde der Prager Kreis in den 60er und 70er Jahren ausführlich dokumentiert, er versuchte auch, die Zeitschrift „Travaux" wieder aufleben zu lassen.

In loser Verbindung mit den Pragern standen auch Nichtlinguisten wie der schon erwähnte Psychologe KARL BÜHLER (1879–1963) und der Philosoph RUDOLF CARNAP (1891–1970). Auch der große französische Sprachwissenschaftler ANDRÉ MARTINET (1908–1999) stand in weiterer Beziehung zum Prager Kreis, ist ihm aber nicht wirklich zuzurechnen. FRANTIŠEK DANEŠ (geb. 1919) schließlich schuf bedeutende Grundlagen für die Entwicklung der Textlinguistik.

Da Phoneme also abstrakte Einheiten darstellen, ist es auch möglich, Phonemsysteme alter und verklungener Sprachen zu erstellen, etwa des Altgriechischen, Gotischen oder Mittelhochdeutschen. Man kann mit Hilfe verschiedener Mittel (z.B. des Reimverhaltens oder, wenn vorhanden, des Untersuchens alter Dialekte) daher nur erschließen, wie die Phone tatsächlich geklungen haben. Trotzdem sind die Phonemsysteme miteinander vergleichbar.

Ein Phonem kann dementsprechend verstanden werden als **Bündel distinktiver Merkmale**: Es vereint alle jene Eigenschaften in sich, die es in Opposition zu den anderen Phonemen einer Sprache treten lässt. Diese Definition steht in keinem Widerspruch zu jener als kleinstes bedeutungsunterscheidendes Element, im Gegenteil, beide Konzepte sind als verschiedene Seiten ein und derselben Medaille zu sehen: Die distinktiven Merkmale bewirken ja erst den Bedeutungsunterschied (etwa „stimmhaft"/„stimmlos" bei /d/ und /t/), als Folge davon ist das Phonem, das alle distinktiven Merkmale eines Zeichens in sich vereint, die kleinste bedeutungsunterscheidende Einheit der Sprache.

2.1.6 | Das Phoneminventar des Deutschen

In der folgenden Tabelle sind die Phoneme des Deutschen aufgelistet. Allophone sind in runden Klammern ( ) zu einem Phonem zusammengefasst. Der e-Schwa [ə] ist Allophon zu /e/, der a-Schwa [ɐ] Allophon zu /r/. Der Knacklaut ist kein Phonem, sondern ein Beispiel für eine phonetisch segmentierbare, aber nicht als Phonem klassifizierbare Einheit.

Beim stimmhaften Frikativ ʒ ist umstritten, ob er ein eigenes Phonem oder bloß ein Fremdphonmen wie die Nasalvokale bildet,

Das Phonemsystem des Deutschen								**Abb 34**		

Vokale

ɪ		Y	U		iː	yː	uː			
(ɛ	ə)	œ	ɔ		eː	øː	oː			
		a			ɛː	aː		a͜i	a͜o	ɔ͜y

Konsonanten

p	b	t	d		k	g			
pf		ts		tʃ					
f	v	s	z	ʃ	ʒ	(ç	x)		
m		n			ŋ				
		(r					ʀ		ɐ)
		l							
					j		h		

Erklärung

▶ **Die Notationszeichen für Phoneme ergeben sich aus der Distributionsanalyse. So werden zwischen Schrägstrichen üblicherweise die Basisphoneme notiert, das sind jene, die in neutralen Kontexten vorkommen. Im Deutschen etwa sind der „ich"- und der „ach"-Laut regional differenziert, das notierte Basisphonem ist /x/.**

da er nur in Fremdwörtern wie *Giro, Journal, Giraffe* etc. vorkommt und in der Umgangssprache meist als ʃ realisiert wird. Umstritten ist auch der phonologische Status der Affrikaten pf, ts, tʃ und der Diphthonge a͜i a͜o ɔ͜y, da nicht eindeutig geklärt ist, ob es sich bei ihnen wirklich um eigenständige Einzelphoneme (/ts/, /ai/ etc.) oder nicht doch eher um Verbindungen zweier Phoneme (/t/+/s/, /a/+/i/ etc.) handelt; gegen die Eigenständigkeit spricht beispielsweise, dass sich die beiden Bestandteile in Minimalpaaren isolieren lassen (z.B. in *Zoll* [tsɔl] – *Troll* [trɔl], *hetze* [ˈhɛtsə] – *Hexe* [ˈhɛksə]).

Es fällt auf, dass im Phonemsystem des Deutschen einerseits **Symmetrien** (z.B. im Kurzvokalsystem), andererseits **Asymmetrien** (z.B. im Konsonantensystem) auftreten. Selbstverständlich können Phoneminventare synchron nicht nur für das Neuhochdeutsche, sondern auch für frühere Sprachzustände (Mittelhochdeutsch, Althochdeutsch usf.) erstellt werden.

Auch Unterschiede zwischen Einzelsprachen lassen sich so leichter darstellen und verstehen. Beispielsweise existiert das englische <th> (/θ/) nicht im Phonemsystem des Deutschen und bedarf daher im Fremdsprachenunterricht eingehender Behandlung. Die Aufgabe, dergleichen Unterschiede systematisch darzustellen, übernimmt die **kontrastive Phonologie**, indem sie Auftreten und Distribution der Phoneme zweier Einzelsprachen miteinander vergleicht.

2.1.7 | Binäre Phonologie

Im englischsprachigen Raum besteht seit den Anfängen der wissenschaftlichen Phonetik unter DANIEL JONES (der Beschreibung der *Sprech*laute) auch bei der *Sprach*lauteinteilung die Tradition, die realen phonetischen Eigenschaften der Einheiten auf die Phoneme zu übertragen. Von den Sprachwissenschaftlern ROMAN JAKOBSON und MORRIS HALLE wurde eine Merkmalmatrix erarbeitet, die zwölf Merkmalpaare für alle bekannten Sprachen unter Berücksichtigung artikulatorischer, akustischer und auditiver Merkmale aufstellt: vokalisch – nicht vokalisch / konsonantisch – nicht konsonantisch / kompakt – diffus / gespannt – ungespannt / stimmhaft – stimmlos / nasal – oral / abrupt – kontinuierlich / scharfklingend – sanftklingend / gehemmt – ungehemmt / dunkel – hell / erniedrigt – nicht erniedrigt / erhöht – nicht erhöht.

Erklärung

▶ **Die Auslautverhärtung im Deutschen**
Im Deutschen werden die Obstruenten stimmlos, wenn sie in den Silbenauslaut geraten: *ich frage* ['fra:.gə] (/g/ im Silbenanlaut), aber: *fraglich* [fra:klɪç], *frag'* [fra:k] *doch!* (/g/ > /k/ im Silbenauslaut). Eine strukturalistische Beschreibung wird zwar konstatieren, dass im deutschen Silbenauslaut ausschließlich stimmlose Verschlusslaute auftreten, nicht aber, dass einige dieser stimmlosen Verschlusslaute (wie das /k/ in *frag' doch!*) auf stimmhafte Verschlusslaute (wie das /g/ in *ich frage*) zurückgehen. Diese Abhängigkeitsbeziehung wird erst durch die Annahme einer phonologischen Regel („zu Grunde liegender stimmhafter Verschlusslaut wird im Silbenauslaut stimmlos"), wie sie jede Prozessphonologie, also auch die Generative und die Natürliche Phonologie, ansetzt, adäquat zum Ausdruck gebracht.

Merkmalmatrix | **Abb 35**

Akustische Matrix deutscher Laute

	a	aː	æ	eː	ə	ö	öː	o	oː	i	iː	ü	üː	u	uː	l	r	b	d	g	p	t	k	f	s	š	ç	x	v	z	j	m	n	ŋ	h	ʔ
vocalic vs. non-vocalic	+	+	+	+	+	+	+	+	+	+	+	+	+	+	+	+	+	−	−	−	−	−	−	−	−	−	−	−	−	−	−	−	−	−	−	−
consonantal vs. non-consonantal	−	−	−	−	−	−	−	−	−	−	−	−	−	−	−	+	+	+	+	+	+	+	+	+	+	+	+	+	+	+	+	+	+	+	−	−
compact vs. non-compact	+	+	−	−	o	−	−	+	+	−	−	−	−	−	−	o	o	−	o	+	−	o	+	−	−	+	+	+	−	−	+	−	o	+	+	+
diffuse vs. non-diffuse	−	−	−	−	o	−	−	o	o	+	+	+	+	+	+	o	o	o	o	o	o	o	o	o	o	o	o	o	o	o	o	o	o	o	o	o
grave vs. acute	o	o	−	−	o	−	−	+	+	−	−	−	−	+	+	o	o	+	−	+	+	−	+	−	−	−	−	+	−	−	−	+	−	+	o	o
flat vs. non-flat	o	o	−	−	o	+	+	o	o	−	−	+	+	o	o	o	o	o	o	o	o	o	o	o	o	o	o	o	o	o	o	o	o	o	o	o
nasal vs. oral	o	o	o	o	o	o	o	o	o	o	o	o	o	o	o	−	−	−	−	−	−	−	−	−	−	−	−	−	−	−	−	+	+	+	o	o
continuous vs. non-continuous	o	o	o	o	o	o	o	o	o	o	o	o	o	o	o	+	+	−	−	−	−	−	−	+	+	+	+	+	+	+	+	o	o	o	o	o
tense vs. lax	o	o	−	+	−	+	−	−	+	−	+	−	+	−	+	o	o	−	−	−	+	+	+	+	+	+	+	+	−	−	−	o	o	o	o	o
strident vs. mellow	o	o	o	o	o	o	o	o	o	o	o	o	o	o	o	o	o	o	o	o	o	o	o	+	+	+	−	−	+	+	−	o	o	o	o	o
long vs. short	−	+	−	+	−	−	+	−	+	−	+	−	+	−	+	o	o	o	o	o	o	o	o	o	o	o	o	o	o	o	o	o	o	o	o	o

Auf diese Weise erhält jedes Phonem Eigenschaften zugewiesen, die es erlauben, Veränderungen im Phoneminventar (**Sprachwandel**) mittels Prozessen zu erklären. Dadurch wurde die statische strukturalistische Phonologie zu einer dynamischen generativen, wobei dem Konzept der **phonologischen Regel**, die Sprachlaute in eine prozessuale Beziehung zueinander setzt, eine wesentliche Rolle zukommt.

2.1.8 | Phonotaktik und Silbenaufbau

Das Deutsche wird – wie jede natürliche Sprache – nicht nur durch die Einzigartigkeit seines Phonemsystems gekennzeichnet, sondern auch durch die Art und Weise, wie die Phoneme zu größeren Einheiten kombiniert werden (die **Phonotaktik**). Die **Silbe** stellt den Übergang zwischen Phonem und Morphem dar, sie existiert aber im strukturalistischen Denken nicht. Darüber hinaus ist es auch in anderen Wissenschaftsdisziplinen, z.B. der Phonetik, sehr schwer, das Wesen einer „Silbe" zu erfassen, etwa bei der Frage, ob sie ein phonetisches oder phonologisches Phänomen ist. Trotzdem stellt die Silbe eine Realität dar, und jedes Kind kann intuitiv ein Wort in Silben zerlegen.

Eine Silbe besteht aus einer Abfolge von Einzellauten (phonetisch) oder Einzelphonemen (phonologisch), im Grenzfall aus einem einzigen Laut oder Phonem. (Im Folgenden sprechen wir nur mehr von Lauten.) Die Abfolge der Laute in einer Silbe ist durch den **Silbenbau** streng geregelt. Jede Silbe besteht aus einem **Silbenkern** oder **-gipfel**, der von einem Vokal oder Diphthong gebildet wird, und dem Silbenrand. Der **Silbenrand** kann ein **Anfangs-** (vor dem Silbenkern) oder ein **Endrand** (nach dem Silbenkern) sein. Diese können jeweils aus mehreren Lauten bestehen. Silbenkern und Endrand zusammen bezeichnet man auch als **Silbenreim**. Silben ohne Anfangsrand werden auch **nackte Silben** genannt, sie kommen im Deutschen allerdings sehr selten vor (nur in unbetonten Zweitsilben wie *gehen* [ˈgeːən]), da in der Standardlautung jede mit Vokal beginnende Silbe den Knacklaut aufweist: *alt* [ʔalt]. Besteht eine Silbe nur aus Anfangsrand und Silbenkern, endet sie also auf Vokal oder Diphthong, spricht man von einer **offenen Silbe** (z.B. *froh.* [froː]). Ist der Endrand vorhanden, endet sie also auf einen Konsonanten, ist es eine **geschlossene Silbe** (z.B. *Stein* [ʃtain]). Bestehen der Anfangs- oder Endrand aus jeweils genau einem Konsonanten, sind sie **einfach**, bei mehreren Konsonanten heißen sie **komplex**.

Zwischen der Qualität der Konsonanten und ihrer Stellung im Silbenrand besteht ein Zusammenhang. Die Bedingungen für die Reihenfolge der Laute in einer Silbe werden durch ihren (artikulatorischen) Öffnungsgrad und ihre (auditive) Sonorität bestimmt: „Eine Lautfolge muss für das Ohr mit allen Lauten wahrnehmbar sein, und sie muss artikulierbar sein" (Duden-Grammatik 1998, S. 36). Die Sonoritätshierarchie wird für Klassen von Lauten aufgestellt, die diese Bedingungen erfüllen:

Merksatz

▶ **Die Sonorität nimmt im Anfangsrand zu, sie erreicht im Silbenkern ihren Höhepunkt und nimmt im Endrand ab.**

sth. Obstruenten — stl. Obstruenten — Nasale — Liquide — Vokale

Der Zusammenhang zwischen der Sonorität der Laute und ihrer Stellung in der Silbe wird vom allgemeinen Silbenbaugesetz bestimmt.

Das kann folgendes Schema verdeutlichen, in dem auch Beispiele genannt sind:

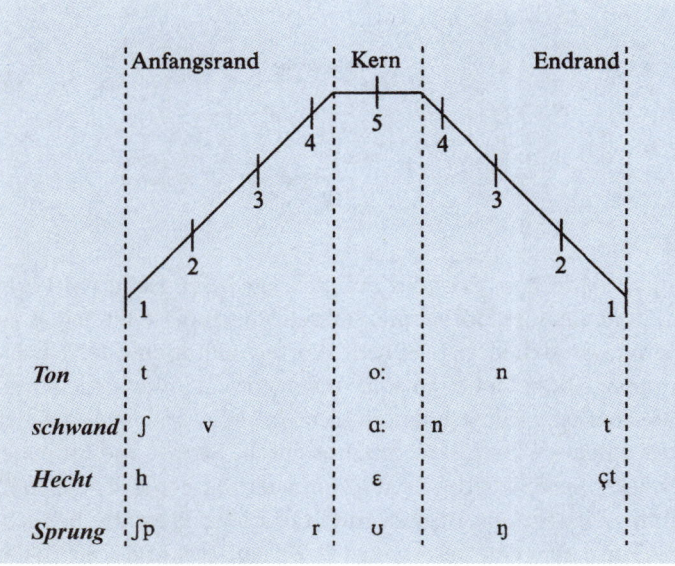

Abb 36

Es gibt nun Phonemkombinationen, die im Deutschen zwar möglich wären, aber dennoch nicht vorkommen, wie /blipf/ (man vgl. etwa *Blitz, Blick, Napf*). Dass eine Bildung wie *Blipf* nicht existiert, ist dem Zufall zuzuschreiben, und es ist nicht ausgeschlossen, dass sie noch ins Deutsche eingeführt wird (etwa als Markennamen oder Bezeichnung für ein neues technisches Gerät). Man spricht hier von einer **zufälligen Lücke**; jede zufällige Lücke kann früher oder später noch ausgefüllt werden. Dass es im Deutschen eine Bildung wie /lfib/ *Lfib* nicht gibt, ist hingegen kein Zufall, sondern systemisch begründet: Das allgemeine Silbenbaugesetz zeigt, dass im Anfangsrand ein Liquid nicht vor einem stimmlosen Obstruenten stehen kann. Es handelt sich um eine **systemische Lücke**.

2.1.9 | Suprasegmentalia

Es gibt darüber hinaus aber auch noch andere Elemente der lautlichen Ebene, die nicht segmentiert werden können, wie z.B. die Satzintonation u.a.m. Vereinfacht lässt sich der Zusammenhang so darstellen:

Abb 37 | *Phonologische Erscheinungen*

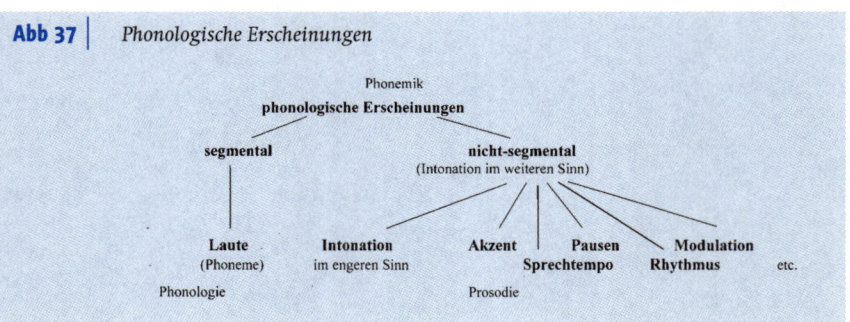

Wenn wir sprechen, dann artikulieren wir keine isolierten Laute oder Phoneme oder Morpheme, sondern fügen diese Einheiten zu größeren „Domänen" wie Silben, Wörtern, Phrasen oder Sätzen zusammen. Diese Einheiten sind in der normalen Rede nicht segmentierbar oder mit Segmenten identifizierbar und heißen daher Suprasegmente. Über sie werden prosodische Signale wie Tonhöhe, Lautstärke, Sprechrhythmus und Phrasierung geregelt, die man zusammenfassend als **Suprasegmentalia** oder **Prosodie** bezeichnet. So kann man den Unterschied zwischen *Ténor* und *Tenór* in der gesprochenen Sprache nur durch unterschiedliche Akzentsetzung herausarbeiten.

Von den Suprasegmentalia sind wohl der Akzent und die Intonation am weitesten erforscht:

Der **Akzent** ist die Hervorhebung einer oder mehrerer Silben in einem Wort. Dazu bestehen mehrere Möglichkeiten, etwa höhere Frequenz als die Umgebung, Verwendung bestimmter Laute (z.B. keine ungespannten Vokale in Akzentsilben), größere Intensität (Lautstärke), längere Dauer (wie im Italienischen) u.a.m. In den indogermanischen Sprachen gibt es den musikalischen und den dynamischen Akzent. Der **dynamische Akzent** nutzt Intensivierung der Lautstärke zur Hervorhebung (so das Deutsche), der **musikalische Akzent** die Veränderung der Tonhöhe (so Akzent 1 und 2 des Schwedischen). Im Deutschen werden traditionell vier Akzenttypen unterschieden:

▶ **Unter Suprasegmentalia versteht man lautübergreifende bzw. sich nicht auf die sequentielle Abfolge von Segmenten beziehende Merkmale lautsprachlicher Äußerungen wie Tonhöhe und Intonation, Akzent, Pausen und Sprechausdruck. Oft werden die Ausdrücke suprasegmental und prosodisch synonym verwendet.**

1. der „normale" Wortakzent ⎫
2. der distinktive Akzent: *úmfahren ≠ umfáhren* ⎬ Wortakzente
3. der logische Akzent: *Ér behielt Recht.* (Nicht sie.) ⎫ Satzakzente
4. der affektive Akzent: *Das ist doch phantástisch.* ⎭

Logischer und affektiver Akzent werden manchmal auch als **emphatischer Akzent** oder **Satzakzent** zusammengefasst, der ein Wort oder Wortgruppen im ganzen Satz hervorhebt.

Darüber hinaus muss man in mehrsilbigen Wörtern zwischen **Haupt-** und **Nebenakzent** unterscheiden: Sónderangebò:t. Bei Haupt- und Nebenakzent geht es weniger um mehrsilbige Wörter als vielmehr um Komposita, deren Bestandteile ihre Hauptakzente im Rahmen der Gesamtkonstruktion als Nebenakzente beibehalten.

Intonation meint den Verlauf der Sprechmelodie während der gesamten Äußerung. Seit den Forschungen von OTTO VON ESSEN (1898–1983) in den 50er Jahren des 20. Jahrhunderts gelten die Verläufe **terminal, interrogativ, progredient** als Grundmuster (sie werden unten Kap. 2.3.1 erläutert). Allerdings werden diese Grundlagen heute als zu einfach wieder in Frage gestellt. So hat JÜRGEN ERICH SCHMIDT experimentell sieben intonatorische Form- und Funktionsklassen allein für die Diskurspartikel *hm* nachgewiesen.

2.2 | Morphologie und Wortbildung

Nachdem wir die kleinsten bedeutungsunterscheidenden Einheiten der Sprache kennen, wollen wir nun jene Elemente ausfindig machen, die als die bedeutungstragenden Einheiten der Sprache in Frage kommen. Der in diesem Zusammenhang spontan geäußerte Begriff **Wort** erweist sich jedoch bei näherer Betrachtung als ungeeignet. Wir sind nicht einmal in der Lage, den Terminus Wort sprachwissenschaftlich zu definieren. Obwohl wir intuitiv zu wissen meinen, was ein Wort ist, existiert bis heute keine allgemein anerkannte Wortdefinition.

Ein einfaches Beispiel zur Wortproblematik:
Wir wissen, dass im Deutschen einzelne Wörter zu Komposita zusammengesetzt werden können – umgekehrt können bestimmte Komposita in ihre Bestandteile, d.h. ihre Einzelwörter, zerlegt

Abb 38 | *Sieht so ein „Sams" aus? (Das Sams bereitet uns nur aus synchroner Sicht ein Problem, diachron können wir es von Sabbat herleiten.)*

werden, etwa durch Minimalpaarbildung. Die Komposita *Werktag* und *Feiertag* können solcherart in die Wortbestandteile *Werk, Feier* und *Tag* zerlegt werden.

Wie aber ist das Wort *Sams-tag* zu bewerten? Was ist *Sams*, das wir auf diese Weise isolieren können? Ist es ein Wort? Wenn ja, was bedeutet es? Und wenn nicht, was ist es dann?

Auf der Suche nach dem Wort | 2.2.1

Sehr oft erhält man auf die Frage, was denn die kleinsten Einheiten der Sprache wären, die Antwort „ein Wort". Es ist aber – auch für Experten – nicht rational zu erklären, worum es sich bei einem Wort aus linguistischer Sicht handelt. Wie viele Wörter etwa liegen in den Phrasen *die nichtamtliche Mitteilung – die nicht amtliche Mitteilung* vor? Die neue Rechtschreibung lässt beide Arten gelten, überlässt also dem Schreiber die Entscheidung, ob er hier drei oder vier Wörter sehen will.

Wie aber können wir die Einheit „Wort" fassen? Genannt werden stets mehrere Merkmale, die sich jeweils auf andere Ebenen beziehen:

1. Graphematisch: Ein Wort wird auf der Schriftebene durch Zwischenräume im Schriftbild gekennzeichnet. Gerade die letzte Rechtschreibreform hat gezeigt, wie unsicher viele Sprachteilnehmer auf diesem Gebiet sind: Handelt es sich bei *auseinander zu halten* um drei Wörter oder um eines (*auseinanderzuhalten*)?

2. Phonetisch-phonologisch: Ein Wort ist das kleinste, durch phonetische Merkmale (etwa Wortakzent, Pause u. dgl.) theoretisch isolierbare Lautsegment, das eine eigenständige Bedeutung trägt. Die Betonung liegt auf „theoretisch", denn in der natürlichen Sprechweise werden Wörter innerhalb einer Phrase normalerweise nicht durch Pausen unterbrochen.

3. Morphologisch: Ein Wort ist als paradigmatische Grundeinheit durch Flexion gekennzeichnet (*ich lache, du lachst, er lacht*). Es ist durch Mittel der Wortbildung beschreibbar, in seiner Struktur vorgegeben und daher nicht variabel. Es gibt aber auch Wörter, die kein Paradigma bilden wie *weil, dass, ob, in, auf*.

4. Lexikalisch-semantisch: Ein Wort ist der kleinste, relativ selbstständige Bedeutungsträger. Als solches ist es im Lexikon kodifi-

ziert. Auch hier ist anzumerken, dass es Wörter gibt, deren Bedeutung seltsam undeutlich bleibt: *dass, ob, so.* Auch das eingangs erwähnte *Sams-* stellt ein semantisches Problem dar.

5. Syntaktisch: Ein Wort ist die kleinste verschiebbare und ersetzbare Einheit des Satzes. Aber auch diese Definition gilt nicht uneingeschränkt, da wir Wörter nicht beliebig im Satz verschieben oder ersetzen können:

> *Es ist warm, aber man soll auch sehen, dass er richtig ranklotzt.*
> (147 r)
>
> *ranklotzen − Er klotzt ran.*

Ein Wort kann niemals durch ein einziges dieser Merkmale oder durch ein singuläres anderes beschrieben werden, es müssen stets mehrere zugleich zutreffen. In diesem Sinn ist jede Wortdefinition zugleich ein Bündel von Merkmalen. Trotzdem wird der Begriff „Wort" in der (hauptsächlich traditionellen) Linguistik weiterverwendet, etwa bei *Wortbildung, Wörterbuch* usw. Es haben sich auch verschiedene linguistische Schulen ihren Wortbegriff zurechtgelegt. Eine bis heute weit verbreitete, von vielen Linguisten als Arbeitshypothese akzeptierte Wortdefinition stammt von LEONARD BLOOMFIELD.

2.2.2 | Wortarten

Zu den Beobachtungen früher Sprachbetrachtung gehört die Unterscheidung von Wörtern und, darauf aufbauend, die Entdeckung, dass nicht alle Wörter in Form und Funktion gleich sind. Die traditionelle Grammatik unterscheidet gewöhnlich zwischen acht bis zehn Wortarten. Die Duden-Grammatik in ihrer dritten Auflage von 1973 kennt neun Wortarten, die lange als „klassisch" angesehen wurden: Verb, Substantiv, Adjektiv, Adverb, Artikel, Pronomen, Konjunktion, Präposition, Interjektion.

Von diesen nahmen und nehmen Verb, Substantiv und Adjektiv eine besondere Stellung ein. Zum einen durch ihre morphologischen Eigenheiten: Wir sagen, das Verb wird konjugiert, und Substantiv und Adjektiv (und auch der Artikel und das Pronomen) werden dekliniert, der Oberbegriff für **Konjugation** und **Deklination** ist **Flexion**. Darüber hinaus sind Substantiv, Adjektiv und Verb aber auch semantisch herausgehoben, da sie − im Sinn des SAUSSURE'schen Zeichenmodells − leichter mit dinglichen Vorstellungen

▶ Die berühmte Wortdefinition von LEONARD BLOOMFIELD

„Eine freie Form, die zur Gänze aus zwei oder mehr kleineren freien Formen besteht, wie etwa *armer John, John lief davon* oder *yes, sir* ‚ja mein Herr‘, ist eine *Phrase*. Eine freie Form, die keine Phrase ist, ist ein *Wort*. Ein Wort ist also eine freie Form, die nicht zur Gänze aus (zwei oder mehr) kleineren freien Formen besteht; kurzum, ein Wort ist eine *minimale freie Form*" LEONARD BLOOMFIELD (1933)

Für den frühen Distributionalismus BLOOMFIELD'scher Prägung ist es typisch, dass das Wort primär durch sein Vorkommen (seine Verteilung oder Distribution) bestimmt wird.

Leonard Bloomfield (1887–1949)

Abb 39

verbunden werden können: *laufen, Baum, blau.* Deshalb werden sie manchmal als **Autosemantika** zusammengefasst, weil sie ihren „Sinn" in sich selbst tragen, im Gegensatz zu allen anderen Wortarten, den **Synsemantika**, die ihren „Sinn" erst im Zusammenspiel mit anderen Wörtern oder im Satz erhalten.

Die traditionelle **Wortartenklassifikation** leidet, wie so vieles in der Traditionellen Grammatik, daran, dass sie nicht homogen auf einem einzigen Kriterium aufgebaut ist, sondern heterogen auf mehreren. Diese Kriterien werden oft als **formal** (morphologisch, die Form betreffend), **semantisch** (inhaltlich), **funktional** (nach ihrer Funktion im Satz) oder **syntaktisch** (nach ihrem Vorkommen im Satz) bezeichnet. Manchmal werden auch die Kriterien funktional-semantisch zusammengefasst. Eine bekannte Wortartenklassifikation von KARL E. HEIDOLPH, WALTER FLÄMIG und WALTER JUNG versucht, von binären Merkmalen auszugehen:

Abb 40   *Versuch einer Wortarteneinteilung*

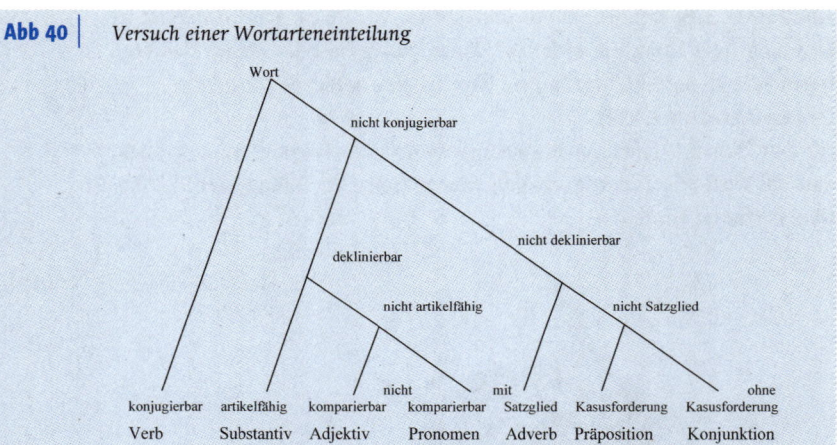

Neuere Versuche sehen das Wort (im Sinn der kognitiven Linguistik) als mentale Einheit, als Variable, die je nach Kontext und Situationalität variiert und verschieden besetzt werden kann (VATER 1994).

Luat enier Sduite an enier elingshcen Uvniretsiät ist es eagl, in wlehcer Rienhnelfoge die Bcuhtsbaen in eniem Wrot sethen, das enizg wcihitge dbaei ist, dsas der estre und lzete Bcuhtsbae am rcihgiten Paltz snid. Der Rset knan ttolaer Bnölsdin sien, und man knan alels torztedm onhe Porbelme lseen. Das ghet dseahlb, wiel wir nchit Bcuhtsbae für Bhctbusae enizln lseen, snodren Wröetr als Gnaezs.

2.2.3 | Morph, Morphem, Nullmorphem

Wenn das Wort als kleinster Bedeutungsträger der Sprache ausscheidet, müssen wir uns nach neuen Kandidaten umsehen. Dazu wollen wir ein „Wort" so lange segmentieren, bis es nicht mehr weiter teilbar ist, ohne einen Rest an Bedeutung zu verlieren. Das Wort *lache* (*ich lache*) kann mittels Minimalpaaren untergliedert werden in

(*ich*)	*lach*	*e*
(*du*)	*lach*	*st*

Das Element *lach* kann nicht weiter zerlegt werden, ohne dass die Bedeutung verloren geht. Wir können es bestenfalls in Phoneme aufspalten, aber damit verlassen wir die Wortebene. Die Wortteile *lach*, *e* und *st* hingegen können mit einer Bedeutung verbunden werden:

— Bei *lach* ist der Zusammenhang mit ‚lachen' noch deutlich erkennbar.

— *e* dient u.a. zur Kennzeichung der 1. Person Singular Indikativ Präsens.

— *st* markiert die 2. Person Singular Indikativ Präsens.

Wir können somit feststellen, dass *lach*, *e* und *st* kleinste bedeutungtragende Teilchen sind, ohne Wörter zu sein – wobei „Bedeutung" nicht immer nur gegenständlich oder lexikalisch gemeint sein muss.

Merksatz

▶ **Das kleinste bedeutungtragende Element einer Sprache ist ein Morphem.**

Ein Morphem ist ebenso eine abstrakte Einheit wie das Phonem. Analog zum Begriffspaar Phon–Phonem bezeichnet auch der Terminus Morphem ein bereits klassifiziertes Element: Die Morpheme *lach*, *e* und *st* tragen bereits eine Bedeutung. Ein rein segmentiertes, aber nicht nach seiner Funktion klassifiziertes Element (dem also noch keine Bedeutung zugewiesen ist) nennt man ein Morph. Allerdings spielen Morphe in der Linguistik eine weit geringere Rolle als Phone, meist werden nur die Morpheme betrachtet. Auch Morpheme haben eine eigene metasprachliche Kennzeichnung: Sie werden unter Verzicht auf die Großschreibung in geschwungene Klammern gesetzt: {lach}, {e}, {st}. (Oft werden diese Klammern aber auch weggelassen, vor allem wenn die Identifikation als Morpheme eindeutig ist.)

Wenn man das Minimalpaar kind | Ø
kind | er

betrachtet, so entspricht dem Morphem {er} nichts Gleichwertiges in {kind}. Genau genommen grenzt sich {er} aber auch gegenüber einer Einheit ab, nämlich einer Nulleinheit. {kind} ist dadurch gekennzeichnet, dass es ein **Nullmorphem** trägt. Wir sind uns allerdings dessen bewusst, dass es sich beim Begriff des Nullmorphems – ebenso wie beim Nullphonem – um ein rein theoretisches Konstrukt handelt, damit die binäre Arbeitsweise des Strukturalismus per definitionem eingehalten werden kann.

Die Morpheme {lach} und {e}, {st} machen deutlich, dass nicht alle Morpheme gleich zu bewerten sind:

1. Wir können Morpheme hinsichtlich ihres Vorkommens unterscheiden. Morpheme, die frei auftreten, ohne an das Vorhandensein anderer Morpheme gebunden zu sein, nennt man **freie Morpheme**, etwa {ich}, {sie}, {haus}, {baum}, {auf}, {in} etc. Morpheme, die nur in Kombination mit anderen Morphemen vorkommen können, bezeichnet man als **gebundene Morpheme**, etwa {ge- -en} (in *gesehen*), {-te}, {ent-}, {ver-} oder unser {sams-}. Zum Zeichen, dass die gebundenen Morpheme einer Ergänzung bedürfen, werden sie mit einem Bindestrich an der Stelle der Ergänzung markiert.

2. Morpheme werden hinsichtlich ihrer Eigenbedeutung unterschieden: Tragen sie eine lexikalische („gegenständliche", „sachliche") Bedeutung, handelt es sich um **lexikalische Morpheme**: {hund}, {freund}, {sieg}. Andere Morpheme wie {-e} und {-st} tragen zwar keine lexikalische Bedeutung, legen aber Bedeutungen im grammatischen Zusammenhang fest: ‚1. P. Sg. Ind. Präs.' oder ‚2. P. Sg. Ind. Prät.' Sie sind **grammatische Morpheme**. Es mag auf den ersten Blick verwunderlich erscheinen, dass üblicherweise auch die Pronomina, Konjunktionen und Präpositionen in diese Gruppe fallen. Es wird aber verständlich, wenn man bedenkt, dass ein Morphem wie {ich} nicht mit einer lexikalischen Bedeutung erfasst werden kann, sondern nur mit einer grammatischen (‚1. Person'). S. dazu unter Deixis (Kap. 4.1.3).

Die Merkmale frei–gebunden und lexikalisch–grammatisch stellen verschiedene Kategorien dar; deshalb können wir die Morpheme einer Sprache in eine zweiachsige Matrix eintragen:

Morpheme	frei	gebunden
Tabelle		
lexikalisch	{haus} {hund} {baum}	{sams-} {heidel-} {him-} {sonn-}
grammatisch	{sie} {wir} {dass} {und}	{-e} {-st} {-er} {ge- -en}

Nun können wir auch das problematische *Sams-* einordnen. Es handelt sich um ein lexikalisches, aber gebundenes Morphem. Ebenso wie die Morpheme {heidel-} (*Heidelbeere*) und {him-} in (*Himbeere*) ist es darüber hinaus ein **unikales Morphem** (eine Untergruppe der gebundenen lexikalischen Morpheme), da es nur in einer einzigen Kombination (eben *Samstag*) vorkommt. Freie lexikalische Morpheme werden auch als **Lexeme** bezeichnet.

Homonyme Morphe, Allomorphe | 2.2.4

Auch bei Morphemen kommt die **Polyfunktionalität** von sprachlichen Elementen zum Vorschein: Bei genauerem Hinsehen werden wir entdecken, dass es Morpheme mit gleicher Gestalt, aber unterschiedlicher Bedeutung gibt:

	lach	*en* ‚Infinitiv'
(wir)	*lach*	*en* ‚1. P. Pl. Ind. Präs.'
(sie)	*lach*	*en* ‚3. P. Pl. Ind. Präs.'
	etc.	

Warum aber kann man in solchen Fällen nicht ein einziges Morphem mit mehreren Bedeutungen annehmen? Die Antwort darauf ist eindeutig: Weil wir im Minimalpaar-Verfahren Einheiten mit unterschiedlicher Bedeutung gegeneinander abgegrenzt haben. Demnach kann das erste {-en} nicht mit dem zweiten {-en} gleichgesetzt werden; es handelt sich um **Allomorphe** zweier Morpheme und nicht um ein einziges Morphem. Dieses Phänomen nennt man **homonyme Morphe**: Die Morphe („Gestalten") sind homonym, aber es handelt sich um unterschiedliche Morpheme.

Umgekehrt kann es auch für eine Bedeutung mehrere Morpheme geben. So wird die Bedeutung ‚Nominativ Plural' durch folgende Morpheme ausgedrückt:

{-en}	*Ohr – Ohren*
{-e}	*Hund – Hunde*

{-er}	*Kind – Kinder*
{-n}	*Bauer – Bauern*
{-s}	*Auto – Autos*
{Ø}	*Fenster – Fenster*

Verschiedene Morpheme, die dieselbe Bedeutung tragen, bezeichnet man als **Allomorphe** (parallel zu „Allophon"). Wiederum liegt die Betonung auf Morph (der Gestalt); die Klasse mit der Bedeutung ‚Nominativ Plural' wird mit den Elementen {-en}, {-e} usf. ausgedrückt.

▶ **Homonyme Morphe haben dieselbe „Gestalt", gehören aber unterschiedlichen Morphemen an. Allomorphe sind Repräsentation desselben Morphems.**

Allomorphe können ebenso wie Allophone stellungsgebunden sein. So sind die Allomorphe {-t} und {-et} ‚3. P. Sg. Ind. Präs.' in ihrem Vorkommen von der Lautumgebung abhängig: *redet* vs. *glaubt*. Außerdem kann ein Morphem aus mehreren Teilformen bestehen, wie wir bei {ge- -en} (*gesungen*) festgestellt haben: Es ist ein **diskontinuierliches Morphem**.

Die Einheit „Morphem" weist einige Vorzüge gegenüber dem Wortbegriff auf. Sie ist exakter als „Wort". Außerdem muss – wenn man nicht streng strukturalistisch vorgehen will – der Begriff „Wort" deswegen nicht aufgegeben werden. Morphem und Wort lassen sich durchaus mit- und nebeneinander gebrauchen, und in der Traditionellen Grammatik findet man heute tatsächlich beides.

Es darf allerdings nicht verschwiegen werden, dass der Morphembegriff auch eine Reihe von Problemen aufwirft, die mit der Morphemstruktur der jeweiligen Sprache zusammenhängen. Im Deutschen etwa werden die Infinitivformen der Verben (z.B. *fahren, lachen, gehen*) manchmal zu den freien lexikalischen Morphemen gezählt und manchmal zu den gebundenen lexikalischen ({fahr-}, {lach-}, {geh-}). Die Schwierigkeit besteht darin, dass es – wenn man die morphologische Segmentierung wirklich konsequent anwendet – kaum wirklich freie und lexikalische Morpheme gibt: Die Verben kommen nur in gebundenen Formen vor, eben *fahren, lachen, gehen*. Deshalb muss man genau genommen die Stämme als gebundene Morpheme werten: {fahr-}, {lach-}, {geh-}. Der hier oft vorgebrachte Einwand, es gäbe doch die Imperative *fahr!, lach! geh!*, greift hier nicht, da diese Formen durch die oberdeutsche **e-Apokope** (Tilgung im Auslaut im Gegensatz zu **Synkope**, der Tilgung im Inlaut) ihr ursprüngliches *e verloren* haben und keine allgemein anerkannten Formen der Standardsprache sind. *e*-lose Formen sind nur bei Verben mit e-i-Wechsel im Präsens etymologisch. Allerdings werden heute auch die sekundären *e*-losen-Formen teilweise anerkannt.

ich gebe, du gibst – gib!
ich nehme, du nimmst – nimm!, aber
ich lache, du lachst – lache!

Man müsste also die Verbstämme unter die gebundenen lexikalischen Morpheme einreihen. Damit wird aber eine Lawine ausgelöst, denn auch Substantive und Adjektive und andere Formen sind genau so gebaut: *Kind – Kinder, schnell – schneller*. Genau genommen müssten also auch die Substantiv-, Adjektiv- und Pronominalstämme als gebunden klassifiziert werden, was aber offenbar Unfug ist. Einen Ausweg schlägt LEONARD BLOOMFIELD vor, indem er Wörter wie *Hammer* als ein primäres Wort *Hamm-* mit einem primären Affix (hier ein Suffix) -*er* sieht. Wörter wie *Kind, schnell* erklärt er als primäre Wörter ohne primäres Affix. Die primären Wörter teilt er in freie Stämme und gebundene Stämme. Es gibt also ein gebundenes Morphem {kind-} in *Kinder* und ein ungebundendes {kind} in *Kind* usf. Damit erhöht sich zwar die Anzahl der Morpheme, aber die **Beschreibungsadäquatheit** bleibt erhalten. Ebenso muss man bei dieser statischen Variante des Strukturalismus bei den Wörtern *Haus* und *Häusern* zwei unterschiedliche Morpheme {haus} und {häus-} annehmen.

Manchen mag dies nun lächerlich erscheinen, denn natürlich wissen wir intuitiv, dass *Haus* und *Häuser* zusammenhängen, ja dass *Häuser* der Plural von *Haus* ist. Bereits NIKOLAI TRUBETZKOY machte auf diese Zusammenhänge zwischen Phonologie und Morphologie aufmerksam. Es wird deshalb eine abstrakte Ebene zwischen Phonologie und Morphologie, die **Morphonologie**, angesetzt, auf der die gegenseitigen Einflüsse von phonemischen und morphologischen Phänomenen beschrieben werden.

Wortbildung | 2.2.5

Die **Wortbildungslehre** beschäftigt sich mit der Struktur von komplexen Wörtern sowie mit den Gesetzmäßigkeiten bei der Bildung neuer Wörter und den dabei eingesetzten sprachlichen Mit-

Der Amerikanische Strukturalismus

In den USA entstand in den 20er und 30er Jahren des 20. Jahrhunderts eine eigene Ausprägung des Strukturalismus, die unter dem Terminus „Amerikanischer Strukturalismus" in die Linguistikgeschichte einging. Wegbereiter war der aus Deutschland stammende FRANZ BOAS (1858–1942), der sich intensiv mit den Sprachen der nordamerikanischen Ureinwohner wie jener der Inuit (Eskimos) beschäftigte. Dadurch stießen die Linguisten zum ersten Mal auf methodische Probleme, die sich in den Gelehrtenstuben der europäischen Sprachwissenschaft in dieser Form bis dahin nicht gestellt hatten: dass die Vorgehensweisen der historisch-vergleichenden Sprachwissenschaft anhand schriftlicher Quellen von indogermanischen Sprachen entwickelt worden waren und sich nicht einfach 1:1 auf nichtverschriftete und nichtindogermanische Sprachen übertragen ließen. Seit BOAS (sein dreibändiges „Handbook of American Indian Languages", 1911–1934, ist bis heute ein Standardwerk) wurde es in der amerikanischen Linguistik üblich, sich mit nordamerikanischen Indianersprachen auseinander zu setzen. Auch EDWARD SAPIR (1884–1939), ebenfalls ein gebürtiger Deutscher, wurde in dieser Tradition ausgebildet. Der dritte bedeutende Vertreter der Gründergeneration im amerikanischen Strukturalismus war LEONARD BLOOMFIELD (1887–1949), ein in den USA geborener Abkömmling einer altösterreichischen Familie, der mit seinem Buch „Language" (1933) einen Klassiker der Sprachwissenschaft schuf. BLOOMFIELD ist auch jener von den dreien, der sich explizit auf FERDINAND DE SAUSSURE beruft. So nimmt es auch nicht wunder, wenn später die Termini „amerikanischer Strukturalismus", „Deskriptivismus" oder auch „taxonomischer Strukturalismus" (von NOAM CHOMSKY vor allem pejorativ gemeint) in erster Linie auf die „Bloomfieldianer" bezogen werden, auch wenn dies historisch nicht gerechtfertigt ist. BLOOMFIELD und seine Schüler, vor allem ROBERT HALL, BERNARD BLOCH und CHARLES F. HOCKETT, schufen eine eigene Ausprägung des Strukturalismus. Über den BLOOMFIELD-Schüler ZELLIG S. HARRIS (1909–1992) führt die Entwicklungslinie schließlich bis zu NOAM CHOMSKY.

teln. Trotz der Erkenntnisse des Strukturalismus über seine Mängel wird der Begriff „Wort" in diesem Zusammenhang weiterverwendet, was auch darin begründet ist, dass die akademische Wortbildungslehre älter als der Strukturalismus ist. Darüber hinaus wird aber in dieser Disziplin bewusst mit dem Wortbegriff operiert, weil ein „Wort" als semantische Grundeinheit der Sprache von jedem Sprachteilnehmer intuitiv erfasst und verwendet wird.

Zusätzlich zum Problem der Wortbestimmung gibt es einige weitere Abgrenzungsschwierigkeiten des Begriffes „Wort":

— die paradigmatischen Veränderungen von Wortstämmen, etwa bei *ich lese, du liest* etc. Diese sind nur historisch zu erklären.

— die so genannten **Suppletivformen (Suppletion)**, bei denen (historisch gesehen) mehrere Wortstämme ein Paradigma bilden. Musterbeispiel ist das Paradigma von *sein*, das gar von drei unterschiedlichen Wortformen gebildet wird: *s*-Formen (*sein, sind*), *b*-Formen (*bin, bist*) und *w*-Formen (*war, werde*). Üblicherweise werden Suppletivformen der Flexion und Morphologie zugerechnet und nicht der Wortbildung: Der Wechsel von *sein – ich bin – war* wird von drei verschiedenen Wörtern gebildet und stellt keine formale Abwandlung ein und desselben Wortes dar wie bei *ich lache, du lachst, er lacht*. Man sagt auch, drei Wörter oder Wortformen bilden ein Paradigma.

— die Grenze zwischen **zusammengesetztem Wort** und **Wortgruppe**. So werden fest präfigierte Verben gewöhnlich als ein Wort angesehen (*er übersetzt das Buch* ≠ *er setzt über den Fluss*).

Strukturalistische Wortbildungslehre | 2.2.5.1

Wenn Wörter in Morpheme zerlegt werden können, dann muss dies auch ein gangbarer Weg sein, die Wortstruktur in strukturalistischem Sinn zu beschreiben. Um näher an die Wortbildung heranzukommen, müssen wir allerdings unser bisheriges Morphemmodell modifizieren. Wir müssen einen Maßstab einführen, der Morpheme nicht hinsichtlich ihrer Bedeutung und ihres Vorkommens, sondern hinsichtlich ihrer Fähigkeit, Wörter zu bilden, bestimmt.

Man geht von der Tatsache aus, dass bestimmte Wörter als Grundlage für die Bildung neuer Wörter fungieren, etwa {freund} in *Freunde, freundlich, anfreunden* etc. Solche **Grundmorpheme** oder **Basismorpheme** können immer nur lexikalische Morpheme sein, niemals grammatische Morpheme wie {-et}. Grundmorpheme dienen zur Bildung neuer Wörter. So tritt etwa {lehr-} in verschiedenen Zusammensetzungen und Ableitungen und in verschiedenen Wortarten auf: *lehr-en, Lehr-er, Lehr-buch, ge-lehr-t, ge-lehr-ig* usf.

Grundmorpheme bilden somit die „Stämme" der Worteinheiten. Mit Hilfe von **Wortbildungsmorphemen**, die vorne und/oder hinten an die Grundmorpheme angefügt werden, entstehen neue Wörter. Wortbildungsmorpheme können sowohl gebundene grammatische Morpheme ({ver- -en} in *versagen*) als auch gebundene lexikalische Morpheme ({him-} in *Himbeere*) sein. Die Wortbildungsmorpheme wirken klassenbildend, indem sie die – in Hinblick auf die Wortbildung – zunächst unbestimmten Grundmorpheme in Klassen mit gemeinsamen semantischen/formalen/funktionalen Merkmalen zusammenfassen. So bestimmt das Wortbildungsmorphem {-er} in *Lehrer, Schneider, Denker* etc. den Ausübenden einer Tätigkeit (so genannte **Nomina agentis**). Die solcherart gebildeten Klassen können zu Wortarten zusammengefasst werden, obwohl dabei die bekannten Probleme entstehen.

Morpheme haben aber auch grammatische Funktion, indem sie die Flexionsparadigmen bilden:
ich such*e*, du such*st*, er such*t* …
der Bot*e*, des Bot*en*, dem Bot*en* …
Diejenigen Wortteile, die die Flexion von Wörtern bilden, nennt man **Flexionsmorpheme**. Sie werden üb-

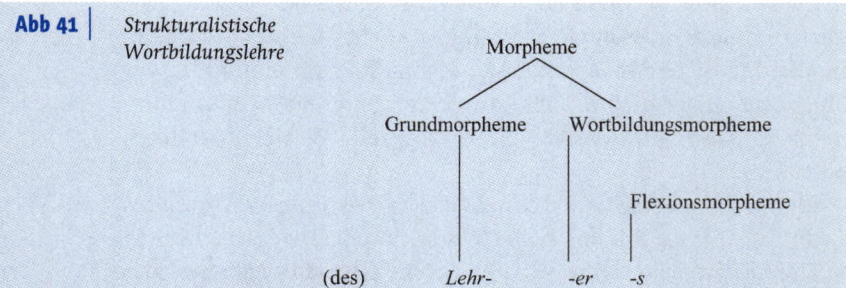

Abb 41 | *Strukturalistische Wortbildungslehre*

„Wörter und Sachen"

Mit GEORG WENKER (1852–1911) wurden die Sprachatlanten begründet, die erforschen wollten, welche Inhalte mit bestimmten Zeichenkörpern (Ausdrücken), z.B. *Pferd–Gaul–Ross*, verbunden werden. Sie gingen also **semasiologisch** vor. In der Tradition der Junggrammatiker, zu denen auch WENKER zu zählen ist, konzentrierte sich der „Deutsche Sprachatlas" denn auch auf die Laut- und Formenlehre. Den umgekehrten, **onomasiologischen** Weg versuchte eine Gegenbewegung zu beschreiten, die den „Atomismus" der Junggrammatiker scharf geißelte. Nach FRANZ DORNSEIFF (1888–1960) suchte man nach den Wörtern und Wortverbindungen, die die Sprachteilnehmer verwenden, wenn sie bestimmte Inhalte, z.B. ‚Reittier', ausdrücken wollen. 1909 gründetet RUDOLF MERINGER (1859–1931) mit Gleichgesinnten die Zeitschrift „Wörter und Sachen" (23 Bände, 1909–1944), die der Richtung ihren Namen gab. Die Bezeichnung selbst stammt von einer Randnotiz in Jacob Grimms „Deutscher Grammatik", denn schon die Gründergeneration betonte den Zusammenhang zwischen außersprachlicher Realität und Bezeichnungen: „Die Sache führt zu den Namen" (JOHANN ANDREAS SCHMELLER, 1785–1852, Begründer der wissenschaftlichen Dialektologie).

Der „Wörter und Sachen"-Bewegung standen auch Forscher wie WILHELM MEYER-LÜBKE (1861–1936) und HUGO SCHUCHARDT (1842–1927) nahe. Die vermeintliche Überbetonung der äußeren Sprachform durch die Junggrammatiker sollte beseitigt werden durch den Bezug auf die Sachen und auf den sie schaffenden Menschen. Ein Beispiel dafür ist etwa ein äußerst detaillierter Artikel über „die Heugabel und ihre Bezeichnungen". Die Sprachwissenschaft soll in das „Ganze der Kulturwissenschaft" eingegliedert werden, denn, wie MERINGER sagt, „Sprachgeschichte ist Kulturgeschichte". Unter Einbeziehung der Kunstgeschichte und Volkskunde gelangte die Richtung zu erstaunlichen Erkenntnissen. Bis heute berühmt ist die Entdeckung der Etymologie von *Wand*, die von *winden* abgeleitet und mit der die frühzeitliche Herstellung von Wänden aus gewundenen (und mit Lehm verschmierten) Zweigen und Ästen erklärt wird. Eines der Zentren der Bewegung war Graz. Als ideale Verwirklichung des „Wörter und Sachen"-Prinzips gilt (wie schon der Titel unschwer erkennen lässt) der „AIS. Sprach- und Sachatlas Italiens und der Südschweiz" (1928–1940) von KARL JABERG (1877–1959) und JAKOB JUD (1882–1952).

licherweise nicht als Bestandteil der Wortbildungsmorpheme gesehen, obwohl die Abgrenzung im Deutschen nicht immer einwandfrei möglich ist.

2.2.5.2 Traditionelle Wortbildungslehre

Im Lauf des 19. Jahrhunderts hat es sich eingebürgert, die Wortbildungslehre auf den gegenwärtigen Sprachgebrauch (**synchrone Wortbildungslehre**) zu beziehen oder die historischen Veränderungen der Wortbildungsmittel (**diachrone Wortbildungslehre**) als Teil der Sprachgeschichte zu betrachten. Die diachrone Wortbildungslehre gehört somit zur Sprachgeschichte oder Diachronen Sprachwissenschaft und soll hier ausgeklammert bleiben.

Der Wortsatz des Deutschen kann anhand der Wortstruktur in **einfache Wörter** (**Simplicia**, Sg.: **Simplex**), **zusammengesetzte Wörter** und **abgeleitete Wörter** eingeteilt werden, wobei auch Mischtypen möglich sind. Als Hauptarten der Wortbildung im heutigen Deutsch werden meist die Komposition (Zusammensetzung), die Derivation (Ableitung), die Konversion (Nullableitung) und die Kürzung angegeben. Allerdings finden sich in den verschiedenen Fachdarstellungen auch unterschiedliche, z.T. einander widersprechende Ordnungskriterien.

Komposition

Bei der Komposition werden lexikalische Morpheme oder Wortstämme miteinander kombiniert, wobei zwei Arten möglich sind:

1. Zwei Wörter werden rein **additiv** (**parataktisch**) kombiniert, etwa *süß-sauer, feucht-kalt, wild-romantisch* (Schreibung auch ohne Bindestrich). In einem **Additivkompositum** (**Kopulativkompositum**) sind beide Glieder gleichwertig, was man auch daran erkennt, dass sie umgestellt werden können, ohne dass die ursprüngliche Bedeutung verloren geht:

   > *der Schauspieler-Dichter Shakespeare = der Dichter-Schauspieler Shakespeare*

   Allerdings ist die Reihenfolge oft durch Konvention fest geworden, z.B. *süßsauer ≠ *sauersüß*.

2. Es gibt aber auch Komposita, in denen die Einzelbestandteile nicht gleichwertig sind, etwa bei *Fassbier* vs. *Bierfass*. In diesem Fall dient das erste Glied zur näheren Bestimmung des zweiten und wird daher auch **Bestimmungswort** im Gegensatz zum

Grundwort (dem zweiten Teil) genannt. Das Grundwort legt die grammatischen Kategorien (v.a. Wortart und Genus) fest.

| **Abb 42**

Ein Beispiel für einen „falschen" Bezug liefert dieses Bild aus Geras in Niederösterreich: Bei Determinativkomposita beziehen sich Adjektive ebenfalls auf das Grundwort und nicht auf das Bestimmungswort. Behäbig kann sich bestenfalls auf das Gehen beziehen, nicht aber auf die Minuten.

Diese Art der Komposition nennt man **determinativ** (**hypotaktisch**). Im Gegensatz zur additiven Komposition können bei **Determinativkomposita** die Glieder nicht ohne Änderung der Bedeutung vertauscht werden: *Fassbier* ist etwas anderes als ein *Bierfass*. Die determinative Komposition ist im Deutschen ungleich häufiger und wichtiger als die additive. Gerade das Deutsche ist eine Sprache, die mit fast uneingeschränkter Produktivität Determinativkomposita bilden kann, nicht nur das berühmt-berüchtigte Wort *Donaudampfschifffahrtskapitän*.

Auch bei der Determinativkomposition sind grundsätzlich zwei Arten möglich:

a. Bildung ohne Flexionsfuge. Diese Wörter werden auch als **echte** oder **eigentliche Komposita** bezeichnet, da es sich um sprachliche Zusammenrückungen von Wörtern handelt. Beispiele: *Wohnbau, Waschtag, Wurstbrot, Schauspiel* etc.

b. Bildung mit Flexionsfuge. Das Bestimmungswort steht im Genitiv, der an der Endung erkannt werden kann: *-(e)s* für starke Flexion, *-(e)n* für schwache, z.B. *Tageslicht, Lehnsherr, Zungenbrecher,*

Botendienst. Manchmal ist allerdings durch die Art der Flexion keine Fuge vorhanden, obwohl das Bestimmungswort im Genitiv steht: *Eheversprechen*. Man muss auch bedenken, dass viele der Bestimmungswörter im heutigen Deutsch die Flexionsklasse gewechselt haben und dass historische Komposita die alten Flexionsformen bewahren: In *Sonnenlicht* oder *Zungenbrecher* ist das Bestimmungswort nicht Gen. Plural, sondern Gen. Singular, allerdings in der alten schwachen Flexion von *Sonne* (*die Sonne, der Sonnen* etc., *die Zunge, der Zungen* etc.).

Die Bildungen mit Flexionsfuge werden gerne auch als **unechte** oder **uneigentliche Komposita** bezeichnet, weil sie sprachgeschichtlich aus zwei selbstständigen Wörtern entstanden sind (vorangestellter Genitiv + Nominativ), die im Lauf der Zeit als Einheit empfunden und zusammengeschrieben wurden:

Gottes Sohn > Gottessohn

Wegen des überaus häufigen Vorkommens solcher Komposita wurde diese Bildungsart auch auf Komposita ausgedehnt, bei denen die Flexionsfuge *s* historisch „falsch" (unetymologisch) ist: *Schmerzensgeld, Liebeskummer*. Aus diesem Grund wuchern heute die *s*-Formen, und oft gibt es parallele Bildungen, bei denen aus synchroner Sicht nicht entschieden werden kann, welche „richtig" ist und welche „falsch" (weswegen Grammatiken wie der Duden bei der Beurteilung sehr vorsichtig sind und dazu neigen, beide Formen anzuerkennen):

Geschenk[s]artikel, Advent[s]kalender

Dasselbe gilt auch für Adjektive: *alkohol-süchtig, leben-s-müde*. Heute „wuchert" das Fugenelement. Zwei Sonderformen der Komposition sind:

1. Die so genannten **Possessivkomposita** oder **Pars-pro-toto-Bildungen**: Man versteht darunter Komposita, die als Benennung den Teil eines Ganzen („pars pro toto") heranziehen, etwa *Wendehals* oder *Lästermaul*.

2. **Satznamen (imperativische Namen)**: Ein Ausdruck wie *Tunichtgut* stellt eine Zusammenrückung mehrerer Wörter in syntaktischer Fügung dar. Andere Beispiele sind *Taugenichts, Vergissmeinnicht* u.ä. Manchmal aber werden die Satznamen nicht zu den Komposita im engeren Sinn gerechnet.

Man unterscheidet Substantivkomposita (*Falschgeld, Rechtskurve, Zehnkampf* etc.), Adjektivkomposita (*hilfsbereit, bettelarm, mitschuldig* etc.) und Verbkomposita (*sitzenblieben, liegenlassen, verlorengehen, festbinden* etc.).

Derivation

Derivation bezeichnet die Kombination eines Wortstamms mit einem **Präfix** (einer „**Vorsilbe**", z.B. *ver-, ent-, be-* etc.) und/oder einem **Suffix** (einer „**Nachsilbe**", z.B. *-nis, -ung, -heit* etc.). Präfixe, Suffixe und **Zirkumfixe** (**un**will**ig**) werden unter dem Oberbegriff **Affixe** zusammengefasst. Obwohl die Derivation der strukturalistischen Wortbildungslehre mit ihren Grund-, Wortbildungs- und Flexionsmorphemen sehr ähnlich sieht, bestehen grundlegende Differenzen: Morpheme und Silben sind zwei unterschiedliche Einheiten in unterschiedlichen Theorien. Die Zahl der Affixe, die ein Wort bilden, ist variabel: Es können auch mehrere Präfixe und Suffixe an einen Wortstamm treten wie bei *Ver-ge-walt-ig-ung*.

Die Derivation ist eines der mächtigsten Mittel einer Sprache, neue Wörter zu schaffen. Ihre Wirkung besteht in einer größeren und genaueren semantischen Differenzierung und damit exakteren Ausdrucksmöglichkeit. Man betrachte etwa die semantischen Unterschiede bei *blühen, erblühen, verblühen* etc.

Durch die Suffigierung wird der Übertritt von einer Wortart in eine andere möglich (einige Affixe können polyfunktional sein wie *-tum, -er*):

Subst. aus Adj.	Subst. aus Subst.
Schlauheit aus *schlau*	*Freundschaft* aus *Freund*
Sauberkeit aus *sauber*	*Schrifttum* aus *Schrift*
Rohling aus *roh*	*Ziegelei* aus *Ziegel*
Subst. aus Verb.	Adj. aus Subst., Verb., Adj.
Erlebnis aus *erleben*	*bleiern* aus *Blei*
Irrtum aus *irren*	*sterblich* aus *sterben*
Schneider aus *schneiden*	*säuerlich* aus *sauer*

Konversion

Neue Wörter können auch ohne Zusammenfügung neuer Wortstämme oder von Stämmen mit Affixen gebildet werden, indem man Wörter ohne eigene morphologische Kennzeichnung erweitert oder kürzt; die Wörter können auch formal gleich bleiben und dabei die Wortart wechseln. Man spricht auch von **Null-ableitung**.

Konversion im engeren Sinn: *Anmachen* (< *anmachen*), *Das Warum verstehen*. Oft wird in der Literatur aber auch die Bildung desubstantivischer Verben durch bloße Hinzufügung des Suffixes {-en} sowie die Bildung von Substantiv aus Verben durch Tilgung des Suffixes {-en} zur Konversion gezählt: *Schau* (< *schauen*), *Stau* (< *stauen*), *Kauf* (< *kaufen*), *Treff* (< *treffen*) — *fischen* (< *Fisch*), *nerven* (< *Nerv*), *filmen* (< *Film*).

Rückbildung nennt man Wortformen, die so aussehen, als wären sie die Basis einer Ableitung, in Wirklichkeit sind sie jedoch sekundär aus ihrer vermeintlichen Ableitung entstanden, z.B. *notlanden* (< *Notlandung* < *Landung* <*landen*), *Sanftmut* (< *sanftmütig*),

Kürzung

1. Die **Verschmelzung** (Kontamination, Wortkreuzung, Kofferwort-Bildung) bezeichnet die Zusammenfügung von Wörtern unter Auslassung oft beliebiger Teile: *Microsoft* < *Microcomputer* + *Software*, *Kurlaub* < *Kur* + *Urlaub* u.a.m.
2. Die **Kürzung** verwendet Wortteile (zumeist Silben), z.B. *Bus* (< *Autobus*), *Uni* (< *Universität*), *Bahn* (< *Eisenbahn*) etc.
3. Im Gegensatz zur Kürzung werden bei der **Abkürzung** systematisch die Wort- Silbenanlaute verwendet: *AKW* (< *Atomkraftwerk*), *LSD* (< *LernSprache Deutsch*), *LGH* (< *Landesgerichtshof*).
4. Die **Akronyme** (**Initialwörter**) sind im Prinzip Abkürzungen, allerdings werden sie nicht Laut für Laut ausgesprochen (wie AKW: a-ka-we), sondern als neue Wörter: *DIN* (< *Deutsche Industrienorm*), *Kripo* (< *Kriminalpolizei*), *Azubi* (< *Auszubildender*), *Radar* (< *radio detecting and ranging*) etc.

Man spricht bei den Produkten von Kürzung, Abkürzung und Akronymie auch von **Kurzwörtern**.

Wörter, die gar keine Wörter sind

Unser *Samstag*-Problem wieder aufgreifend, kann man in der deutschen Sprache immer wieder Wörter finden, die bei genauerem Hinsehen gar keine Worteinheiten darstellen. Zwei Beispiele sind *Muttergottes* und *Vaterunser*. *Muttergottes* sieht auf den ersten Blick wie ein Kompositum aus, ist es aber in Wirklichkeit nicht, sondern eine durch die Schreibung vollzogene Zusammenrückung zweier einzelner Wörter: *Mutter Gottes* > *Muttergottes*. Es ist kein Determina-

Phraseologie und Sprichwörterkunde

Eine Berührungsfläche zwischen Wort- und Satzebene stellt die **Phraseologie** (manchmal synonym mit **Idiomatik**) dar. Man versteht darunter sowohl die Gesamtheit der festen Wortverbindungen einer Sprache, die im System und Satz die Funktion und Bedeutung einzelner Wörter übernehmen können (CHRISTINE PALM), als auch die Wissenschaftsdisziplin, die diese Phänomene untersucht und beschreibt. Die **Phraseologismen (Phraseme, Idiome, Redewendungen)** dienen, darin besteht weitestgehende Übereinkunft, der Erweiterung des Wortschatzes und der Ausdrucksmöglichkeit einer Sprache, sie werden oft als „Fertigteile der Rede" bezeichnet.

„Jetzt lassen Sie die Kirche mal im Dorf, Herr Höptner!" (302 r)

An dieser Redewendung kann man die Eigenschaften eines Phraseologismus sehen: Formal besteht sie aus einer Wortgruppe von mindestens zwei Wörtern. Semantisch zeigt sie folgende Merkmale:

Metaphorik: Sie spricht die übertragene Bedeutung des Idioms an. Der Sprecher meint natürlich etwas anderes als eine konkrete Kirche und ein konkretes Dorf.

Lexikalität: Das Idiom ist mit allen Komponenten im Lexikon kodifiziert.

Polylexikalität: Das Idiom besteht aus mehr als einem Wort.

Stabilität: Die Komponenten des Idioms sind „fest" und können nicht ausgetauscht oder syntaktisch verändernt werden, etwa *die Kirche im Dorf* lassen und nicht *das Rathaus im Dorf lassen*.

Reproduzierbarkeit: Das Idiom kann nur in dieser Form verwendet und nicht neu zusammengestellt werden, wie man dies mit Einheiten aus dem Lexikon normalerweise tut.

Idiomatizität: Die Gesamtbedeutung einer Redewendung kann nicht aus den Bedeutungen ihrer Bestandteile wie *Kirche* oder *Dorf* erschlossen werden – man unterscheidet **Voll-** und **Teilidiomatizität**. Die Idiomatizität wird von vielen Forschern als wichtigste Eigenschaft eines Idioms angesehen.

Über die Redewendungen hinaus müssen noch andere „Fertigteile" unterschieden werden wie **Sprichwörter** (*Wer anderen eine Grube gräbt, fällt selbst hinein*), **Wellerismen** (*Das ist eine Versuchung, sagte der Hofprediger, und erlag ihr.* BERT BRECHT), **Antisprichwörter** (*Der brave Mann denkt an sich selbst zuerst*), **Aphorismen, Sentenzen, Geflügelte Worte, Zitate** u.a.m. Mit diesen beschäftigt sich im eigentlichen Sinn die **Sprichwörterkunde (Parömiologie)**.

tivkompositum, weil sich das Genus nach dem ersten Wortteil *Mutter* richtet. *Mutter* ist daher kein Bestimmungswort und der Genetiv *Gottes* kein Grundwort. Nach der neuen Rechtschreibung ist sowohl die Zusammen- als auch die Getrenntschreibung (*die Mutter Gottes*) gestattet. Eine Derivativkompositum hingegen ist *Gottesmutter*.

Vaterunser ist die Wort-für-Wort-Übersetzung des Gebetsanfangs lat. *paternoster*, das Genus dürfte vom Wort *Gebet* übernommen worden sein: *das Vaterunser–Gebet > das Vaterunser*. Wegen des Genus ist es auch nicht möglich, das Wort als Konversion (*unser > *das Unser*) zu sehen.

Diese beiden Wörter sind Beispiele für heute lexikalisierte Einheiten, die aber den im Deutschen üblichen Wortbildungsprozessen widersprechen.

Die Wortbildung wird oft als Grenzbereich zwischen Wort und Satz angesehen, besonders von der Generativen Grammatik. Denn – wie wir bei der Syntax noch sehen werden – Satzglieder sind durch Nebensätze und umgekehrt Nebensätze durch Satzglieder ersetzbar:

> *Aber für Spekulationen hat er keine Zeit.* (107 r)
> *Aber für das, worüber spekuliert wird, hat er keine Zeit.*

Das ist allerdings erst der erste Schritt. Es zeigt sich, dass die Wortbildungsmöglichkeiten sogar die Satzgrenzen übersteigen können:

Uta R. hat an diesem 9. Dezember des Jahres 2001 Dienst im Institut. (117 l)
Uta R. hat an diesem 9. Dezember des Jahres 2001 dort Dienst, wo ihr Arbeitsplatz ist.
Uta R. hat an diesem 9. Dezember des Jahres 2001 Institutsdienst.

Das Kompositum *Institutsdienst* kann eine sowohl satzgliedübergreifende als auch satzübergreifende Funktion einnehmen.

2.3 | Syntax

Wir gehen davon aus, dass Sprache aus sinnvollen und geordneten Äußerungen besteht. Das Einzige, was Linguisten tun können, ist, tatsächlich gemachte Äußerungen zu analysieren. Allerdings sind diese Äußerungen unter Verwendung jener Strukturen gemacht, die wir über diese Äußerungen selbst erschließen wollen. Man muss auf Material zurückgreifen, das unter Verwendung eben jener Regeln, die man finden will, erzeugt worden ist. In dieser Situation haben Linguisten zu zwei „Tricks" gegriffen:

1. Zum einen kann man in Versuchung geraten, den eigenen Sprachgebrauch zu beobachten. Man könnte so argumentieren, dass der Sprachforscher ja selbst Mitglied einer Sprachgemeinschaft ist und als solches ebenso gut Auskunft über diese Sprache geben kann wie jedes andere Mitglied. Und abgesehen von der Umschiffung der soeben genannten Schwierigkeiten hat dieser Weg auch die Annehmlichkeit, dass man keine komplizierte Organisation, keine langen Anfahrtswege, keine technischen Hilfsmittel etc. braucht, um an sprachliche Daten zu kommen.

2. Andererseits ist man schon sehr früh auf die Idee gekommen, dass jeder einzelne Mensch als Kind den Weg zur Sprache findet. Der Erkenntnis hinderlich ist allerdings, dass Kinder während des Spracherwerbs diesen nicht reflektieren und sich als Erwachsene auch nicht daran erinnern können. So bleibt dem Linguisten auch beim kindlichen Erstspracherwerb nichts anderes übrig, als den sprachlichen Output von Kindern zu beobachten und zu analysieren (vgl. Spracherwerb Kap. 1.1.2)

Die Syntax untersucht traditionellerweise die geschriebene Sprache. Erst in den letzten 20 Jahren wird der Struktur gesprochener Sprache mehr Aufmerksamkeit geschenkt, allerdings haben die Bemühungen bisher rein deskriptiven Charakter und stellen (noch) keine „Wissenschaft von der parole" (wie sie so oft gefordert wurde) dar.

Der Satz als „Einheit"   2.3.1

„Die Syntax befasst sich mit der Struktur von Sätzen." So oder so ähnlich kann man die Aufgaben der Syntax umschreiben. Hier begegnen uns der Satz als oberste Untersuchungseinheit und der Begriff der **Struktur** wieder. Struktur kann man hier auch ganz allgemein als ‚Ordnung' verstehen. Als innere Ordnung und ihre Beschreibung gelten in der Traditionellen Grammatik die Satzbaupläne (vgl. Kap. 2.3.3). Vielleicht wird das Prinzip der Satzbaupläne in anderen Grammatiken anders benannt, aber das Grundprinzip ist dasselbe: Es werden Anleitungen oder Regeln gesucht, nach denen man regelhaft Sätze bilden kann. Dabei ist man sich durchaus bewusst, dass der Satz aus kleineren Einheiten, die über das Wort hinausgehen, besteht. Diese Einheiten heißen

in der Traditionellen Grammatik	Satzglieder
in der Valenzgrammatik	Aktanten und Angaben
in der Generativen Grammatik	Phrasen

Allerdings sind diese Begriffe nicht als Synonyme zu werten. So wie der Begriff „Wort" nicht eindeutig definiert werden kann, existiert auch für „Satz" keine allgemein anerkannte Definition. Wenn man auf die oben erwähnten „sinnvollen und geordneten Äußerungen" zurückkommt, die ein Satz darstellen soll, kann man einen Satz als abgeschlossene Einheit sehen. Nach dieser Auffassung ist ein Satz eine Sinn- und eine Formeinheit, in gesprochener Sprache auch eine Intonationseinheit.

1. Intonationseinheit

Jeder abgeschlossene gesprochene Satz weist eine charakteristische **Stimmführung (Tonhöhenverlauf)** auf (s. dazu Suprasegmentalia Kap. 2.1.9). Gesprochene Sätze sind als Spannungseinheiten des Atemdrucks erkenn- und messbar, zudem können bei verschiedenen Satzarten (Aussage-, Ausruf-, Fragesatz) verschiedene Melodieführungen beobachtet werden.

2. Formeinheit

Jeder Satz weist eine bestimmte Form auf, das meint die Anordnung der Wörter zu Wortgruppen. Alle Sätze, so die Grundannahme, können einem bestimmten **Formtypus** zugeordnet werden, so dass mit einer recht kleinen Zahl von Formeinheiten alle möglichen Sätze einer Sprache erfassbar wären. Die Wörter im Satz *Sie fährt einen silbergrauen Benz* (165 r) können nicht beliebig angeordnet werden, z.B. **fährt silbergrauen sie Benz einen*, sondern bilden bestimmte, enger zusammengehörende Gruppen, etwa *einen silbergrauen Benz*. Diese Wortgruppen oder, nach der Traditionellen Grammatik, **Satzglieder** stellen die gliedernden Einheiten des Satzes dar. Aber auch die Verteilung und das Vorkommen der Satzglieder im Satz ist nicht beliebig. Je nach Stellung der Satzglieder kann man gewisse, immer wiederkehrende **Formtypen (Stellungsfelder)** des Satzes unterscheiden. Eine Schlüsselstellung nimmt dabei die Position des finiten Verbs ein. Erich Drach hat in den 30er Jahren des 20. Jahrhunderts diese Formtypen unterschieden und benannt. Allerdings ist das **Stellungsfeldermodell** seit Drach erheblich vorangetrieben worden.

*a. Verbzweitsatz (*älter: *Kernform)*

Vorfeld	finites Verb	Nachfeld

Seit 40 Jahren   kennt   er das Orchester und seine Eigenarten. (51 r)

In diesem Satz steht das finite Verb, das das Prädikat bildet, an zweiter Stelle. Der Satzbereich vor dem Prädikat/finiten Verb wird **Vorfeld,** jener danach **Nachfeld** genannt. Charakteristisch ist, dass in das Vorfeld jeweils genau ein Satzglied treten kann, so dass man dadurch zu einer formalen Definition des Satzgliedes gelangen kann.

Seit 40 Jahren	*kennt*	*er das Orchester und seine Eigenarten.*
Er	*kennt*	*seit 40 Jahren das Orchester und seine Eigenarten.*
Das Orchester und seine Eigenarten	*kennt*	*er seit 40 Jahren.*

Nicht möglich ist:

*Und seine Eigenarten	*kennt*	*er seit 40 Jahren das Orchester.*

Durch die **Linksversetzung** ist auch die Bildung eines **Vorvorfeldes** möglich: *Der Hans, der ist schon ein toller Kerl.* (PE)

Die Formtypen der Sätze sagen nichts aus über die Satzarten. Die Kernform ist neutral und kann als Aussage-, Ausruf- oder Fragesatz vorkommen:

Aussagesatz:	*Ein Wessely hinterlässt keine Spuren.* (178)
Ausrufesatz:	*Das sind doch keine Menschen!* (67 r)
Fragesatz:	*Auf welcher Seite stehst du?* (98 r)

Eine Unterscheidungsmöglichkeit dieser drei Satzarten bietet die oben erwähnte Intonation: Während die Sätze der Form nach gleich sind (alle stehen in Kernform), haben sie unterschiedliche Stimmführung.

Der Aussagesatz ist gekennzeichnet durch gleichmäßiges Ansteigen und Absenken der Tonhöhe gegen das Satzende zu. Die abschließende Stimmführung wird auch **terminal** genannt:

Ich gehe jetzt.

In der Kernform kommen Fragesätze sowohl als Entscheidungsfragen (auf die mit *ja* oder *nein* geantwortet werden kann, wie *du kommst auch mit?* PE) oder Ergänzungsfragen (die in der Antwort einer Ergänzung bedürfen, wie *Wo wollen Sie sich denn beschweren?* 158 l) vor. Die Stimmführung ist am Ende einer Ergänzungsfrage entweder terminal oder **interrogativ**, das heißt, sie wird am Satzende entweder gesenkt oder gehoben:

Wer weiß das?

Im Fall der terminalen Stimmführung sind nun Aussage- und Fragesatz sowohl in der Form als auch in der Stimmführung identisch. Das ist nur deshalb möglich, weil die Ergänzungsfrage durch das Fragewort (*wer? was? wie?* etc.) eindeutig als Frage gekennzeichnet ist. Bei einer Entscheidungsfrage in Kernform besteht kein formaler Unterschied zu einem Aussagesatz, so dass die Differenz nur in der unterschiedlichen Stimmführung liegt.

Du kommst auch mit?

Die Tonhöhe kann am Ende eines Ausrufsatzes wie bei der Ergänzungsfrage gehoben oder gesenkt werden:

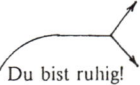

Du bist ruhig!

Im Unterschied zum Fragesatz in Kernform ist die Hebung oder Senkung der Tonhöhe jedoch sprunghaft und nicht kontinuierlich verlaufend. Dadurch ist der Ausrufsatz in der Intonation deutlich vom Aussage- und Fragesatz unterschieden. Die Satzintonation ist bei Entscheidungsfragen immer interrogativ, da der Satz zwar formal abgeschlossen ist, semantisch und kommunikativ aber einer Ergänzung bedarf.

Wenn das Prädikat zwei- oder mehrteilig ist, entsteht eine Satzklammer:

Vorfeld	finites Verb	Mittelfeld		Nachfeld
	linke Satzklammer		rechte Satzklammer	

Ich	*werde*	*sie nie mehr*		*besuchen. (154)*
Und er	*ist*		*entsetzt,*	*dass viele das schade finden. (157 r)*

Aber auch die Ordnung der Satzglieder im Mittelfeld und im Nachfeld ist nicht beliebig, sondern unterliegt gewissen Regeln. Wir sprechen von **Wortfolge** oder richtiger **Satzgliedfolge** im Deutschen.

Im Mittel- und Nachfeld kann eine theoretisch unbegrenzt große Anzahl von Satzgliedern stehen, die nur durch die Verarbeitungskapazitäten der tatsächlichen Kommunikation begrenzt ist. Die Reihenfolge der Satzglieder ist im Deutschen zwar nicht so streng geregelt wie in anderen Sprachen, trotzdem ist sie nicht völlig frei, so dass die oft wiederholte Aussage „im Deutschen ist die Wortstellung frei" nicht den Tatsachen entspricht.

b. Verberstsätze (älter: *Stirnform*)

finites Verb	Nachfeld

Schauen	*Sie! (86 r)*

In Sätzen mit Stirnform steht das finite Verb an der Spitze des Satzes. Das ist bei Fragesätzen (nur bei Entscheidungsfragen), in Ausrufsätzen und in uneingeleiteten Nebensätzen (*Scheint morgen die Sonne, machen wir einen Ausflug*) der Fall.

c. Verbendsätze (älter Spannform)

Einleitung		finites Verb

..., dass   *durch mich jemand*   *leiden musste.*   (127 r)

In der Spannform steht das finite Verb am Satzende. Sätze in der Spannform werden mit einem **Einleitewort** begonnen, das den Spannungsbogen bis zum Ende des Satzes aufrecht erhält. Der Nebensatz führt dabei die Tonhöhe des Hauptsatzes (nach einer kurzen Zäsur) weiter, wodurch diese Intonation **progredient** (weiterführend) genannt wird:

Ich kann nicht ausschließen, sagt sie, dass durch mich jemand leiden musste. (127 r)

3. Sinneinheit

Oft wird versucht, einen Satz als Ausdruck eines abgeschlossenen Gedankens oder einer selbstständigen Aussage zu sehen. Nach diesem Verständnis bedarf es also der semantischen Abgeschlossenheit. In diesem Sinn werden daher auch die so genannten **Ein-Wort-Sätze** (wie *Hilfe! Feuer!*) als Sätze aufgefasst, da sie zwar nicht der formalen, dafür aber der semantischen Einheitsdefinition genüge tun:

Anspannung? (111 r)
Jeder Ein-Wort-Satz kann als Verkürzung eines formal vollständigen Satzes verstanden und dementsprechend ergänzt werden:
Fühlen Sie Anspannung?

Merksatz

▶ **Insgesamt dürfen die Einheitskriterien Intonation, Form und Inhalt nicht isoliert betrachtet werden, sondern sie müssen miteinander kombiniert werden, da sie voneinander abhängen.**

Traditionelle Grammatik | 2.3.2

Die Traditionelle Grammatik (TG) leitet ihren Namen von der griechisch-lateinische Grammatiktradition her, in der sie sich seit der Antike sieht. Besonders deutlich wird dies bei der Bewahrung der lateinischen Wortarten- und Satzgliederbezeichnungen. Trotzdem muss immer wieder betont werden, dass unsere heutige TG ihr Aussehen nicht schon in der Antike erhalten hat, sondern im Wesentlichen zu Anfang des 19. Jahrhunderts geprägt wurde. Damals besann man sich – auch in den neubegründeten Lehrplänen des HUMBOLDT'schen Gymnasiums – auf den Unterricht der eigenen Muttersprache, weswegen diese Grammatikrichtung auch durch die Ausrichtung auf die Bedürfnisse in der Schule als **Schulgrammatik** bezeichnet wird (und nicht deswegen, weil sie heute in der Schule gelehrt wird, was allerdings auch den Tatsachen entspricht). Die Lehre der deutschen Sprache blieb allerdings auf das Gymnasium beschränkt, an den Universitäten beschäftigte man sich in der neu institutionalisierten Germanistik und Sprachwissenschaft ausschließlich mit Sprachgeschichte (im Rahmen der historisch-vergleichenden Sprachwissenschaft). Bis in die ersten Jahrzehnte des 20. Jahrhunderts behielt die Gegenwartsgrammatik solcherart den Status einer Kinderbeschäftigung: Zuerst mussten die Kleinen brav ihre Muttersprache erlernen, bis sie reif für das „wahre" Studium der Sprache in ihrer historischen Entwicklung an den Universitäten waren.

Allerdings wollten die Gymnasiallehrer der HUMBOLDT'schen Geisteshaltung ihre Zöglinge im humanistischen Sinn als gebildete und aufrechte Menschen nach dem Vorbild der griechischen Antike – oder dem, was sie dafür hielten – erziehen. Sie bildeten daher die Lehre von der deutschen Sprache unter philosophischen Reflexionen der Antike aus. Vor allem GEORG WILHELM FRIEDRICH HEGEL (1770–1831) mit seiner dialektischen Betrachtung der Welt übte direkten Einfluss auf die Schulgrammatik aus: Die von HEGEL postulierten Gegensätze Geist–Materie, Sein–Tun finden sich etwa im Gegensatz Subjekt (Sein)–Prädikat (Tun) wieder; auf ihnen basiert auch die jahrzehntelang tradierte, mittlerweile als veraltet aufgegebene Lehrmeinung, der „reine einfache Satz" bestünde aus Subjekt und Prädikat.

Die TG vertritt die bereits in der Antike formulierte Auffassung, ein Satz gebe einen vollständigen Gedanken im Sinn eines Gesche-

Die Duden-Grammatik

Am Beginn des heute als Duden-Grammatik bekannten Regelwerks stehen die „Grundzüge der Neuhochdeutschen Grammatik" (1850) des Schullehrers FRIEDRICH BAUER (1812–1874), der er 1859 ein Wörterbuch und 1873 ein Register folgen ließ. Besonders in seinem Syntax-Teil folgte BAUER den Schulgrammatiken des Grimm-Zeitgenossen KARL FERDINAND BECKER (1775–1849, u.a. „Organism der deutschen Sprache" 1827). So übernahm er dessen Zweiteilung des Satzes in Subjekt und Prädikat. Die Bauer-Grammatik wurde später von KONRAD DUDEN bearbeitet und herausgegeben. Die offizielle Verwendung dieser Grammatik in Preußen, Bayern und dem deutschsprachigen Österreich, die natürlich durch DUDENS Ruf als Rechtschreibreformer sehr begünstigt wurde, trug wesentlich zu ihrer Verbreitung bei. DUDEN betreute die Grammatik von der 18. bis zur 27. Auflage (1881–1912). 1935 wurde sie als „Grammatik der deutschen Sprache" von OTTO BASLER in die Reihe „Der Große Duden" aufgenommen. Allerdings nahm BASLER keine großen Änderungen vor, so dass diese Ausgabe ganz den Ideen des 19. Jahrhunderts verpflichtet blieb. Erst als eine neue Forschergeneration unter der Leitung von PAUL GREBE 1959 die Redaktion übernahm, konnte der Anschluss an die zeitgenössische Grammatikforschung gefunden werden, und insbesondere die 3. Auflage von 1973 stellt heute die „klassische" Version der Traditionellen Grammatik dar. Die aktuelle Fassung ist die 6. Auflage aus dem Jahr 1998 und stammt von einer Autorengruppe (PETER EISENBERG, HERMANN GELHAUS, HELMUT HENNE, HORST SITTA und HANS WELLMANN).

hens in der realen Welt wieder. In diesem Sinn wird ein Satz als Handlung gesehen, die unter folgenden Gesichtspunkten betrachtet werden kann: Was geschieht, wer tut oder erleidet etwas, wer oder was ist daran beteiligt, unter welchen Umständen geschieht es? Nach diesen philosophischen Überlegungen ist die Satzgliedlehre der TG gebildet:

Tabelle

Satzglied	philosophische Interpretation	Beispiel (78 r)
Subjekt	Geschehensträger (Agens)	*Stefan Meyhoefer*
Prädikat	Geschehen (Aktion)	*las*
Objekt	Ziel oder Beteiligter des Geschehens	*eine Stellenanzeige*
	(Patiens)	*bei „Horizont.Net"*
Adverbiale	Nähere Umstände des Geschehens	*im Internet*

Man kann es auch so sehen: Nach der Traditionellen Grammatik sind die Einheiten der Sprache die Wortarten und Satzglieder. Die Regeln, nach denen sie zum Satz kombiniert werden, sind die Satzbaupläne.

Satzbau = pläne

Einheiten   Regeln

Wortarten + Satzglieder   Satzbaupläne

Dabei stellen die Satzglieder eine Zwischenebene zwischen Wörtern und Sätzen dar: Wenn man sich mit Sprache beschäftigt, erkennt man sehr bald, dass Sätze nicht aus Wörtern bestehen (da Wörter nicht beliebig im Satz verschoben werden können), sondern aus größeren Einheiten, die in der TG als **Satzglieder** bezeichnet werden.

Satz

|

Satzglied

|

Wort

Die fundamentalen Fragen müssen nun lauten: Was ist ein Satzglied, wie kann man es ermitteln und welche Funktion übt es aus? Was ein Satzglied formal ist, haben wir im Stellungsfeldermodell gesehen. Nach der semantisch-logischen Betrachtung werden Satzglieder als logisch-semantische „Bausteine des Satzes" aufgefasst. Das ist aber für ihre Bestimmung zu wenig. So hat man im Lauf der Zeit verschiedene Verfahren entwickelt, um die Funktionseinheit

Abb 43

*Das „klassische" Satz-
gliedermodell der
Traditionellen
Grammatik*

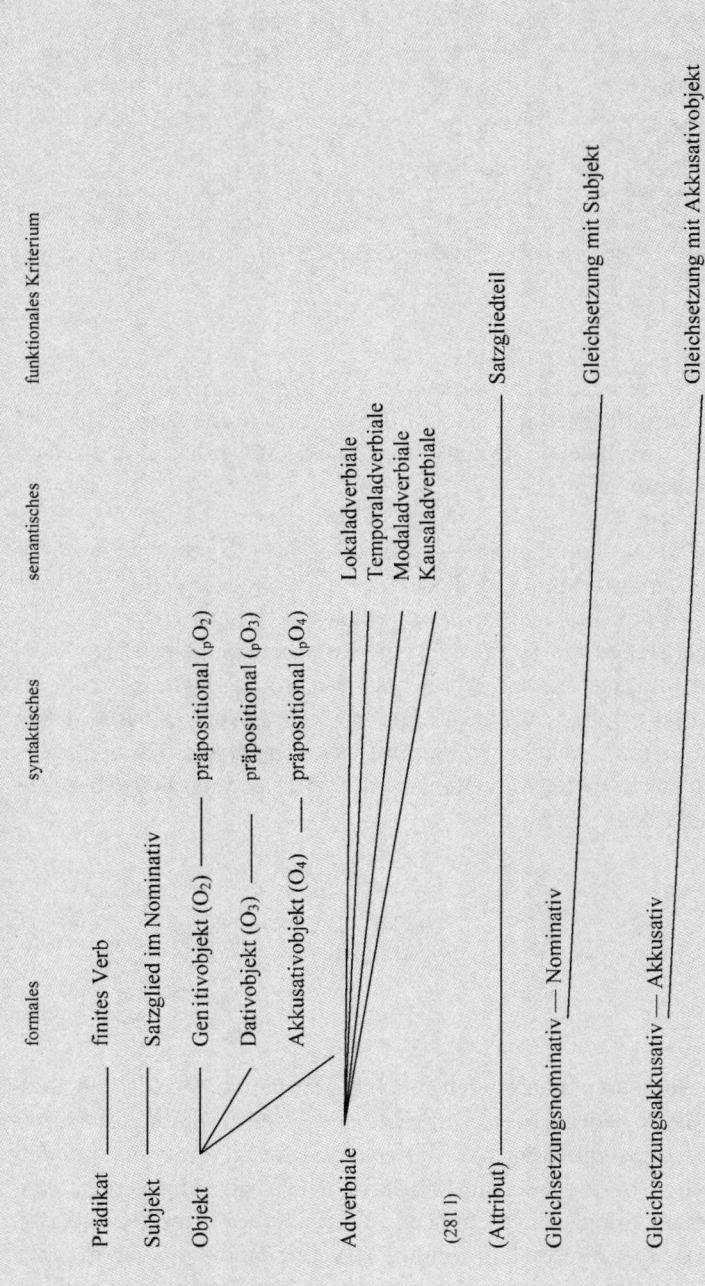

„Satzglied" bestimmen zu können. Man sucht herauszufinden, welche Wörter enger zusammengehören, also **semantische** Wortgruppen bilden.

Die bekanntesten Verfahren sind:

1. Die **Verschiebeprobe** (Permutation)

Ohne die Hilfe einer wirksamen Schmerzmedizin sind die Kräfte auch der gutwilligsten Amateurpfleger irgendwann erschöpft. (280 r)

Mögliche Umstellungen sind

Die Kräfte auch der gutwilligsten Amateurpfleger sind ohne die Hilfe einer wirksamen Schmerzmedizin irgendwann erschöpft.

Irgendwann sind die Kräfte auch der gutwilligsten Amateurpfleger ohne die Hilfe einer wirksamen Schmerzmedizin erschöpft.

Nicht möglich hingegen sind

*Die Kräfte sind auch der gutwilligsten Amateurpfleger ohne die Hilfe einer wirksamen Schmerzmedizin irgendwann erschöpft.

Merksatz

▶ **Zusammengehörende Worte können nur als Ganzes verschoben werden (als Wortgruppe).**

und andere Umstellungen,

die die „Wortgruppen" (Satzglieder) auseinander brechen.

Akzeptabel und grammatisch wäre zwar

Auch sind die Kräfte der gutwilligsten Amateurpfleger ohne die Hilfe einer wirksamen Schmerzmedizin irgendwann erschöpft,

allerdings wird die ursprüngliche Bedeutung des Satzes dadurch verändert, sodass es sich nicht mehr um ein und denselben Satz handelt.

Bei der Verschiebeprobe kann es Zweifelsfälle geben, wie wir bei der letzten Möglichkeit gesehen haben. Eine der Erkenntnisse

Erklärung

▶ **Zur Terminologie**
Grammatisch ist ein Satz dann, wenn er „grammatisch wohlgeformt" ist, d.h. den Regeln einer Grammatik folgt. Der Terminus akzeptabel meint: Der Satz kann auch nicht grammatisch (wohlgeformt) und trotzdem unter Sprachteilnehmern akzeptabel sein (Usus). Die Begriffe grammatisch und grammatikalisch sind synonym, aber grammatikalisch wird heute oft als veraltet angesehen.

dieser Methode ist jedoch, dass das Prädikat (das finite Verb) im Aussagesatz immer an zweiter Satzgliedposition steht. Vor dem Prädikat kann nur ein Satzglied stehen. Dies ist eine der wichtigsten formalen Operationen, um ein Satzglied zu bestimmen:

    X   Prädikat   Y

Ändert sich die Position des Prädikats, so ändert sich auch die Satzart:

Sind die Kräfte auch der gutwilligsten Amateurpfleger ohne die Hilfe einer wirksamen Schmerzmedizin erschöpft (?)

Allerdings ist diese Regel kein exaktes Verfahren, weil es wiederum Ausnahmen gibt. Die einfachste Möglichkeit ist die Doppelung der Satzglieder:

Folter, Vergewaltigung, Mord an Zivilisten bedrohen die Ehre der kaiserlichen Armee. (290 l)

2. Die **Ersetzungsprobe (Substitution)**

Ohne die Hilfe einer wirksamen Schmerzmedizin sind die Kräfte auch der gutwilligsten Amateurpfleger irgendwann erschöpft.

Ohne die Hilfe dessen sind die Kräfte auch der gutwilligsten Amateurpfleger irgendwann erschöpft.

Ohne das sind die Kräfte auch der gutwilligsten Amateurpfleger irgendwann erschöpft.

Ohne das sind die Kräfte der Pfleger irgendwann erschöpft.

Ohne das sind sie irgendwann erschöpft.

Ohne das sind sie dann erschöpft.

Ohne das sind sie dann aufgebraucht.

Es wurden folgende Ersetzungen vorgenommen:

dessen < einer wirksamen Schmerzmedizin

ohne das < ohne die Hilfe einer wirksamen Schmerzmedizin

der Pfleger < auch der gutwilligsten Amateurpfleger

sie < die Kräfte auch der gutwilligsten Pfleger

dann < irgendwann

erschöpft < aufgebraucht.

Merksatz

▶ **Zusammengehörige Wortgruppen können nur als Ganzes ersetzt werden.**

Was gemeinsam ersetzbar ist, ist auch ein Satzglied. So ist die Wortgruppe *die Kräfte auch der gutwilligsten Amateurpfleger* als Ganzes ersetzbar (*sie*), auch wenn sich Teilgruppen davon selbst wieder als näher zusammengehörig erweisen (*die Kräfte der Pfleger*).

Es erhebt sich generell die Frage, ob das Verb ersetzbar ist. Genau genommen stellen die Sätze *Ohne die Hilfe einer wirksamen Schmerzmedizin sind die Kräfte auch der gutwilligsten Amateurpfleger irgendwann erschöpft* und *Ohne die Hilfe einer wirksamen Schmerzmedizin verschwinden die Kräfte auch der gutwilligsten Amateurpfleger irgendwann* zwei verschiedene Sätze dar und sind nicht als Umformungen desselben Satzes zu sehen. Das Prädikat selbst lässt sich nur durch eine Tempustransformation ersetzen: *Ohne die Hilfe einer wirksamen Schmerzmedizin waren die Kräfte auch der gutwilligsten Amateurpfleger irgendwann erschöpft.*

3. **Weglassprobe (Elimination)**

Ohne die Hilfe einer wirksamen Schmerzmedizin sind die Kräfte auch der gutwilligsten Amateurpfleger irgendwann erschöpft.

Als Minimum bleibt:

Ohne Hilfe sind die Kräfte erschöpft.

Nie weglassen kann man natürlich das Verb: **Kräfte* ist kein vollständiger Satz. Allerdings kommen gerade in der Alltagssprache viele Sätze ohne Verb vor, und auch in unserem Korpus-Grundtext sind sie häufig anzutreffen:

Hotel? McFadden lacht. (39 l)

*Nicht **man**. Ich.* (39 r)

Neue Töne. (53 l)

Die zweite Botschaft: (99 l)

u.v.a.m.

Das Vorkommen verbloser Sätze in einem geschriebenen Text ist durchaus als Element der **Umgangssprache** zu sehen. Da dieses Phänomen aber auch in der „höheren" Stilebene vorkommt (etwa in literarischen Texten), zeigen sich hier deutlich die Grenzen, die einer Grammatik auferlegt sind, die bei der Satzgrenze Halt macht. Man kann sich dies auch so vorstellen: Der Wanderer, der bei der Baumgrenze stehen bleibt, wird nie den Gipfel erreichen, von dem aus er den ganzen Berg überblicken kann. Eine Grammatik, die an der Satzgrenze Halt macht, wird nie den Überblick über einen ganzen Text ermöglichen. Diese Erkenntnis hat sich

> **Merksatz**
>
> ▶ **Es werden so lange Wörter bzw. Wortgruppen entfernt, bis das syntaktisch-strukturelle Minimum des Satzes übrig bleibt.**

in den letzten Jahrzehnten in der Grammatikforschung immer mehr durchgesetzt.

4. **Erweiterungsprobe (Adjunktion)**

Ohne die Hilfe einer wirksamen Schmerzmedizin sind die Kräfte auch der gutwilligsten Amateurpfleger irgendwann erschöpft.

Ohne das, was man eine wirksame Schmerzmedizin nennt, sind die Kräfte auch der gutwilligsten Amateurpfleger irgendwann erschöpft.

Ohne die Hilfe einer wirksamen Schmerzmedizin sind die Kräfte jener, die helfen, irgendwann erschöpft.

Ohne die Hilfe einer wirksamen Schmerzmedizin sind die Kräfte auch der gutwilligsten Amateurpfleger, wenn es zu anstrengend wird, erschöpft.

Man sieht, dass nicht nur Satzglieder, sondern auch Satzgliedteile (Attribute: *einer wirksamen Schmerzmedizin, auch der gutwilligsten Pfleger*) durch Nebensätze ersetzt werden können. Nie durch einen Nebensatz ersetzbar ist natürlich das Prädikat.

5. **Frageprobe (Interrogativtest)**

Ohne wen oder was sind die Kräfte auch der gutwilligsten Amateurpfleger irgendwann erschöpft?

Wer oder was ist ohne die Hilfe einer wirksamen Schmerzmedizin irgendwann erschöpft?

Wann sind ohne die Hilfe einer wirksamen Schmerzmedizin die Kräfte auch der gutwilligsten Amateurpfleger erschöpft?

Das Prädikat lässt sich nur durch *tun* erfragen, fällt also wieder aus der Reihe:

Was tun die Kräfte auch der gutwilligsten Amateurpfleger ohne die Hilfe einer wirksamen Schmerzmedizin irgendwann?

Auf diese Weise erhalten wir folgende Satzglieder (mit ihren Benennungen nach der „klassischen" TG):

die Kräfte auch der gutwilligsten Amateurpfleger	Subjekt
auch der gutwilligsten Amateurpfleger	Attribut
auch, gutwilligsten	Attribut 2. Ordnung
sind	Prädikat
erschöpft	Gleichsetzungsnominativ
ohne die Hilfe einer wirksamen Schmerzmedizin	präpositionales Akkusativobjekt
einer wirksamen Schmerzmedizin	Attribut
wirksamen	Attribut 2. Ordnung
irgendwann	Temporaladverbiale

Der Form nach kann ein Satzglied ein Einzelwort, eine Wortgruppe oder ein Gliedsatz sein. Ein Attribut zweiter Ordnung ist ein Attribut im Attribut.

Die Sonderstellung des Prädikats

Im Verlauf all dieser Proben – von denen es noch andere gibt – hat sich allerdings erwiesen, dass das Prädikat entweder eine Sonderstellung einnimmt oder nicht exakt zu erfassen ist. Genau genommen stellt das Prädikat kein Satzglied wie die anderen dar, zumindest befindet es sich nicht auf derselben Ebene. Die TG besitzt allerdings keine exakten Operationen, um die Stellung des Prädikats im System genau zu erfassen: Durch die Tatsache, dass das Prädikat als flektierte Verbform sofort zu erkennen ist, wird seine Sonderstellung meist übergangen. Ein weiteres Grundproblem der TG erkennen wir, wenn wir folgende Sätze betrachten:

Der Klang der Berliner Philharmoniker ist Legende. (51 r)

Klang ist ein Sekundenphänomen. (51 r)

Es ist ihr 13. Besuch seit dem Tod ihrer Eltern ... (97 l)

Es ist Juni 2002 ... (121 r)

Nehmen wir den Satz *Klang ist ein Sekundenphänomen*. Nach der herkömmlichen Analyse muss *Klang* als Subjekt und *ist* (die finite Verbform) als Prädikat gesehen werden. Was aber ist *ein Sekundenphänomen*? Es steht im Nominativ, aber per definitionem ist das Subjekt das einzige Satzglied im Nominativ. Wir stehen somit vor einem theoretischen Problem, darüber hinaus auch vor einem Problem aus Sicht der Prädikatenlogik: Was ist im Satz *Klang ist ein Sekundenphänomen* nun das Agens? Zumal wir ihn auch umstellen können: *Ein Sekundenphänomen ist Klang?*

Nach der „klassischen" Traditionellen Grammatik kann es nur ein einziges Satzglied im Nominativ geben. Alles andere wurde daher als „Verbzusatz", also zum Verb zugehörig betrachtet. Je nach Form findet man die unterschiedlichsten Bezeichnungen:

> *Er ist Lehrer*   Verb: *ist Lehrer*   Prädikatsnomen, -substantiv: *Lehrer*
>
> *Er ist fleißig*   Verb: *ist fleißig*   Prädikatsnomen, -adjektiv: *fleißig*

Andere Ausdrücke sind **Prädikativum, prädikatives Attribut, sekundäres Prädikat, lexikalischer Prädikatsteil** u.a.m.

Jüngere Ausprägungen der Traditionellen Grammatik hingegen weigern sich, nichtverbale Ausdrücke als Teile des Prädikats anzuerkennen. In dem Satz *Er ist Lehrer* wird daher das Prädikat nur von *ist* gebildet, der flektierten Verbform. Die Form *Lehrer* muss demnach ein eigenes Satzglied bilden, und dafür hat sich eingebürgert:

Er ist Lehrer.	Gleichsetzungsnominativ
Er ist heiser.	
Er nennt ihn Lehrer.	Gleichsetzungsakkusativ (Akkusativobjekt ist *ihn*)

Merksatz

▶ **Für die Verbzusätze haben sich die Bezeichnungen „Gleichsetzungsnominativ" oder „prädikativer Nominativ", „Gleichsetzungsakkusativ" oder „prädikativer Akkusativ" und „prädikatives Satzadjektiv" durchgesetzt.**

2.3.3 | Satzbaupläne

Einer der wichtigsten Teile der Traditionellen Grammatik geht von der Frage aus, wozu all die Wortarten- und Satzgliedanalysen dienen. In vielen Darstellungen wird vernachlässigt, dass der Sinn und Zweck jeglicher Satzgliedforschung letztlich die **Satzbaupläne** (ein Begriff der Inhaltbezogenen Grammatik, auch **Satzmodelle, Satzmuster**) sind. Sie stellen, wenn auch meist irgendwo im mittleren oder hinteren Teil der Grammatiken versteckt, den Kern der Traditionellen Grammatik dar. Denn mit den Satzbauplänen wird versucht, den Strukturen der Sätze auf die Spur zu kommen:

S + P	*McFadden lacht.* (39 l)
S + P +O_3	*Ich helfe dir.* (PE)
S + P + O_4	*Sie haben alle diese Punkte ... vorgebracht* (40 r)
S + P + TA + LA	*30 sitzen heute auf dem Podium.* (54 r)
etc.	

Man erwartet, dass es zwar eine sehr große Anzahl solcher Satz-baupläne gibt, dass ihre Menge aber endlich ist. Mit anderen Wor-ten: Wenn das Untersuchungskorpus groß genug ist, kennt man irgendwann einmal die Anzahl aller möglichen Satzformen im Deutschen. Allerdings hat die Praxis erwiesen, dass niemand wirk-lich alle Satzbaupläne des Deutschen angeben kann.

Der komplexe (zusammengesetzte) Satz

Wie wir gesehen haben, besteht zwischen Satzgliedern und Sätzen ein Zusammenhang, da sie ineinander überführt werden können. Jene Teilsätze, die für ein Satzglied eintreten können, werden in der TG **Gliedsätze** genannt. Es gibt jedoch auch Teilsätze, die nicht für ein Satzglied stehen, die dann als **Nebensätze** bezeichnet wer-den. Manchmal ist **Teilsatz** der Oberbegriff für Glied- und Neben-sätze (sein Pendant wäre der **Vollsatz**), manchmal steht aber auch **Nebensatz** (im weiteren Sinn) als Oberbegriff für Gliedsätze und Nebensätze im engeren Sinn (sein Pendant ist der Terminus **Hauptsatz**). Neben- und Gliedsätze sind in der Regel durch die End-stellung des finiten Verbs gekennzeichnet. Der Beweis, dass Teil-sätze auch wirklich Sätze sind, ist ihre finitive Verbform.

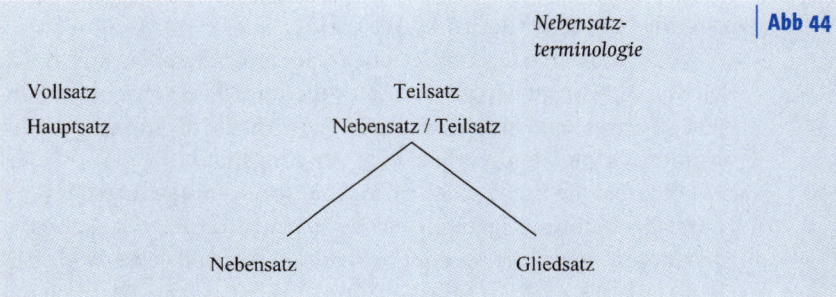

Nebensatz-terminologie | **Abb 44**

Vollsatz   Teilsatz
Hauptsatz   Nebensatz / Teilsatz

Nebensatz   Gliedsatz

Der komplexe Satz besteht aus mindestens zwei Sätzen, von denen mindestens einer ein Hauptsatz sein muss. Es gibt **Satzreihen** (**Parataxen**), in denen mindestens zwei Hauptsätze aneinandergereiht werden, und **Satzgefüge** (**Hypotaxen**) aus einem Hauptsatz und mindestens einem Nebensatz. Verbindungen von mehr als zwei Hauptsätzen und mindestens einem Nebensatz werden ebenfalls zu den Hypotaxen gezählt.

2.3.4 | Valenzgrammatik (Dependenzgrammatik)

„Valenz nennt man die Fähigkeit von Wörtern, auf Grund ihrer Semantik Beziehungen zu anderen Wörtern herzustellen."
Diese ganz allgemein gehaltene Definition beinhaltet zwei bemerkenswerte Punkte: Zum einen wird allen Wörtern die sprachliche Kraft der Valenz zugesprochen, nicht nur den oft bevorzugt dargestellten Verben. Zum anderen beruht die Valenz auf semantischen, d.h. inhaltlichen Kriterien, sie weist daher alle Vor- und Nachteile einer letztlich semantischen Theorie auf.

> **Merksatz**
>
> ▶ **Valenz nennt man die Fähigkeit von Wörtern, auf Grund ihrer Semantik Beziehungen zu anderen Wörtern herzustellen.**

Aufmerksamen Sprachbetrachtern wird ein simples Faktum nicht entgehen: Der Aufbau eines Satzes ist (zumindest in den indogermanischen Sprachen) bereits erahnbar, wenn man das finite Verb kennt. Aus dem Verb *lacht* wird bereits deutlich, dass es zur Ergänzung zu einem vollständigen Satz die Angabe desjenigen, der lacht, benötigt, also etwa *Sie lacht* [...] (101 r)

Vom Subjekt oder Objekt oder anderen Satzteilen aus ist es nicht möglich, auf den ganzen Satz zu schließen. So kann vom Subjekt *Sie* ausgehend eine sehr viel größere Anzahl an Sätzen gebildet werden als vom dem Verb *lacht* als Ausgangspunkt.

Leider ist die Sache nicht so einfach, wie sie auf den ersten Blick aussieht. Mehrdeutigkeiten bei Verben wie *versehen*, ‚ausüben' – ‚versorgen' sowie die besondere Struktur der Hilfs- und Modalverben stellen besondere Fälle dar. Aber auf den ersten Blick scheint die Idee verlockend, auf der Kraft der Valenz eine systematische Sprachbeschreibung aufzubauen.

Entstehung der Valenzgrammatik

Die Idee der Valenz ist relativ früh von bedeutenden Sprachforschern aufgegriffen worden: WILHELM VON HUMBOLDT weist in seinen Schriften auf dieses Phänomen hin, und später findet sich der Gedanke u.a. bei dem amerikanischen Philosophen CHARLES SANDERS PEIRCE (1839–1914) und dem deutschen Psychologen KARL BÜHLER (1879–1963). Zu einer systematischen Grammatiktheorie wurde der Ansatz jedoch erst vom französischen Slawisten LUCIEN TESNIÈRE ausgebaut. Das Sprachengenie TESNIÈRE soll die Grundlagen bereits im Ersten Weltkrieg ausgearbeitet haben, als er in den Schützengräben des deutsch-französischen Stellungskriegs eingesetzt war. Leider verzögerte sich die Publikation zeit seines Lebens, und die Erstausgabe erschien erst posthum 1959 unter dem Titel „Eléments de syntaxe structurale". Was gegen Ende der 20er Jahre des 20. Jahrhunderts neu und revolutionär war, erschien nun allerdings – vor dem Hintergrund der alles überstrahlenden Generativen Grammatik, die ihren Siegeszug bereits angetreten hatte – schon veraltet. Im deutschen Sprachraum erfuhr die Valenzgrammatik vor allem in der DDR unter Grammatikern wie GERHARD HELBIG und WOLFGANG SCHENKEL großen Aufschwung, sie konnte beachtliche Erfolge im Sprachunterricht erzielen. In der BRD ist sie mit Forschern wie JOHANNES ERBEN, ULRICH ENGEL, HELMUT SCHUMACHER und HANS-JÜRGEN HERINGER verbunden.

Lucien Tesnière
(1893–1954)

Abb 45

Wenn wir das finite Verb *lacht* als Teil eines Satzes auffassen, so wissen wir, dass es einer Ergänzung bedarf. Oder anders ausgedrückt: Das finite Verb eröffnet im Satz eine **Leerstelle**. Diese Leerstelle kann nur durch bestimmte Satzteile ausgefüllt werden.

Sie	*lacht*	
Vater	*lacht*	
Der Schaffner	*lacht*	etc.

nicht aber

*arbeitet	*lacht*	
*ihm	*lacht*	
*damals	*lacht*	etc.

Wir können bereits eine Menge über Form und Inhalt des Satzteiles, der die Leerstelle ausfüllen kann, aussagen: Erstens muss es ein nominales Glied sein. Nicht möglich sind

*geliehen lacht	oder	**darauf lacht*

Zweitens muss der Satzteil im Nominativ stehen:

*ihn lacht	aber	*sie lacht*

Drittens wissen wir, dass das Nomen im Nominativ ein menschliches Wesen bezeichnet:

sie lacht	nicht aber	**der Hund lacht*

LUCIEN TESNIÈRE vergleicht einen Satz mit einem Drama: So wie in einem Schauspiel der Autor festlegt, wie viele Rollen es in seinem Stück gibt und wer welche Rolle spielt, legt das finite Verb im Satz durch die Eröffnung der Leerstellen fest, wie viele und welche Satzteile hinzukommen. Jene Satzteile, die eine Leerstelle besetzen, werden **Aktanten** genannt.

Ein vollständiger Satz mit dem finiten Verb *lacht* lautet also z.B. *Sie lacht*. Die Traditionelle Grammatik sieht hier zwei Satzglieder: Subjekt und Prädikat. Die Valenzgrammatik aber lehrt, dass hier drei Elemente vorliegen. *Sie, lacht* sowie die Kraft der Leerstelle, die ein Abhängigkeitsverhältnis (**Dependenz**, daher der Name **Dependenzgrammatik**) herstellt. Hierarchisch steht *lacht* über *sie*, denn *lacht* eröffnet die Leerstelle und nicht *sie*. Die Abhängigkeit von *sie* wird durch einen Strich symbolisiert:

Das Problem der übertragenen Redeweise

Aus der schönen Literatur sowie aus dem Alltag sind wir gewohnt, Sprache auch in übertragener Weise zu verwenden (als **Metapher**, **Vergleich** etc.): So ist ein sprachlicher Ausdruck wie *der Hund lacht* in der Alltagssprache zwar nicht üblich, er kann aber durchaus in besonderen Situationen oder in besonderer Sprachverwendung (in Gedichten, Romanen, in der Werbung usf.) verwendet werden. Wir sprechen dann von **übertragener** oder **uneigentlicher Redeweise**. In der Grammatik gehen wir davon aus, dass Sprache in nichtübertragener Verwendung vorliegt. Allerdings sind die Grenzen zwischen übertragenem und nichtübertragenem Sprachgebrauch sehr schwer zu ziehen, und wir verwenden auch in unserer Alltagssprache ständig Übertragungen oder Metaphern, oft sogar, ohne es zu merken (die *Beine* eines Stuhls, der *Rücken* eines Berges etc.), ja man hat sogar behauptet, dass eine natürliche Sprache ohne Metaphern gar nicht existieren kann. Die **Bedeutungsübertragung** ist eines der produktivsten sprachlichen Mittel.

Die Wertigkeit des Verbs, das in unserem Beispielsatz die eine Leerstelle eröffnet, wird auch als Valenz bezeichnet (der Begriff stammt aus der Chemie, daher der Name **Valenzgrammatik**). Je komplexer die Sätze sind, desto ausführlicher werden die **Baumdiagramme** (auch **Stemmata**, Sg.: **Stemma**):

Sie wäre die zweite Frau im Orchester gewesen (53 r)

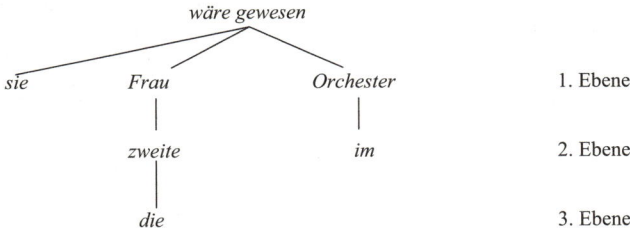

Das erinnert deutlich an die Valenz aus der Chemie, wie sie bei Atomen und Molekülen bekannt ist. H_2O wird dargestellt in der Form:

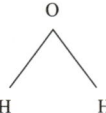

Die Abhängigkeiten werden auch als **Kanten** bezeichnet, jene Stellen, an denen mehrere Kanten zusammenlaufen, als **Knoten**. Das regierende Element (das im Stemma weiter oben steht und von dem mindestens eine Kante ausgeht) ist das **Regens,** das abhängige Element das **Dependens**.

Erklärung

▶ **Zur Terminologie**

Aus dieser Terminologie geht hervor, dass die Begriffe „Dependenzgrammatik" und „Valenzgrammatik" nicht dasselbe bezeichnen und nicht synonym sind: **Dependenzgrammatik** bezieht sich auf die hierarchisch aufgebauten Abhängigkeitsverhältnisse (die nicht nur für das Verb gelten), **Valenzgrammatik** auf die Fähigkeit des Regens, Leerstellen zu eröffnen. Trotzdem werden „Dependenzgrammatik" und „Valenzgrammatik" sehr oft als Synonyme gebraucht.

Das finite Verb „bindet" also – wie ein chemisches Element – andere Satzteile (Aktanten) an sich: Je nach Zahl der gebundenen Aktanten unterscheidet man ein-, zwei-, dreiwertige Verben. Ob man auch vierwertige Verben ansetzen kann (*Er wirft ihr den Handschuh ins Gesicht*), ist unter Valenzgrammatikern umstritten.

einwertig: *Kang springt auf* (293 r)

springt auf

Kang

zweiwertig: *Das Tosen füllte die Nacht aus* (248 l)

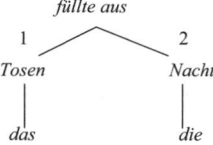

dreiwertig: *Der Fluss hat das Dorf in Fetzen gerissen* (252 l)

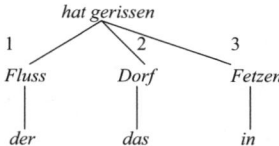

Ob es vierwertige Verben gibt, ist in der Valenzgrammatik umstritten.

Über die Art der Valenz herrschen verschiedene Ansichten vor:
1. Zum Begriff der Valenz: Die Kraft der Valenz wird von manchen Grammatikern (z.B. LUCIEN TESNIÈRE, JOHANNES ERBEN) nur auf das Verb bezogen. Andere (z.B. HENNIG BRINKMANN) dehnen den Begriff der Valenz – so wie es der allgemeinen Definition entspricht – auch auf andere Wortarten aus. Offensichtlich ist sie etwa beim Verhältnis Substantiv–Artikel:

   Am weitesten geht man, wenn man jedem sprachlichen Element Valenz zuspricht. Dann spricht man etwa von **phonologischer** und **morphologischer Valenz**. Diese Begriffe bezeichnen die Fähigkeit von Phonemen und Morphemen, andere Phoneme bzw. Morpheme an sich zu binden.
2. Zur Stellung des „Subjekts": Jener Satzteil, der von der Traditionellen Grammatik „Subjekt" genannt wird, kann unterschied-

lich aufgefasst werden. Einerseits kann er mit den anderen Aktanten als gleichwertig betrachtet werden (LUCIEN TESNIÈRE). Andererseits lässt sich diesem Satzteil gegenüber den anderen Aktanten eine Sonderstellung zuschreiben (HENNIG BRINKMANN, JOHANNES ERBEN), da er für einen vollständigen Satz immer vonnöten ist.

Das finite Verb bestimmt also im Satz den **Satzstellenplan**, es bestimmt Anzahl, Form und Inhalt der Aktanten.

Das finite Verb eröffnet unterschiedliche Arten von Leerstellen. Da gibt es zunächst jene, die von einem Aktanten unbedingt besetzt werden müssen, damit der Satz vollständig und akzeptabel ist: *Du lachst* (PE). Der Aktant *Du* muss unbedingt vorhanden sein, da ein Satz **lachst* nicht akzeptabel wäre. Ein solcher Satzteil wird **obligatorischer Aktant** genannt.

Das finite Verb kann aber auch Leerstellen eröffnen, die nicht unbedingt besetzt werden müssen. In dem Satz *Am Morgen hat sie von Kälteopfern gelesen* (45 l) besetzt *von Kälteopfern* zwar eine vom Verb eröffnete Leerstelle, aber sie muss nicht unbedingt besetzt werden: *Am Morgen hat sie gelesen* ist ein akzeptabler, wohlgeformter Satz. Der Satzteil *von Kälteopfern* ist ein **fakultativer Aktant**.

Obligatorischen und fakultativen Aktanten ist gemeinsam, dass sie eine Leerstelle des Verbs (also eine Stelle im Satzstellenplan) besetzen. Unterscheiden lassen sie sich dadurch, dass der fakultative Aktant weggelassen werden kann, ohne dass der Satz dadurch ungrammatisch würde.

Sie trennten sich 1997. (78 r) In diesem Satz gibt es einen obligatorischen Aktanten, *Sie*. Was aber ist *1997*? Es ist kein obligatorischer Aktant, ein fakultativer Aktant aber auch nicht. Denn bei genauerem Hinsehen merkt man, dass 1997 nicht an ein spezielles Verb und dessen Satzstellenplan gebunden ist. Es kann bei einwertigen, zweiwertigen und dreiwertigen Verben hinzugefügt werden, wie man an unseren oben genannten Beispielsätzen sieht, und ändert daher deren Valenz nicht. Also kann es auch kein Aktant sein:

Kang springt 1997 auf.

Das Tosen füllte 1997 die Nacht aus.

Der Fluss hat das Dorf 1997 in Fetzen gerissen.

Wir stellen fest: Es gibt Satzteile, die im Satz stehen können und keine Leerstelle besetzen. Solche Satzteile nennt man **freie Angaben**. Das besondere Kennzeichen der freien Angaben ist nicht ihre

Weglassbarkeit (das haben sie mit den fakultativen Aktanten gemein), sondern die Tatsache, dass sie – im Gegensatz zu fakultativen und obligatorischen Aktanten – nicht im Stellenplan des Verbs verankert sind. Wir können uns das so vorstellen: Aktanten sind an ein bestimmtes Verb gebunden: Im Satz *Am Morgen hat sie von Kälteopfern gelesen* (45 l) ist der Aktant *von Kälteopfern* an dieses bestimmte Verb gebunden. Im Gegensatz zu *1997* im obigen Beispiel ist es nicht in verschiedene Sätze einbaubar:

Kang springt 1997 auf. — *Kang springt von Kälteopfern auf.

Das Tosen füllte 1997 die Nacht aus. — *Das Tosen füllte von Kälteopfern die Nacht aus.

Der Fluss hat das Dorf 1997 in Fetzen gerissen. — *Der Fluss hat das Dorf von Kälteopfern in Fetzen gerissen.

Freie Angaben können theoretisch in beliebiger Anzahl bei jedem Verb stehen – sofern die semantische Verträglichkeit gegeben ist. Fakultative Aktanten können das nicht.

Es sieht nun so aus, als ob alle Satzteile, die nach der Traditionellen Grammatik als „Adverbiale" bezeichnet werden, in der Valenzgrammatik einfach „freie Angaben" hießen, dass also nichts weiter als eine Umetikettierung vorliegt. Dies ist aber definitiv nicht der Fall. „Satzglieder" auf der einen Seite und „Aktanten – Angaben" auf der anderen sind verschiedene grammatische Kategorien, und das kann auch mit einem berühmten Beispiel von HELBIG/SCHENKEL (1983) bewiesen werden: Der Satzteil *hinter dem Haus* ist nach den unterschiedlichen Theorien anders zu bewerten:

Tabelle		
	Trad. Gramm	Valenzgramm.
Die Kinder spielen hinter dem Haus	Lokaladverbiale	freie Angabe
Der Obstgarten liegt hinter dem Haus	Lokaladverbiale	obligatorischer Aktant

Obwohl diese Unterscheidung auf den ersten Blick einsichtig erscheint, stellt die exakte Trennung von obligatorischen und fakultativen Aktanten sowie freien Angaben ein großes und bis heute ungelöstes theoretisches Problem der Valenzgrammatik dar.

1. Ein wichtiger Versuch geht – angeregt durch die Generative Grammatik – davon aus, dass jeder Satz eine kognitive Repräsentation (die **Tiefenstruktur**) und eine tatsächliche Ausprä-

gung (eine **Oberflächenstruktur**) aufweist. Wenn der Satzplan vom finiten Verb bestimmt wird, ist damit auch die Tiefenstruktur festgelegt. Daraus folgt, dass Aktanten (obligatorische und fakultative) in der Tiefenstruktur enthalten sein müssen. Da freie Angaben nicht im Satzplan aufscheinen, können sie auch keine Repräsentationen in der Tiefenstruktur haben. Oder anders ausgedrückt: Freie Angaben repräsentieren selbst eigene Sätze. Freie Angaben müssen somit in eigene Sätze umformuliert werden können:

> Der Fluss war <u>nachmittags</u> angeschwollen [...] (248 l) (freie Angabe)
> > Der Fluss war angeschwollen. Das war (geschah etc.) am Nachmittag.

Aktanten sind hingegen nicht als selbstständige Sätze möglich:

> Peter Kabel war <u>im Urlaub</u>. (81 l) (obligatorischer Aktant)
> > *Peter Kabel war. *Das geschah im Urlaub.

Aktanten und Angaben können also durch Umformulierung voneinander abgegrenzt werden.

2. Der Unterschied zwischen obligatorischen Aktanten auf der einen und fakultativen Aktanten und freien Angaben auf der anderen Seite liegt in der Oberflächenstruktur begründet: Letztgenannte sind beide in der Weglassprobe eliminierbar:

> Schröders Regierungssprecher Uwe-Karsten Heye zog sich <u>in eine Ecke des Raumes</u> zurück. (111 l) (fakultativer Aktant)
> > Schröders Regierungssprecher Uwe-Karsten Heye zog sich zurück.
> <u>Natürlich</u> lohnt es sich. (40 l) (freie Angabe)
> > Es lohnt sich.

2.3.5 | Valenz und Distribution

Es genügt nicht, die Zahl der Aktanten in einem Satz zu bestimmen, man muss darüber hinaus auch ihre Form und ihre Semantik kennen. Die Aussage „abhalten ist ein dreiwertiges Verb" (*Ein aufmerksamer Besucher hielt den Goldenen Stern* [ein Name für einen Tänzer] *vom Sprung aus dem Fenster ab* 237 l) erlaubt noch nicht, einen grammatischen deutschen Satz zu bilden. Wir brauchen außerdem Angaben über

1. die Form der Aktanten, das sind Kasus, Verbindung mit Präpositionen u.a.m. Wir legen demnach fest, dass das Verb *abhalten*

nur mit einem Aktanten im Akkusativ und einer Präposition, die den Dativ verlangt, kombiniert werden darf (*abhalten von*),

2. den Inhalt der Aktanten. Wir müssen festlegen, dass der Aktant im Akkusativ eine Person oder ein Sachverhalt zu sein hat. Nicht akzeptabel wäre etwa

> *Ein aufmerksamer Besucher hielt den Stein vom Sprung aus dem Fenster ab.*

Vom Verb *abhalten*$_1$ ‚jmd. an etw. hindern' muss man ein anderes Verb *abhalten*$_2$ ‚veranstalten' (*eine Tagung abhalten*) unterscheiden.

Unter **Distribution** versteht die Valenzgrammatik die Summe aller (semantischen) Umgebungen, in denen ein Aktant vorkommt. Damit wird festgelegt, dass nicht jeder Aktant in jeder Umgebung stehen kann. Sätze wie

> *Er beherrscht mehrere Fremdsprachen im Garten*
> *Sie stirbt manchmal*
> *Der Knochen spielt ein Telegramm*

(aus HELBIG/SCHENKEL 1983) werden in einer funktionierenden Grammatik a priori ausgeschlossen. Außerdem kann man zwischen grammatischer Struktur und lexikalischer Selektion unterscheiden. *Sie stirbt manchmal* ist auf andere Weise falsch als *Sie stirbst bald* (PE).

Das bis heute ungelöste Grundproblem der Valenzgrammatik ist die unzureichende theoretische Fundierung von Aktanten und Angaben.

Vorläufer der Generativen Transformationsgrammatik | 2.3.6

Die Generative Transformationsgrammatik, in der letzten Zeit nur als Generative Grammatik – in der Folge mit GG abgekürzt – oder Transformationsgrammatik oder Generativistik (wenn man sie als Allgemeine Sprachtheorie anspricht) bezeichnet, ist aus dem Strukturalismus erwachsen, auch wenn sie die meisten Vertreter heute als eigenständige Theorie verstehen.

Eines der Grundanliegen des Strukturalismus ist es, eine einzige Methode für die Beschreibung aller sprachlichen Ebenen zu finden. Demnach müsste das strukturalistische Segmentieren und Klassifizieren auch auf die Satzebene anzuwenden sein. Wenn wir einen

Wissenschaftsgeschichte 13

Das Erbe des Strukturalismus

Offenbar durch den Einfluss des Strukturalismus gehen die Generative Grammatik und ihre Vorläufer ebenfalls von einer homogenen Sprachform aus. Trotz des Erkenntnisgewinns auf morphologischem Gebiet hält die GG im Wesentlichen an der Wortartenklassifizierung fest, und sie hat auch weder am Satz als oberster Untersuchungseinheit noch am Primat der geschriebenen Sprache etwas geändert.

einfachen Satz betrachten wie *Er trägt ein weißes Hemd und eine goldene Krawatte* (147 r), so wissen wir auf Grund unserer bisherigen strukturalistischen Sprachanalyse, dass das Deutsche aus Morphemen besteht und diese wieder aus Phonemen. Man kann daher mit Berechtigung annehmen, dass sich einzelne Morpheme selbst wieder zu größeren Einheiten zusammenschließen. Oder anders ausgedrückt: Dass ein Satz aus Morphemgruppen besteht, die durch Segmentieren und Klassifizieren zu ermitteln sind, also durch Minimalpaarbildung (heute würde man auch Ersetzungsprobe dazu sagen), kann man durch die strukturalistische Methode ermitteln. Unser Satz besteht aus folgenden Morphemen:

|er|träg|t|ein|weiß|es|hemd|und|ein|e|gold|en|e|krawatte|

Damit ein sinnvoller und akzeptabler Satz entsteht, müssen diese Morpheme aber offenbar in einer besonderen, durch die Grammatik einer Sprache bestimmten Anordnung aneinander gereiht werden. Eine beliebige Anordnung der Morpheme ist offenbar nicht möglich, man vgl. **träges goldent weiß er krawatte hemd eine eine und.* Die lineare Anordnung der Morpheme bildet also eine gewisse Struktur, die durch die Grammatik vorgegeben ist. Der Strukturalismus betrachtet es als seine Aufgabe, diese Strukturen durch Segmentierung und Klassifizierung herauszufinden und zu beschreiben.

Die Segmentierung ermittelt die einzelnen Elemente der Sprache. Auch hier können wir mittels Minimalpaarbildung arbeiten:

ein weißes hemd
sein weißes hemd
etc.

Das liefert uns *ein* als Morphem. Wenn wir diese Technik konsequent fortsetzen, kommen wir zu den Morphemen, wie wir sie oben angeführt haben.

Die Klassifizierung dieser Elemente zeigt uns deren Stellenwert im Satz. Durch den Permutationstest können wir feststellen, welche Elemente näher zusammengehören und Morphemgruppen bilden. Das wird deutlich, wenn wir im Beispielsatz die gebundenen Morpheme mit Bindestrich kennzeichnen.

|er|träg-|-t|ein|weiß-|-es|hemd|und|ein-|-e|gold-|en-|-e|krawatte|

Offenbar bilden *trägt, weißes, eine* und *goldene* wegen ihrer Distribution Morphemgruppen. Eine Ebene darüber können wir die Morphemgruppen *ein weißes hemd* und *eine goldene krawatte* feststellen. Diese Morphemgruppen sind im Satz nur als Ganzes verschiebbar, also

   er trägt ein weißes hemd und eine goldene krawatte
   er trägt eine goldene krawatte und ein weißes hemd

und nicht

   *er trägt ein und eine weißes hemd goldene krawatte

Wir stellen fest: Die Morpheme konstituieren die Morphemgruppen und die Morphemgruppen konstituieren den Satz. Und wir können diese Hierarchie umdrehen.

Es wäre nicht korrekt, die „zusammengehörenden Morphemgruppen" als „Satzglieder" und die „zusammengehörenden Morpheme" als „Wörter" zu bezeichnen: Die Begriffe sind nicht deckungsgleich, wie man etwa an dem Morphem *krawatte* erkennen kann. Außerdem haben wir die Einheiten durch die stringente Anwendung der strukturalistischen Methode gewonnen, was für die Einheiten Satzglieder und Wörter nicht gilt.

Den Zusammenhang zwischen Satz, Morphemgruppen und Morphem kann man auch in folgendem Diagramm darstellen:

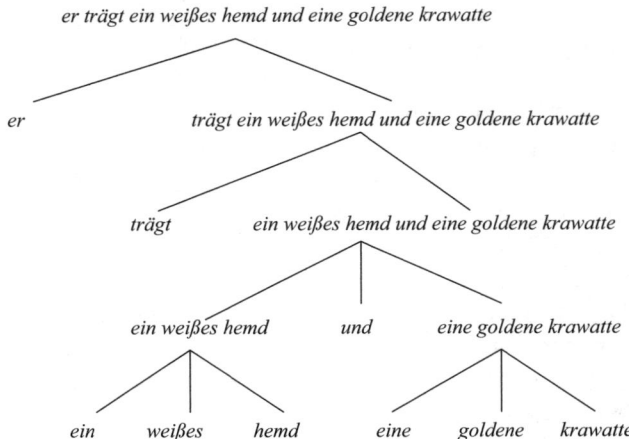

Die strukturalistische Syntax geht dabei so vor, dass sie den Satz schrittweise in seine „konstituierenden Einheiten" zerlegt. Im ersten Schritt wird der ganze Satz *er trägt ein weißes hemd und eine goldene krawatte* in die „unmittelbaren Konstituenten" *er* und *trägt ein weißes hemd und eine goldene krawatte* zerlegt. An dieser Stelle wird meist die Frage gestellt, warum das Verb zur „Objektgruppe" (wenn man zur Verdeutlichung ausnahmsweise einen Begriff der Traditionellen Grammatik verwendet) und nicht zum „Subjekt" geschlagen wird:

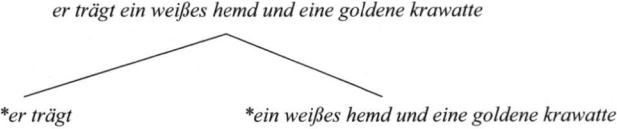

Die Antwort liegt schon bei BLOOMFIELD begründet: Der Permutationstest zeigt, dass die Phrase *trägt ein weißes hemd und eine goldene krawatte* als Ganzes ersetzt werden kann:

er	trägt ein weißes hemd und eine goldene krawatte
er	kauft ein weißes hemd und eine goldene krawatte
er	kauft das
er	schläft

Das bedeutet, dass *er* und *trägt ein weißes hemd und eine goldene krawatte* als unmittelbare Konstituenten des ganzen Satzes betrachtet werden müssen. Die Abspaltungen von *trägt* und *ein weißes hemd und eine goldene krawatte* sind dann unmittelbare Konstituenten der Konstituente *trägt ein weißes hemd und eine goldene krawatte* und somit Konstituenten der zweiten Ebene (oder „mittelbare Konstituenten" des Satzes, obwohl dieser Terminus nicht üblich ist). Die Morpheme ihrerseits bestehen wieder aus Phonemen, aber damit würden wir die Ebene der Syntax verlassen.

Alle Grammatiken, die auf dem Prinzip der unmittelbaren Konstituenten aufgebaut sind, haben daher ihre Wurzeln im Strukturalismus, man nennt sie **Konstituentenstrukturgrammatik**, **Phrasenstrukturgrammatik** oder **IC-Grammatik** (von engl. *immediate constituents*), die Methode im engeren Sinn trägt den Namen **Konstituentenstrukturanalyse** oder **IC-Analyse**.

Durch die IC-Analyse eines sprachlichen Korpus (das natürlich umfangreicher als ein einzelner Satz sein muss) kommen wir zu verschiedenen Kernsatztypen, die wir mit einem eigenen Transkriptionssystem darstellen können:

NPnom	Verb		*Müller nickt.* (149 r)
NPnom	Verb	NPakk	*Bohley und Fischer wollen einen Prozess.* (159 r)
NPnom	Verb	NPdat NPakk	*So hat man es ihm versprochen.* (286)
NPnom	Verb	Adj	*Die waren knüppelhart.* (82 l)
NPnom	Verb	NPnom	*Das ist das kleine Einmaleins.* (137 l)

Diese Satzmuster sind Aussagesätze. Es sind aber auch andere Satzformen beschreibbar:

Verb	NPakk	*Vergesst Walter Stürm.* (180 l)
etc.		

Komplexe Sätze können auf diese Kernsatztypen zurückgeführt werden:

Es ist warm, aber man soll auch sehen, dass er richtig ranklotzt. (147 r)
> *Es ist warm.*
> *Man soll es auch sehen.*
> *Er klotzt richtig ran.*

Die Konstituentenstrukturgrammatik als strukturalistische Syntax ist bestens geeignet, Strukturen bereits produzierter Sätze zu erstellen. Sie bleibt aber an der Oberfläche der Sätze, ist rein statisch und kann dynamische Prozesse nicht erklären, also etwa das Problem, wieso ein Sprecher neue Sätze bilden kann. Den Prämissen des Strukturalismus folgend, müsste man annehmen, dass ein Sprecher alle möglichen Sätze in einer Sprache auswendig gelernt haben muss, um sie in der passenden Situation dann äußern zu können, was offensichtlich unsinnig ist. Im Strukturalismus sind daher Entwicklungsprozesse nicht vorgesehen, er kann etwa nicht erklären, warum die Präteritalform von *ich binde* nicht *ich bindete* lautet, sondern *ich band*.

ZELLIG S. HARRIS (1909–1992), einer der wenigen Schüler von LEONARD BLOOMFIELD, entwickelte daher in den 50er Jahren des 20. Jahrhunderts ein Verfahren, um diese und ähnliche Prozesse, die er **Transformationen** nannte, zu beschreiben. HARRIS' Schüler NOAM CHOMSKY entwickelte diesen Ansatz weiter und begründete die Generative Transformationsgrammatik, die in den 60er und 70er Jahren des 20. Jahrhunderts die Linguistik weitgehend dominiert hat und die bis heute eine der wichtigsten Grammatik- und Sprachtheorien darstellt.

2.3.7 | Generative Syntax

Für die GG besteht eine Sprache aus der Menge der geäußerten und theoretisch noch äußerbaren Sätze. Der weit verbreiteten Ansicht, diese Menge sei unendlich, muss entschieden widersprochen werden: Der Wortschatz einer Sprache und die Regeln zur Satzerzeugung sind zwar sehr groß, aber nicht unendlich. Dementsprechend ergibt sich rein rechnerisch auf Basis der (endlichen) Menge der Wörter in einer Sprache und der (endlichen) Menge von Regeln zur Satzerzeugung eine zwar riesige, aber doch endliche Menge von Sätzen. Die GG will jedoch nicht nur – wie die Konstituentenstrukturgrammatik – die bereits geäußerten Sätze beschreiben können, sondern sie will tiefer blicken: Sie möchte beschreiben, wie ein Sprecher einer Sprache die Möglichkeit erwirbt, neue, noch nie gehörte Sätze zu bilden. Dabei geht sie von der Vorstellung aus, dass ein Sprecher über ein internes „Programm" verfügt, das ihm die Erzeugung von grammatisch wohlge-

Der Distributionalismus

In den USA hat sich durch das Missverstehen von LEONARD BLOOM-FIELD eine besondere Spielart des Strukturalismus entwickelt, die sich vor allem auf die äußere Seite der Sprache konzentrierte und die Bedeutung (*meaning*) ausschloss (daher das Schlagwort „mea-ning"-Feindlichkeit). 1951 veröffentlichte ZELLIG S. HARRIS sein Buch „Methods in Structural Linguistics", in dem er seine Distributions-analyse ausarbeitete. Mit diesem Buch ging die BLOOMFIELD-Ära zu Ende, und es begann eine zweite Phase der amerikanischen Lin-guistik.

Gegenstand seiner Untersuchung ist allein die mündliche Rede von Muttersprachlern in einer finiten Menge von phonetisch aufge-zeichneten Äußerungen (*utterances*). Diese wird definiert als „jedes Stück Rede einer Person, vor und nach dem diese Person schweigt". Das heißt, „utterance" ist nicht gleichbedeutend mit „Satz".

Mit seinen Arbeiten wurden BLOOMFIELD und HARRIS zu den Begrün-dern der Distributionslehre, obwohl auch schon TRUBETZKOY in die-ser Richtung gearbeitet hatte. Sie will die sprachlichen Elemente allein aus ihrer Distribution, d.h. aus ihrer Umgebung und Vertei-lung, erkennen und bestimmen. Die Bedeutung wird dabei, im Gegensatz zur Prager Schule, gänzlich ausgeschlossen: „The essen-tial method of descriptive linguistics is to select these parts and to state their distributions to each other" (HARRIS). Damit ist die Auf-gabe der Linguistik erfüllt und ihre Tätigkeit zu Ende.

In seinem Buch gibt HARRIS genau die Prozeduren und Methoden an, mit denen diese Ziele erreicht werden können. Die Segmentie-rung erfolgt mit Hilfe der Substitution; sie ermöglicht auch das Aufstellen von Klassen jener Elemente, die in derselben Umgebung vorkommen. Die Distributionsanalyse vermeidet alle subjektiven Faktoren bei der Beurteilung von Sprache, und sie ist auf jede Spra-che anwendbar. Dem stehen aber auch Nachteile gegenüber: Zum einen schleicht sich die Bedeutung über den Umweg der Vertei-lung doch wieder in die Analyse, zum anderen müsste man, um die Verteilungen vollständig erfassen zu können, die Möglichkeit des Vorkommens eines Elements in jeder Umgebung untersuchen, was praktisch nicht durchführbar ist und durch „Arbeitshypothesen" umgangen wird.

formten Sätzen erlaubt. Die Satzerzeugungsregeln sowie die lexikalischen Einheiten werden auch als mentale Repräsentationen aufgefasst; es konnte bisher allerdings noch nicht erklärt werden, wie der Mensch diese erlangt.

Eines der unerklärlichen Phänomene der menschlichen Sprache ist Folgendes: Wenn wir ein sprachliches Gebilde wie

hier sie von Kamenica in der Nähe auf dieser kleinen Wiese angefangen graben zu haben 12. August am

rezipieren, so erkennen wir nicht nur, dass dieser Satz ungrammatisch ist, sondern können trotzdem die Aussage erkennen. D.h., wir wissen, dass der Satz

Am 12. August haben sie hier auf dieser kleinen Wiese in der Nähe von Kamenica angefangen zu graben (257 r)

lautet, und wir sind in der Lage, ihn so umzuformen, dass er grammatisch wird. Im Allgemeinen sind wir aber nicht in der Lage zu erklären, warum ein Satz ungrammatisch ist. Das Erstaunlichste daran aber ist, dass bereits Kleinkinder über diese Fähigkeit verfügen. Bisher kann niemand einen Beweis dafür erbringen, warum das so ist und woher diese Fähigkeit stammt.

Merksatz

▶ **Eines der bisher ungeklärten Phänomene der menschlichen Sprache ist die bereits bei Kleinkindern vorhandene Fähigkeit, ungrammatische Gebilde zu erkennen und inhaltlich zu erfassen.**

Es muss an dieser Stelle wieder an den Blackbox-Effekt erinnert werden, an die Tatsache, dass die Grammatik einer Sprache nicht direkt beobachtbar ist. Wie aber schafft es der Linguist, aus dem Korpus der geäußerten Sätze die fehlerhaften auszuschließen? Mit anderen Worten: Wie wird verhindert, dass die „Fehler" in ungrammatischen Äußerungen vom Sprachbeschreiber ins System geschrieben werden?

Für diesen Zweck gibt es das theoretische Konstrukt des **idealen Sprechers**. Man geht davon aus, dass der Linguist nur Äußerungen untersucht, die von einem idealen Sprecher stammen, der nie Fehler macht. In der Praxis sieht es allerdings meist so aus, dass der Linguist auf Grund seiner eigenen Sprachkompetenz entscheidet, welche Sätze grammatisch sind und welche nicht.

▶ „Der Gegenstand einer linguistischen Theorie ist in erster Linie ein idealer Sprecher-Hörer, der in einer völlig homogenen Sprachgemeinschaft lebt, seine Sprache ausgezeichnet kennt und bei der Anwendung seiner Sprachkenntnis in der aktuellen Rede von solchen grammatisch irrelevanten Bedingungen wie
– begrenztes Gedächtnis [sic!]
– Zerstreutheit und Verwirrung
– Verschiebung in der Aufmerksamkeit und im Interesse
– Fehler (zufällige oder typische) [sic!]
nicht affiziert wird."

NOAM CHOMSKY (1965)

Darüber hinaus unterscheidet die GG zwischen zwei grundlegenden Begriffen:

1. Die **Kompetenz** ist die Fähigkeit des Sprechers-Hörers, sprachliche Äußerungen zu kodieren und zu dekodieren. Man denkt nun unwillkürlich an SAUSSURES langue, mit der die Kompetenz oft gleichgesetzt wird. Obwohl sich die Inhalte der Begriffe tatsächlich ähneln – es ist die abstrakte Seite der Sprache gemeint, das Systemhafte –, so sind sie doch nicht deckungsgleich: Der wesentliche Unterschied ist, dass die langue für alle Sprachteilnehmer die gleiche ist (man denke an den Vergleich mit einem Wörterbuch, das allen Sprachteilnehmern gleichermaßen zur Verfügung steht), während die Kompetenz auf das Individuum bezogen wird: Sie ist die Fähigkeit, *langage* auf eine *langue* anzuwenden.

2. Die **Performanz** ist der tatsächliche Gebrauch, den der Sprecher-Hörer von seiner abstrakten Sprachfähigkeit, der Kompetenz, macht. Als Resultat liegen sprachliche Äußerungen vor, die man der grammatischen Analyse zu Grunde legen kann. Hier nähert sich die Vorstellung dem Begriff von SAUSSURES parole, auch wenn beide wiederum nicht deckungsgleich sind.

Die Entwicklungen der Generativen Grammatik

Die Generative Grammatik oder Transformationsgrammatik bildet selbst kein homogenes Lehrgebäude, sondern hat sich in den etwa 45 Jahren ihres Bestehens – meist unter dem Einfluss NOAM CHOMSKYS, manchmal aber auch ohne oder sogar gegen ihn – vielfach gewandelt und in eigene Stränge aufgespalten. Von ihren Gegnern (etwa CHARLES F. HOCKETT) wurde sie bereits in den 70er Jahren des 20. Jahrhunderts für tot erklärt.

CHOMSKY trat gegen Ende der 50er Jahre des 20. Jahrhunderts wissenschaftlich in Erscheinung. 1957 veröffentlichte er seine „Syntactic Structures", und seine Ideen wurden schlagartig bekannt, als er 1958 (also im für Linguisten zarten Alter von 30 Jahren) auf der „Texas Conference on Problems of Linguistic Analysis in English" die versammelte Spitze der Bloomfieldianer massiv angriff und, was vielleicht noch wichtiger ist, den Gegenattacken in der Diskussion standhielt. CHOMSKY bekämpfte mit allen Mitteln den **Behaviorismus** BLOOMFIELDS (nach dessen Anschauung das Kind die Sprache durch das Nachahmen bereits gehörter Sätze erwirbt) und des Psychologen BURRHUS FREDERIC SKINNER (1904–1990), da er der gegenteiligen Meinung des Nativismus war: Die Sprache sei in der Natur des Menschen grundgelegt. Die Theorie der erste Phase ist als das „Modell der Syntactic Structures" bekannt.

Die zweite Phase wurde von CHOMSKYS Buch „Aspects of the Theory of Syntax" (1965) begründet, sie wird heute als „Aspektetheorie" oder „Standardtheorie" bezeichnet. Seit der Mitte der 60er Jahre des 20. Jahrhunderts wurde sie weiterentwickelt zur so genannten „Erweiterten Standardtheorie" (EST) und dann zur „Revidierten Erweiterten Standardtheorie" (REST) mit der X-bar-Theorie als Subtheorie. CHOMSKYS „Government and Binding" von 1981 führt schließlich zur „Rektions-Bindungs-Theorie", die von CHOMSKY selbst zur „Barrieren-Theorie" erweitert wurde. Mit „The Minimalist Program" (1995) leitete er schließlich die letzte und derzeit aktuelle Phase des „Minimalismus" ein. Ein hochaktueller Zweig ist die Optimalitätstheorie.

Probleme in der Standardtheorie führten nicht nur zur EST, sondern auch zur Abspaltung einer Gruppe von CHOMSKY-Kritikern, u.a. GEORGE LAKOFF und PAUL M. POSTAL, die mit der **Generativen Semantik** („Semantik" hier im Sinn einer Sprachtheorie) die Grammatik einer Sprache nicht in eine syntaktische und eine semantische Schicht trennen wollten, sondern die Sprache auf rein semantische Voraussetzungen, die auch die syntaktischen Strukturen regeln, aufbauten. Von ihren Vorstellungen gingen starke Impulse auf die Kognitive Linguistik und die Pragmatik aus.

Noam Chomsky   **Abb 46**
(geb. 1928)

Das Modell von 1957   2.3.7.1

Für NOAM CHOMSKY ist die Konstituentenstrukturgrammatik zu statisch, um die kreativen Möglichkeiten eines produzierenden Sprachteilnehmers zu beschreiben. Die GG setzt dort an, wo die Konstituentenstrukturgrammatik aufhört: bei der Analyse eines Satzes. Sie versucht allerdings, die Analyse in formelhafter Schreibweise festzuhalten. Dies sieht etwa folgendermaßen aus:

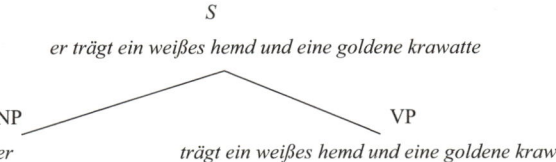

Wir sagen: Der Satz S zerfällt in eine **Nominalphrase** (NP), deren **Kern** von einem Nomen gebildet wird, und eine **Verbalphrase** (VP), deren Kern ein Verb ist. Oder in formelhafter Notation:

$$S \rightarrow NP + VP \text{ (oder } S \rightarrow NP\ VP)$$

wobei der Pfeil → als mathematisches Symbol mit der Bedeutung ‚besteht aus‘ oder ‚zerfällt in‘ zu lesen ist. Diese Regeln beschreiben die systematische Ersetzung von syntaktischen Elementen durch ihre unmittelbaren Konstituenten. Sie werden daher **Ersetzungsregeln** oder **Substitutionsregeln** genannt.

Die nächste Stufe:

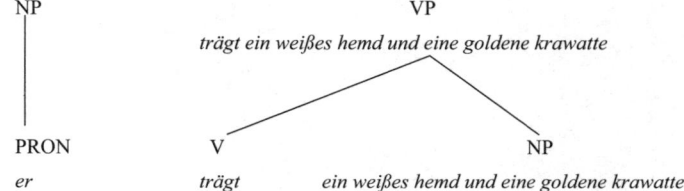

Die Verbalphrase VP zerfällt in das **Verb** (V) und eine weitere Nominalphrase. Die Nominalphrase besteht aus nur einem einzigen Element, einem **Pronomen** (PRON):
Die nächsten unmittelbaren Konstituenten:

$$NP \rightarrow PRON$$
$$VP \rightarrow V\ NP$$

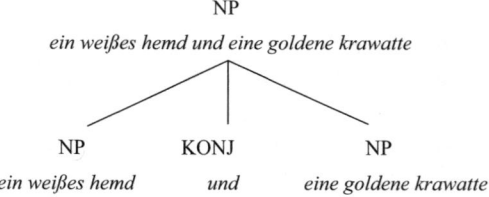

Die Nominalphrase *ein weißes hemd und eine goldene krawatte* zerfällt in die Nominalphrase *ein weißes hemd*, den **Konjunktor** (KONJ) *und* sowie die Nominalphrase *eine goldene krawatte*.

$$NP \rightarrow NP\ KONJ\ NP$$

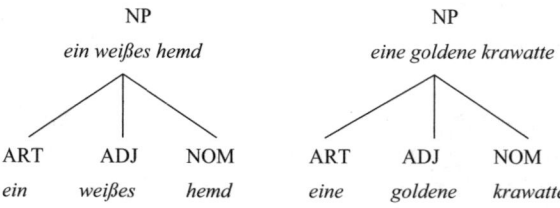

Die beiden Nominalphrasen sind gleich aufgebaut, sie bestehen jeweils aus einem **Determinator** (ART oder DET), einem **Adjektiv** (ADJ) und einem **Nomen** (NOM).

NP → ART ADJ NOM

NP → ART ADJ NOM

In einem letzten Schritt werden dann die Platzhaltersymbole durch die tatsächlich vorhandenen Elemente des Korpus ersetzt:

PRON → *er*

V → *trägt*

ART → *ein*

ADJ → *weißes*

NOM → *hemd*

KONJ → *und*

ART → *eine*

ADJ → *goldene*

NOM → *krawatte*

Die Wörter derselben „Wortart" können in derselben „Menge" zusammengefasst werden:

PRON → {*er*}

V → {*trägt*}

ART → {*ein, eine*}

ADJ → {*weißes, goldene*}

NOM → {*hemd, krawatte*}

Die Hoffnung, die dahinter steht, ist jene: Wenn das Korpus groß genug ist – in unserem Fall ist es ja nur ein einziger Satz –, so werden wir, wenn wir die Analyse lang genug fortführen, irgendwann einmal alle „Formeln" entdeckt haben.

Auch die Strukturalistische Syntax arbeitet letztlich mit „Wörtern" und „Wortarten". Sie und damit auch die Generative Grammatik übernehmen dabei im Wesentlichen die Wortartenkategorien der Traditionellen Grammatik. Man hat dies – besonders unter Berücksichtigung der Abneigung, die LEONARD BLOOMFIELD der Kategorienlehre der Traditionellen Grammatik entgegenbrachte – immer auch als methodisches Versäumnis der GG angesehen.

Allerdings werden die Wortarten in der IC-Grammatik durch ihre Distribution (ihre Verteilung, ihr Vorkommen) definiert, d.h. durch die Umgebung, in der sie vorkommen:

1. Nomen	[ART ___] NP	*das Gelände* (106 l)
2. Artikel	[___ N] NP	*die Polizisten* (117 r)
3. Pronomen	[___] NP	*ich* (117 r)
4. Verb	[___ X] VP	
a.	X = V	*Ich werde sterben.* (117 r)
b.	X = ADJ	*Der Dialog ist verbürgt.* (190)
c.	X = Ø	*Walter arbeitet.* (PE)
etc.		

Diese Distributionsbestimmungen legen die Wortarten fest: Zum Beispiel muss es sich bei Punkt 1 um ein Nomen handeln, da es in einer Nominalphrase vorkommt. Die Wortarten werden in der strukturalistischen Syntax also rein von der Stellung im Satz beurteilt und klassifiziert. Die vollständige graphische Zerlegung eines Satzes in seine Konstituenten wird (wegen der Ähnlichkeit mit einem Baum) auch **Baumdiagramm** oder **Bäumchenschema** (engl. **Phrase-Marker** oder **PM**) genannt.

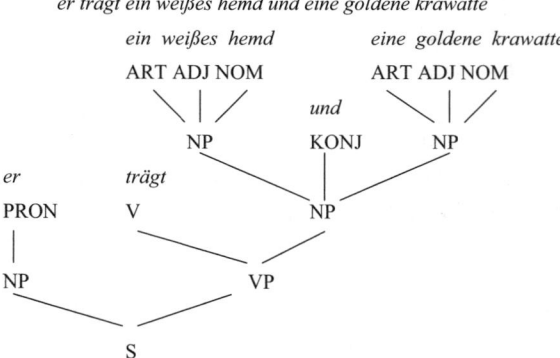

(In der generativen Notationstradition steht der Satz an der Spitze, folglich wird die Graphik um 180 Grad gedreht.)

Der entscheidende Schritt der GG besteht nun darin, von der Analyse zur Synthese zu gelangen, indem man die Formeln „einfach"
umdreht: So will man die Bildung neuer Sätze mit den Mitteln des
vorhandenen Sprachmaterials erreichen. (Wir unterscheiden die
verschiedenen Nominalphrasen mit Indizes voneinander.)

NP → ART ADJ NOM	ART ADJ NOM → NP_1
NP → ART ADJ NOM	ART ADJ NOM → NP_2
NP → NP KONJ NP	NP_1 KONJ NP_2 → NP_3
VP → V NP	V NP_3 →VP
NP → PRON	PRON → NP_4
S → NP VP	NP_4 VP → S

Den letzten Schritt vollziehen wir, indem wir wieder die Platzhaltersymbole („Variablen" würde man in der Mathematik sagen)
durch die lexikalischen Elemente ersetzen:

ART ADJ NOM → NP_1	*ein weißes hemd*
ART ADJ NOM → NP_2	*eine goldene krawatte*
NP_1 KONJ NP_2 → NP_3	*ein weißes hemd und eine goldene krawatte*
V NP_3 →VP	*trägt ein weißes hemd und eine goldene krawatte*
PRON → NP_4	*er*
NP VP → S	*er trägt ein weißes hemd und eine goldene krawatte*

Selbstverständlich ist es nicht vernünftig, nur einen einzigen Satz
zu untersuchen, wie wir das soeben getan haben. Je mehr unterschiedliche Sätze ein Korpus aufweist, desto vollständiger wird
unsere Sprachbeschreibung sein. Wir werden auf zusätzliche Substitutionsregeln kommen:

N →	PRON	*er (trägt ein weißes hemd und eine goldene krawatte)*
N →	NOM	*vater*
N →	ART NOM	*der börsenmakler*
N →	EN	*Müller*
N →	EN EN	*Dirk Müller*
etc.		

Die Varianten werden durch eine geschwungene Klammer gekennzeichnet.

Mit den Substitutionsregeln unseres einfachen Satzes sind wir in der Lage, schon eine sehr große Anzahl von gleich strukturierten Sätzen zu beschreiben, etwa

er trägt ein weißes hemd und eine goldene krawatte
er bügelt ein weißes hemd und eine goldene krawatte
sie kauft einen großen kürbis und eine frische melone
etc.

2.3.7.2 | **Das Modell von 1965 (Standardtheorie, Aspektemodell)**
Wir haben nun das Grundprinzip der GG kennen gelernt, sind aber noch weit davon entfernt, über ein vollständiges „Programm" zur Erzeugung neuer Sätze zu verfügen. Die Schwachstellen des bisherigen Modells sind leicht zu entdecken: Unsere Regeln sind noch nicht exakt genug. Vor allem zwei Punkte müssen ergänzt werden:

1. In die Formel ART ADJ NOM → NP können wir nicht nur die Elemente *ein weißes hemd* oder *eine goldene krawatte* einsetzen, sondern auch **ein goldene hemd* und **eine weißes krawatte*. Dadurch wird die formale Kongruenz nicht eingehalten.

2. Wenn unser Lexikon genügend durch die Analyse gewonnene Einheiten enthält, kommen auch so sinnlose Ergebnisse wie **weißes glück* oder **eine mechanische tomate* zu Stande (s. „übertragene Redeweise, Kap. 2.3.4). Um solche Fehlergebnisse zu vermeiden, sind zwei Erweiterungen des Grundmodells notwendig: die Sicherung der formalen und der semantischen Kompatibilität.

Ad 1. Wir müssen zusätzliche Regeln einbringen, die unmissverständlich die formalen Übereinstimmungen erfassen und zum Ausdruck bringen. Das erreichen wir, indem wir die Elemente GK **(Grammatische Kennzeichnung)** und AUX **(Auxiliarkomplex)** einführen. GK ist jeder Nominalphrase zugeordnet und legt bei den nominalen Elementen Genus, Kasus und Numerus der Substantive sowie Genus, Numerus und Person der Pronomina und Artikel fest. Der Komplex AUX hingegen ist dem Bereich der verbalen Elemente zugeordnet und legt Modus, Tempus und Numerus fest. Die aufeinander abgestimmten GK und AUX in einem Satz müssen folglich übereinstimmen, damit der Satz grammatisch wird:

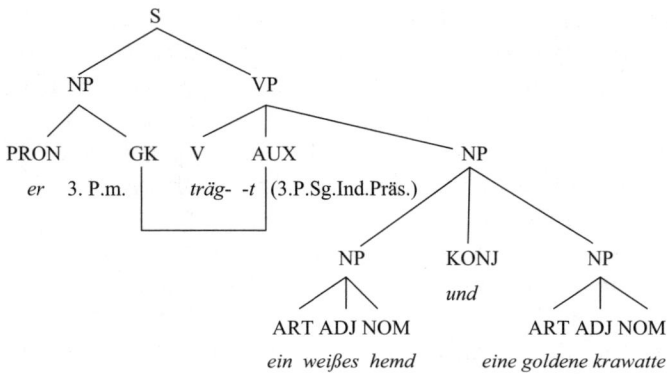

Sg. = Singular, m. = maskulinum, P. = Person, Ind. = Indikativ, Präs. = Präsens

In unserem Beispielsatz passen GK der NP *er* und AUX von V in der VP zueinander. Dies muss man dann auch bei allen weiteren Elementen des Satzes durchführen; *trägt, ein weißes hemd, eine goldene krawatte* usf. GK und AUX müssen immer übereinstimmen, damit der Satz grammatisch wird; Inkongruenz wie *er tragen ein weißes hemd* wird dadurch ausgeschlossen. Man kann sich aber auch vorstellen, wie die Erweiterung die formale und graphische Beschreibung des Satzes aufbläht.

Ad 2. Wenn man die oben angedeuteten formalen Ergänzungen unseres Modells berücksichtigt, ist man in der Lage, einen der Form nach akzeptablen Satz zu konstruieren. Nun müssen wir darauf achten, dass die einzelnen Elemente auch semantisch (inhaltlich) aufeinander abgestimmt sind. NOAM CHOMSKY selbst hat den berühmten „sinnlosen Satz" *Farblose grüne Ideen schlafen wütend (colorless green ideas sleep furiosly)* konstruiert, um zu zeigen, dass in diesem Satz zwar die formale Kongruenz eingehalten wird, dass die einzelnen Elemente aber semantisch nicht nur nicht zusammenpassen, sondern einander sogar widersprechen: Ideen sind nicht gegenständlich, können daher nicht grün sein. Etwas, das von grüner Farbe ist, kann nicht zugleich farblos sein. Ideen sind keine Konkreta und vor allem keine belebten Konkreta: Sie können daher nicht schlafen. Und wer schläft, hat kein Bewusstsein und kann daher nicht gleichzeitig wütend sein.

Bisher können wir die **Ungrammatikalität** des Satzes *Farblose grüne Ideen schlafen wütend* auf Grund unserer Sprachkompetenz vermuten, aber nicht beweisen. Um dies zu bewerkstelligen, gehen wir – wie schon in der Valenzgrammatik – davon aus, dass bei der Kombinierbarkeit von bestimmten Morphemgruppen („Wörtern") Restriktionen bestehen. So sind etwa Verben wie *sprechen, faxen, essen* an Menschen gebunden:

> *Sie spricht schnell ...* (62 r), nicht aber *Der Hund spricht schnell.*
>
> *Er möchte dazu nichts sagen.* (84 l), nicht aber *Der Stein möchte dazu nichts sagen.*

Verben wie *sitzen* können nur bei Lebewesen mit Beinen angewandt werden:

> *Josef Wessely sitzt auf dem Bett in seinem Zimmer.* (187)
>
> *... die Händler sitzen in Büros.* (149 l)
>
> *Der Hund sitzt auf der Matte.* (PE)
>
> nicht aber *Der Stein sitzt im Wald.* (PE)

Selbstverständlich sind Aussagen wie die letzte in künstlerischen Texten mit so genannter uneigentlicher Redeweise (oder übertragenem Sprachgebrauch) möglich, nicht aber in der Alltagssprache. Es können also nur die Elemente bestimmter Klassen miteinander kombiniert werden. So tragen im Satz *Das Freitagsgebet ... wird heute vom Revolutionsführer gesprochen.* (99 l) die Wörter *vom Revolutionsführer* und *wird gesprochen* beide das Merkmal ‚Lebewesen'. *Stein* hingegen trägt dieses Merkmal nicht, sodass die Kombination *Das Freitagsgebet wird heute von einem Stein gesprochen* nicht statthaft ist.

2.3.7.3 Subkategorisierung

Um festzulegen, welche Wörter miteinander kombiniert werden können, teilen wir die Wörter in einer Sprache in semantische Unterklassen oder **Subkategorien** ein. Dieser Prozess wird als **Subkategorisierung** bezeichnet. Solche Subkategorien wären etwa konkret, belebt, menschlich, zählbar u.a.m. Die Merkmale tragen binären Charakter, d.h. die Gegenteile von „+menschlich", „+belebt", „+zählbar", „+konkret" usf. sind „–menschlich", „–belebt", „–zählbar", „–konkret". Ein Element kann nicht zugleich beide Merkmale (also etwa +zählbar und –zählbar, für die Neutralisation bzw. Nichtanwendbarkeit ist das Zeichen ± üblich) tragen. Eine mögliche Subkategorisierung von *Stein*, *Revolutionsführer* und *sprechen* könnte so aussehen:

Stein	[+NP] [+GN] [+konkret] [-menschlich] [-belebt] [+zählbar]
Revolutionsführer	[+NP] [+GN] [+konkret] [+menschlich] [+zählbar]
	(das Merkmal +belebt kann entfallen, da es in +menschlich inkludiert ist)
sprechen	[+VP] [+V] [+menschlich]

[+NP] [+VP]: das Element kommt in einer NP bzw. VP vor, GN = Gattungsname im Gegensatz zu EN = Eigenname

Bei der Kombination der verschiedenen Elemente ist darauf zu achten, dass die Merkmale übereinstimmen: *Revolutionsführer* ist mit *sprechen* wegen des gemeinsamen Merkmals „+menschlich" kombinierbar, *Stein* und *sprechen* wegen des Fehlens eines gemeinsamen Merkmals hingegen nicht.

Diese Methode, die auf den ersten Blick schlüssig erscheint, hat jedoch einen entscheidenden Nachteil: Bis heute konnte innerhalb der GG keine Einigkeit über Wesen, Anzahl und hierarchische Ordnung der Subkategorien erzielt werden. (Man vgl. den Kontext zwischen „+menschlich" und „+belebt" im oben genannten Beispiel.)

Tiefenstruktur und Oberflächenstruktur   2.3.7.4

Oft sind Sätze mehrdeutig, d.h., sie können in mehrfachem Sinn interpretiert werden. Nehmen wir den Satz *Josef Wessely sitzt auf dem Bett in seinem Zimmer* (187) so kann er in zweifacher Weise aufgefasst werden. Wir sehen das, wenn wir versuchen, den Satz in mehrere Sätze aufzuspalten:

Josef Wessely sitzt in seinem Zimmer.   Die beiden NPs sind gleichgeordnet.
Josef Wessely sitzt auf seinem Bett.

PP = Präpositionalphrase

oder

Josef Wessely sitzt <u>auf dem Bett</u>.   Die NPs sind hierarchisch geordnet.

Das Bett befindet sich <u>in seinem Zimmer</u>.

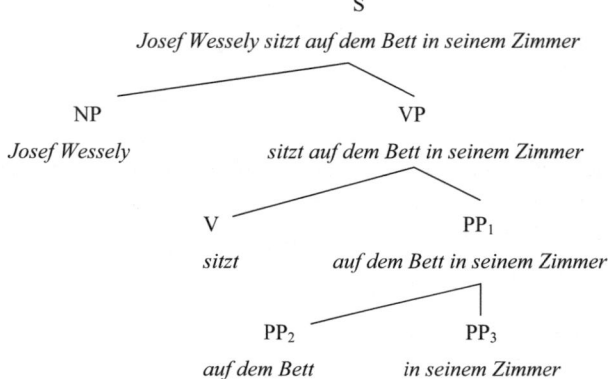

Die GG geht davon aus, dass ein PM die Struktur eines tatsächlich geäußerten oder äußerbaren Satzes, also eines Elements der Performanz, beschreibt. Bevor ein solcher Satz entsteht, muss er in den **mentalen Repräsentationen** des Sprechers aber erst gebildet werden – und das ist die Ebene der Kompetenz. Man stellt sich vor, dass die lexikalischen Einheiten in einem **mentalen Lexikon** gespeichert sind. Ein Satz muss auf beiden Ebenen „vorhanden" sein, dementsprechend spricht man von einer **Tiefenstruktur (DS** von *deep structure*, Element der Kompetenz-Ebene) und **Oberflächenstruktur (SS** von *surface structure*, Element der Performanz-Ebene). Die Tiefenstruktur ist wegen des Blackbox-Effekts nicht direkt beobachtbar, so dass die mentalen Repräsentationen im Verborgenen liegen. Sie werden erst sichtbar durch die **Transformation** des Satzes aus der Tiefenstruktur in die Oberflächenstruktur. Die Oberflächenstruktur lässt sich mit linguistischen Mitteln beschreiben und erlaubt damit Rückschlüsse auf die Tiefenstruktur.

Der Satz *Josef Wessely sitzt auf dem Bett in seinem Zimmer* repräsentiert somit eine Oberflächenstruktur, der zwei unterschiedliche Tiefenstrukturen zu Grunde liegen:

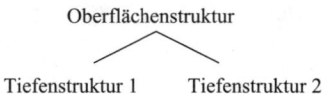

Der umgekehrte Fall ist demnach eine Tiefenstruktur, der zwei oder mehr Oberflächenstrukturen entsprechen. Dies liegt etwa vor bei einem Aktiv- und Passivsatz wie

Das Unternehmen hatte das abgelaufene Geschäftsjahr mit 130 Millionen Euro Verlust abgeschlossen. (81 r)

> Das abgelaufene Geschäftsjahr war vom Unternehmen mit 130 Millionen Euro Verlust abgeschlossen worden.

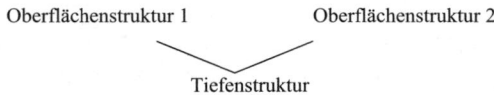

Oberflächenstrukturen sind aber auch untereinander durch Transformationen vernetzt. Das zeigt sich, wenn ein Aktiv- in einen Passivsatz umgeformt wird und umgekehrt: Die NP im Nominativ des Aktivsatzes (*das Unternehmen*) wird dabei zur PP im Dativ des Passivsatzes (*vom Unternehmen*) usf.

Oberflächenstruktur 1 ⟵⟶ Oberflächenstruktur 2

Hypotaktische Satzverbindungen („Haupt- und Nebensätze") werden in der GG in einfache Sätze aufgelöst:

Sartre schloss, solche Haftbedingungen hätten die psychische Vernichtung des Gefangenen zum Ziel. (205 l)

> Sartre schloss, dass solche Haftbedingungen die psychische Vernichtung des Gefangenen zum Ziel hätten.

> Solche Haftbedingungen hätten die psychische Vernichtung des Gefangenen zum Ziel. Sartre schloss das.

Ein Beispiel für einen uneingeleiteten Nebensatz:

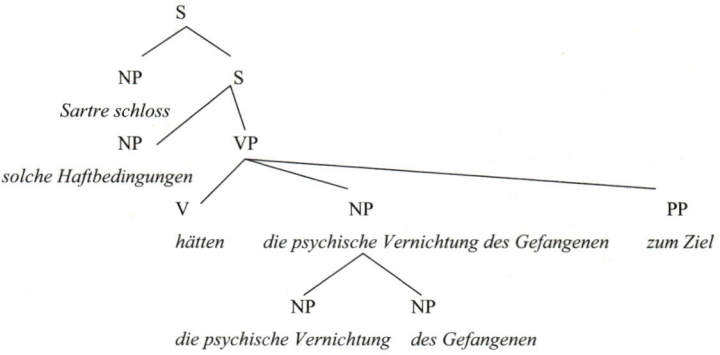

Satzverbindungen (Konjunktoren) stellen dabei die Verbindung zwischen Haupt- und eingeleiteten Nebensätzen dar:

Die Ersetzungsregeln können auf sich selbst angewendet werden. Damit entsteht der Mechanismus der **Rekursivität** (**Rekursion**), der die Möglichkeit der Schleifenbildung eröffnet. Dabei wird der **Output** einer Ersetzung wiederum zum **Input**:

$$\text{NP} \rightarrow \text{ART N NP} \qquad \textit{der Chef der Abteilung}$$

Die NP der Ausgabe (rechts vom Pfeil) wird in einem zweiten Schritt wiederum an die Stelle der NP links vom Pfeil eingesetzt:

der Abteilung → ART N NP	*der Abteilung des Mutter-konzerns*
des Mutterkonzerns → ART N NP	*des Mutterkonzerns der Firmengruppe*

sodass die NP *der Chef der Abteilung des Mutterkonzerns der Firmengruppe* entsteht, die im Grunde beliebig erweiterbar ist.

2.3.7.5　Total oder trivial?

Es muss ausdrücklich betont werden, dass sich die vorliegende Darstellung als in keiner Weise erschöpfende Erklärung der Syntaxmodelle versteht. Sie verfolgt nur den Zweck, in die Denkweisen und Grundansichten der drei Syntax- und Sprachtheorien Traditionelle Grammatik, Dependenzgrammatik und Generativistik einzuführen. Gerade bei der Generativen Grammatik bewegt sich der Grammatiker zwischen Skylla und Charybdis: entweder wird seine Beschreibung sehr ausführlich (FELIX und FANSELOW machen dies auf 580 eng bedruckten Seiten) oder sehr einfach. Nach jahrelanger Erfahrung im Unterricht sind die ausführlichen Darstellungen oft schwer verständlich und passen nicht in den Rahmen einer ersten linguistischen Einführung, weil sie zu komplex sind. Will man aber nur die Grundprinzipien dieser Grammatikrichtung darstellen, muss man notwendigerweise an der Oberfläche und damit trivial bleiben. Ich habe mich für die Trivialität entschieden. Für die weitere Einführung wird ausdrücklich die Syntax-Darstellung von CHRISTA DÜRSCHEID (Opladen 2003) empfohlen.

Textgrammatik | 2.4

Die sprachliche Einheit „Text" wurde in den letzten Jahrzehnten stärker in den Vordergrund gestellt. Durch die „Pragmatische Wende" waren sich die Linguisten stärker bewusst, dass die sprachlichen Äußerungen zwar auf Phonemen und Morphemen basieren, dass Kommunikation aber offenbar auf anderen Ebenen abläuft. Allerdings ist die Terminologie etwas verwirrend. Im Deutschen steht oft als Oberbegriff für jede Art von Kommunikation „Diskurs", der sich aus schriftlicher (Text) und mündlicher Verständigung (Gespräch oder Konversation) zusammensetzt. Die Texte selbst können wieder auf unterschiedliche Arten untersucht werden, einerseits im Rahmen der Grammatik oder Systemlinguistik (Textgrammatik), im Rahmen der Pragmatik (Textpragmatik) oder aus semantischen Gesichtspunkten (Textsemantik). Wir konzentrieren uns im folgenden Kapitel auf die Textgrammatik.

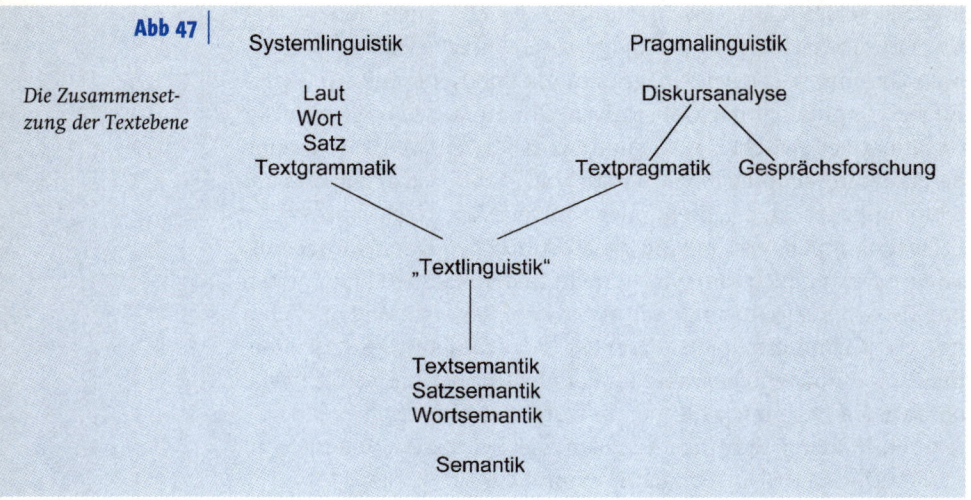

Abb 47

Die Zusammenset-
zung der Textebene

Es wird, besonders in Einführungen, gerne darauf hingewiesen, dass die Textlinguistik ihre Wurzeln in der antiken Rhetorik und der Stilistik hat. Wir teilen diese Meinung nicht: Die Rhetorik beschäftigt sich zwar mit der Schaffung und dem Präsentieren von Texten (und zwar von öffentlichen Reden), ist aber mit der modernen Textgrammatik nicht zu vergleichen, da diese als moderne Wissenschaft erst mit der Prager Schule in den 30er Jahren des 20. Jahrhunderts begründet wurde. Die Stilistik des 19. und 20. Jahrhunderts erschöpfte sich zumeist in willkürlichen und oft unbegründbaren Vorschriftensammlungen, die ebenfalls keine Beziehung zu einer deskriptiven Sprachbeschreibung erkennen lassen.
Die Satzlehre oder Syntax befasst sich mit dem einzelnen, isolierten Satz. Nun verständigen wir uns aber nicht mit einzelnen, isolierten Sätzen, sondern mit Äußerungen, die entweder kürzer oder – viel öfter – länger als ein Satz sind. Die Textgrammatik macht sich auf die Suche nach sprachlichen Strukturen, die über den Satz hinausgehen. Angesichts der methodischen Stringenz, mit der der Strukturalismus die Laut-, Wort-, Satz- und Bedeutungsebene dargestellt hat, ist dieser Schritt nur eine logische Konsequenz.

Die Anfänge der modernen Textgrammatik liegen, wie bei fast allen heutigen sprachwissenschaftlichen Richtungen, im Strukturalismus zu Beginn des vorigen Jahrhunderts. Bedenkt man, dass

Was ist ein Text?

Wenn wir fragen, was man in der Linguistik unter einem **Text** (von lat. *textus* ,Geflecht') versteht, werden wir ebenso wenig eine eindeutige Antwort erhalten wie auf die Frage nach dem Wesen eines Wortes oder eines Satzes. Das erklärt auch die wenig handfesten Definitionen, die in den sprachwissenschaftlichen Lexika unter dem Stichwort „Text" zu finden sind. Linguistische Darstellungen führen gerne abstrakte Gedichte an, mit deren Hilfe die Unmöglichkeit demonstriert wird, den linguistischen Textbegriff mit den Regeln der normativen Grammatik in Übereinstimmung zu bringen. Solche Extrembeispiele können allerdings nicht an die Problematik heranführen, da literarische/belletristische Funktionen eine besondere Art der Sprachverwendung darstellen.

Im Prinzip kann man auf zwei gegensätzliche Arten an das Phänomen Text herangehen:

1. Text ist etwas tatsächlich Geäußertes, also ein Element der parole. So muss letztlich jede sprachliche Äußerung als Text aufgefasst werden, auch wenn sie nur aus einem Satz, einem Wort oder gar einem Laut (wie *au!*) besteht. Wir können dann versuchen, aus allen realen Texten gemeinsame Merkmale herauszufiltern, auf deren Basis wir eine allgemeine theoretische Definition der Einheit Text erstellen. Wir gehen also induktiv vor. Auf diese Weise kann man etwa die einfache Feststellung treffen, dass Texte aus Einheiten („Sätzen") bestehen, die miteinander in einem semantischen Zusammenhang stehen. Eine willkürliche Anhäufung von sprachlichen Aussagen wie *Gestern hat es in Strömen geregnet. Der Kanzler trinkt ein Glas Bier. In England fährt man auf der linken Straßenseite* wird daher normalerweise nicht als Text bezeichnet.

2. Wenn man den umgekehrten Weg beschreitet, also Text zuerst theoretisch erfassen will, nennt man das deduktiv. Es werden Merkmale gesucht, die als Anforderungen an die theoretische linguistische Einheit „Text" gestellt werden. Sprachliche Äußerungen, die diese Merkmale nicht aufweisen, stellen demnach keinen Text dar. Eines der berühmtesten Beispiele ist die Forderung nach der kommunikativen Funktion, die ein Text nach DE BEAUGRANDE/DRESSLER 1981 zu erfüllen hat; tut er das nicht, handelt es sich um einen „Nicht-Text" (s. Kap. 4.3.4).

für den Strukturalismus der Satz die oberste Untersuchungseinheit darstellt (vgl. die berühmte Satzdefinition von LEONARD BLOOMFIELD), so ist die Ausweitung der strukturalistischen Methode auf den Textbegriff ein großer methodischer Fortschritt. Einer der wichtigen Vorläufer der heutigen Textlinguistik ist FRANTIŠEK DANEŠ mit seinem dreistufigen Sprachmodell, der Drei-Ebenen-Konzeption (bzw. den drei Ebenen der Sprachbeschreibung). Er greift die Begriffe **Thema** (der Gegenstand der Mitteilung, das Bekannte) und

▶ **Die Satzdefinition von LEONARD BLOOMFIELD**
„Es ist einsichtig, dass die Sätze in jeder beliebigen Äußerung durch die bloße Tatsache voneinander abgegrenzt sind, dass jeder einzelne Satz eine unabhängige sprachliche Form darstellt, die nicht durch irgendeine grammatische Konstruktion in eine größere sprachliche Form eingebettet ist."

LEONARD BLOOMFIELD (1933)

Rhema (das Neue) auf, die HERMANN AMMANN vor ihm zur Bezeichnung der Informationsstruktur in einem Satz geprägt hatte (1928). Nach DANEŠ gibt es drei Ebenen der Grammatik:
1. die Ebene der grammatischen Struktur eines Satzes
2. die Ebene der semantischen Struktur eines Satzes
3. die Ebene der Organisation der Äußerung

Die ersten beiden Ebenen haben festen, statischen Charakter und entsprechen einerseits den syntaktischen Konventionen eines Sprachsystems und andererseits den semantischen Grundvoraussetzungen, die aus der Zusammensetzung semantischer Kategorien in einem Gefüge resultieren. Ihnen steht die Ebene der kommunikativen Organisation oder Gliederung einer Äußerung gegenüber. Die Mittel, mit deren Hilfe die kommunikative Gliederung erfolgt, sind nicht satzsyntaktischer Art, sondern suprasegmental (d.h. sie sind nicht segmentier- und isolierbar, z.B. Tonhöhenverlauf, Betonung u.a.m.). Die aktuelle Gliederung eines konkreten Satzes (d.h. die semantischen Elemente einer Äußerung) hängt somit von der jeweiligen

▶ **Die Drei-Ebenen-Konzeption von DANEŠ sieht die Grammatik in die Ebenen der grammatischen und der semantischen Struktur eines Satzes sowie in die Ebene der Organisation der Äußerung gegliedert.**

Kommunikationssituation und dem jeweiligen Kontext einer Äußerung ab.

Daneš erfasst die Kernrolle, die das Thema bzw. die Abfolge von Themen im Text spielt, und geht damit über den einzelnen Satz hinaus. Sein zentraler Begriff lautet **thematische Progression**. Sie spielt bei der Textkonstitution eine besondere Rolle und stellt einen entscheidenden Faktor für das Strukturgerüst und die Kohärenz des Textes dar.

Ein Text wird u.a. dadurch zu einem kohärenten Ganzen, dass zwischen den thematischen Strukturen seiner Sätze Relationen bestehen, die Daneš als fünf Typen thematischer Progression beschreibt. Es handelt sich um fünf grundlegende Möglichkeiten, Äußerungen thematisch miteinander zu verbinden:

1. Einfache lineare Progression: Das Rhema der ersten Äußerung wird zum Thema der zweiten Äußerung usw. Dadurch wird ein linearer Fortgang erzielt, z.B.:

   Wenn es so ist, wie Sepp Maier sagt, dass Kahns Kopf sein Geheimnis birgt, sollte man es auf seinem Gesicht suchen. Es ist ein knautschiges Gesicht, ziemlich alt für einen Mann von 33 Jahren, und jede Falte hat etwas zu erzählen. Er [der Mann von 33 Jahren] trägt kleine Narben, eine stammt von einem Golfball, den ein Zuschauer in Freiburg nach ihm geworfen hat ... (71 r)

2. Progression mit einem durchlaufenden Thema: Das Thema der ersten Äußerung wird in der nächsten Äußerung wieder aufgenommen. So entsteht eine Kette von Äußerungen, die sich auf ein und dasselbe Thema beziehen, z.B.:

   Der Fluss [die Müglitz] fraß sich durch die Häuser. Zehn Stunden lang blieb er auf dem Höchststand. Er hatte insgesamt 24 Stunden Zeit, Weesenstein in den Naturzustand zurückzuschlagen. Die Müglitz unterspülte die Bundesstraße, riss Sandsteinquader und Leitplanken mit sich und wusch das Gleisbett der alten Bahnlinie fort. (248 r)

3. Progression mit abgeleiteten Themen: Die Themen von aufeinander folgenden Äußerungen werden aus einem Hyperthema abgeleitet, z.B.:

   Es dauerte bis sieben Uhr, bis der erste Hubschrauber in dem Unwetter auftauchte. Er schlingerte im Wind, machte einige vergebliche Anläufe, eine Schlaufe hinunterzulassen, und drehte wieder ab. Zehn Minuten später erschien ein zweiter, größerer Helikopter des Bundesgrenzschutzes. (250 r) [Das Hyperthema ist das Eintreffen der Hilfe durch die Hubschrauber.]

4. Entwicklung eines gespaltenen Rhemas: Bei einem Rhema, das mehrere Elemente enthält, wird in den folgenden Äußerungen jeweils ein Teil des Rhemas als Thema aufgenommen, z.B.:

   Weil die Akte Libyen bald geschlossen wird, suchen die Newbergers und Kreindlers jetzt nach staatlichen Unterstützern von Al-Qaida. Iran? Newberger legt die Stirn in Falten. „Ziemlich unwahrscheinlich." Irak? Da war das Treffen zwischen einem irakischen Geheimdienstler und Mohammed Atta in Prag, da sind angebliche Beweise aus dem Pentagon, die von der CIA bezweifelt werden, doch die CIA steht in Washington derzeit nicht hoch im Kurs. „Abwarten", sagt Kreindler. Saudi-Arabien? (31 l) [Im ersten Rhema werden die Newbergers und Kreindlers genannt, die später jeweils gesondert wieder aufgenommen werden.]

5. Progression mit einem thematischen Sprung: Ein Glied der thematischen Kette wird ausgelassen, kann aber leicht aus dem thematischen Kontext abgeleitet werden. Allerdings sind hier die konkrete Kommunikationssituation und das geteilte Weltwissen der Kommunikationspartner entscheidend, z.B.:

   Ein letztes Mal. Josef war 51, bald würde er Vater werden. Ein letztes Mal wollte er über den großen Teich, um Geld zu beschaffen, Startkapital für eine neue Existenz. Dass es gefährlich sein würde, in Dörfern umherzuschleichen, wo sein Steckbrief an jeder Postautohaltestelle klebt, wusste er. Doch das Stehlen war ihm längst zur Routine und die Angst untreu geworden. In Ilanz, Graubünden, erkannten ihn zwei Schaffner der Rhätischen Bahn, man rief die Polizei, September 1980, er hatte 50 000 in bar bei sich, der Lohn der letzten Nacht. Als Isac Wessely, sein Sohn, am 4. November 1980 geboren wurde, saß der Vater im Hochsicherheitstrakt. (185 r) [Die Geburt des Sohnes wird ausgelassen, zum Schluss aber wieder aufgenommen.]

Der Beitrag von DANEŠ, auch als **funktionale Satzperspektive** bekannt, ist deswegen so wesentlich, weil er eine eigene Ebene für die Thema-Rhema-Gliederung ansetzt. Heute sucht die Textstrukturanalyse nach systematischen Beschreibungsmöglichkeiten der Zusammenhänge zwischen Sätzen (auf der grammatischen Ebene) und zwischen thematischen Einheiten (auf der thematisch-semantischen Ebene). Sein Modell stellt den ersten kohärenten Versuch dar, das Phänomen Text aus seiner inneren Struktur heraus zu verstehen. Vor diesem Hintergrund ist die Leistung der pragmatischen Textlinguistik besser zu verstehen. Besonders das Thema-Rhema-Konzept hat deutliche Spuren in der pragmatischen Sprachbeschreibung hinterlassen, und zwar unter dem Begriff des **Fokus.** Grundlage sowohl der Thema-Rhema-Gliederung als auch der Fokusbestimmung ist die Ansicht, dass ein Text durch den geregelten Wechsel von alten (bekannten) und neuen (unbekannten) Informationen strukturiert ist. Das Schema von DANEŠ basiert genau auf diesen Überlegungen. Nach moderneren Anschauungen wird jene Information, die dem Sprecher als mitteilenswert erscheint, Fokus genannt. Dieser Mitteilungswert strukturiert den Satz, z.B. durch Wort- und Satzgliedstellung.

Erklärung

▶ **Für das Verständnis der kommunikativen und strukturellen Einheit „Text" ist Folgendes grundlegend:**

1. **Ein Text wird von einem oder mehreren Produzenten (Textproduzenten) erzeugt, die sich dabei an gewisse Regeln (sowohl sprachinterner als auch sprachexterner Natur) halten müssen.**

2. **Diese Regeln sind aber – wie die Struktur einer Sprache allgemein – nicht direkt beobachtbar, sondern wiederum nur über den Umweg bereits produzierter, vorliegender Texte. Dabei muss berücksichtigt werden, dass etwaige im Produkt „Text" enthaltene Fehler nicht in die Sprachtheorie einfließen dürfen.**

3. **Der Text wird von Empfängern rezipiert. Die Texterzeugung muss auf die Rezipienten und die Umstände der Textrezeption Rücksicht nehmen.**

Textkonstituenten

2.4.1

Der Strukturalismus sucht durch Segmentieren und Klassifizieren die linguistische Einheit Text nach innersprachlichen Merkmalen, die einen „Text" von anderen linguistischen Einheiten (etwa „Satz") unterscheiden, zu bestimmen. Diese Merkmale werden allgemein als „textkonstituierende Merkmale" oder **Textkonstituenten** bezeichnet. Bevor wir näher darauf eingehen, müssen wir allerdings in einer vorwissenschaftlichen Argumentation festhalten, dass ein Text prinzipiell länger als ein Satz ist. Vorwissenschaftlich ist diese Ausgangslage deshalb, weil wir bereits festgestellt haben, dass auch der Satz bis heute keine exakte linguistische Definition erfahren hat. Wir setzen also voraus, wir wüssten, was ein Satz ist, und bauen darauf auf, dass ein Text dem Umfang nach mindestens zwei Sätze umfasst.

Folgende Textkonstituenten sind am bekanntesten:

1. Die **semantische Kohärenz**

 Man kann dies landläufig mit „sinngemäßes Zusammenpassen" umschreiben: Die einzelnen Sätze eines Textes müssen syntaktisch, semantisch und pragmatisch aufeinander abgestimmt sein. Die Textkohärenz umfasst daher sowohl syntaktische Elemente wie Relativpronomen, Konjunktionen u. dgl. als auch semantische Anknüpfungen wie Wortwiederholungen und Umschreibungen und pragmatische Merkmale wie Ironie etc. Denn nicht jede beliebige Aneinanderreihung von Sätzen kann als Text bezeichnet werden. Bei den Sätzen

 Gestern war Donnerstag. Die Hauptstadt von Bulgarien heißt Sofia. (PE)

 liegt kein Text vor, da keine semantische Kohärenz gegeben ist. Die semantische Kohärenz ist die erste und notwendigste Bedingung eines Textes.

2. Die **semantische Kohäsion**

 Damit sind jene sprachlichen Mittel gemeint, die einzelne Sätze oder Elemente darin semantisch aneinander binden. Zwei grundsätzliche Möglichkeiten stehen offen:

 a. Die **Rekurrenz** oder **Wiederholung**

 Ein oder mehrere Elemente werden ohne Veränderung wiederholt:

 Die Hauptstadt von Bulgarien heißt Sofia. Bulgarien hat etwa 8,77 Millionen Einwohner. (PE)

 Neben der **lexikalischen Rekurrenz (Wortwiederholung)** gibt es noch die phonetische Rekurrenz (durch Endreim, Stabreim, Vokalharmonie etc.) und die **grammatische Rekurrenz** (durch parallelen Satzbau u.a.m.).

 b. Die **Paraphrase** oder **Umschreibung**

 Hier referieren mehrere Ausdrücke auf denselben Inhalt:

 Bulgarien hat etwa 8,77 Millionen Einwohner. Die Hauptstadt des Landes heißt Sofia. (PE)

 Die paraphrasierenden Elemente werden auch als **Proformen** bezeichnet, da sie für den zuerst genannten Begriff stehen. Ein bekanntes Beispiel sind die Pronomina. Auch hier kann man zwischen lexikalischer und grammatischer (syntakti-

scher) Paraphrase unterscheiden, ein Beispiel für das Letztgenannte wäre etwa die Aktiv-Passiv-Transformation:
Die Natur unterrichtet uns. (47 l)
> *Wir werden von der Natur unterrichtet.*

3. **Koreferenz**

Die sprachliche Kraft, auf der Rekurrenz und Paraphrase beruhen, wird Koreferenz genannt: Sie beschreibt die Tatsache, dass
sprachliche Ausdrucksformen wie Morpheme, Wörter und Sätze
auf einen identischen Bedeutungsinhalt verweisen. So referieren die Einheiten *Bulgarien, das Land, es* etc. auf dasselbe Refe-
renzobjekt, sie koreferieren.

Wenn sie von ihrem Sohn spricht, dann mit zarten Worten. Ihre Stimme verliert dann alle
→   ←   ←   ←

Schärfe. Sie   will, dass man weiß, wie er war, und wie er vielleicht geworden wäre. (167 r)
←   →   →   ←   ←

Da jedes sprachliche Produkt linear (d.h. in der Zeit definiert) verläuft, kann die Koreferenz in der Zeit in verschiedene Richtungen
verlaufen: Man hat die Möglichkeit, auf etwas zu verweisen, das
schon genannt worden ist, oder auf etwas, das noch genannt werden wird, oder man kann zwischen etwas Genanntem und etwas
noch zu Nennendem vergleichen. Demzufolge sind folgende Arten
der Koreferenz unterscheidbar:

a. vorwärtsverweisend oder **kataphorisch**

Das kataphorische Element verweist auf einen Begriff, der noch
folgt. In unseren Beispielsätzen steht das Symbol → für kataphorische Elemente: *Wenn* lässt ein folgendes *dann* erwarten, *will*
deutet auf das, was gewollt wird, und *weiß* auf das, was gewusst
werden soll.

b. rückwärtsverweisend oder **anaphorisch**:

Das anaphorische Element, im Beispiel mit ← markiert, weist
auf einen bereits genannten Begriff: *dann* stellt die Verbindung
zum früheren *Wenn* her, *Ihre (Stimme)* und das *Sie* im zweiten
und dritten Satz verweisen auf das *sie* des ersten Satzes. Und die
beiden *er* im dritten Satz beziehen sich natürlich auf *von ihrem
Sohn.*

c. kataphorisch und anaphorisch

Es gibt auch Elemente, die zugleich rückwärtsverweisend und vorwärtsverweisend sind. Dies ist vor allem im Vergleich der Fall (*größer als* etc.), aber auch bei *Trotz allem heiter.* (207 r)

4. Semantische Kontiguität

Im Text

> *Der Außenminister in seinem knappen* <u>*Laufhöschen*</u> *ist bester Dinge. Er schnallt sich das* <u>*Pulsmessband*</u> *von der Brust, streckt die* <u>*durchtrainierten*</u> *Beine wohlig weit ab und schaut angriffslustig in die Runde. Es sei gut gewesen, sagt er, dass die Feuerwehr* <u>*nach fünf Kilometern ein Wasserdepot*</u> *eingerichtet habe.* (225 l)

beziehen sich die unterstrichenen Wörter auf das Ausüben einer Sportart. Wie unschwer zu erkennen ist, handelt es sich um Laufen. Man muss nicht besonders erklären, dass man beim Jogging eine Laufhose trägt, eventuell ein Pulsmessband umgeschnallt hat und so fort.

Als Textproduzent kann ich auf dieses Wissen vertrauen und muss die Details demnach nicht gesondert erklären.

5. Syntaktische Textkonnektoren

Darunter sind Elemente zu verstehen, die, wie bereits angedeutet, durch ihre Funktion im Satz als Textkonnektoren verwendet werden. Dazu gehören vor allem

— Konjunktionen (*weil, wenn* etc.)
— Adverbia (*dahin, dorthin* etc.)
— Relative Anschlüsse (*der, in dem* etc.)
— Parataxe vs. Hypotaxe
— Wortstellung, Satzgliedstellung
etc.

6. Tempus und Modus

Bisher war in erster Linie vom nominalen Bereich die Rede. Es ist aber einsichtig, dass die Verbformen eine zumindest gleich große Rolle im Text spielen. So sind die **Satzmorpheme** wie Tempus und Modus für den Aufbau eines Textes von grundlegender Bedeutung. Es ist eben nicht unerheblich, ob ein Text im Indikativ oder Konjunktiv (bzw. Optativ) steht und wie Erzählzeit und zeitlicher Verlauf (Vorzeitigkeit, Nachzeitigkeit etc.) gewählt sind.

7. **Hervorhebungen** und **Textverweise**

Gewisse Mittel erlauben die Hervorhebung bestimmter Elemente im Text: *Ist was für praktische Menschen, die Glock 17.* (270) Hierzu gehört auch die Linksversetzung. Ein Text kann sich auch auf einen anderen Text oder sich selbst beziehen (**Diskursdeixis** oder **Textdeixis**, s. Kap. 4.1.3):

> *Vielleicht ist es ein bisschen so, wie wenn man einer perfekten Frau begegnet und sich doch nicht in sie verliebt. Moment mal. Was hat das Wort „verliebt" in dieser Geschichte zu suchen?* (270)

8. Sprecherabsicht und Hörererwartung

Der **Textproduzent** muss bei der Texterzeugung für seine Absichten die geeigneten Textformen und -konstituenten finden. Genau so geht jeder **Textrezipient** mit einer gewissen Erwartungshaltung an einen bestimmten Text heran. So wird man in einem Kochrezept keine lyrischen Einlagen über die Schönheit der Natur erwarten, sondern eine nüchtern-sachliche Anleitung, wie ein bestimmtes Gericht zuzubereiten ist. Aber auch hier gibt es keine bindend festen Regeln: Man kann diese Erwartungen natürlich auch bewusst enttäuschen, um besondere Aufmerksamkeit zu erregen – in der Werbung erleben wir dies jeden Tag.

Textsortenproblematik 2.4.2

Alle diese und weitere, nicht genannte Textkonnektoren geben nun Anlass zu der Vermutung, man könne mit ihrer Hilfe eine Einteilung verschiedener Texte und so objektive Merkmale für die Bestimmung von **Textsorten** (oder **Textarten**) erhalten. Eine objektive oder zumindest allgemein anerkannte Textsorteneinteilung ist allerdings noch immer eines der vordringlichsten Desiderata der Textlinguistik. Dies hängt auch mit der bereits erwähnten Tatsache zusammen, dass man jede Art von Merkmalen in einem bestimmten Text umgehen oder ersetzen kann – so lassen sich in ein Kochrezept durchaus Gedichte einstreuen, ohne dass dadurch die Grundabsicht der Textsorte „Kochrezept" ungültig wird. Einen sehr frühen, interessanten und viel zitierten Versuch der Einteilung lieferte BARBARA SANDIG (1972):

Abb 48

Textsortenmatrix

	familiäres Gespräch	Diskussion	Gebrauchsanweisung	Telegramm	Zeitungsnachricht	Rundfunknachrichten	Stelleninserat	Reklame	Vorlesungsmitschrift	Vorlesung(sstunde)	Traueranzeige	Weiterbericht	Kochrezept	Arztrezept	Gesetzestext	Telefongespräch	Brief	Interview	
	+	+	I	I	I	+	I	++	I	+	I	++	++	I	+	I	+	+	gesprochen
	+	++	I	I	I	I	I	+	++	I	++	I	I	I	I	I	++	++	spontan
	I	I	+	+	+	+	+	++	+	+	+	+	+	+	I	++	I	I	monologisch
	++	I	I	I	I	I	I	++	I	I	I	I	I	I	I	I	I	I	dialogische Textform
	+	++	I	I	I	I	I	++	I	+	I	+	I	++	I	I	I	++	räumlicher Kontakt
	+	+	I	I	I	+	I	++	I	+	I	+	++	I	I	+	I	+	zeitlicher Kontakt
	+	+	I	I	I	+	I	++	I	+	I	++	++	I	I	±.	I	+	akustischer Kontakt
	++	I	++	+	+	++	+	++	++	+	+	+	+	+	+	+	+	++	Form des Textanfangs
	I.	+	I	+	I	+	+	++	I	++	+	I	I	+	+	+	+	++	Form des Textendes
	I	I	I	I	I	I	+	I	I	I	+	+	+	I	I	I			weitgehend festgelegter Textaufbau
	I	+	+	+	+	I	+	++	+	+	+	+	+	+	++	++	+		Thema festgelegt
	+	+	I	+	I	I	+	++	I	+	++	I	I	I	I	+	+	+	1per
	+	+	++	++	I	I.	+	++	I	++	I	++	I	I	I	I	+	+	2per
	+	+	+	+	+	+	+	++	++	I	+	+	+	I	+	+	+	+	3per
	++	++	++	++	I	I	+	++	+	I	+	I	I	++	I	I	++	++	Imperativformen
	++	+	I	I	+	+	I	++	I	++	I	I	I	I	I	I	++	++	Tempusformen
	++	I	++	+	I	I	++	++	+	I	++	++	+	I	++	++			ökonomische Formen
	+	++	++	I	I	++	I	++	I	++	I	++	I	I	I.	I	++	++	Redundanz
	++	+	++	+	+	+	+	++	++	++	++	+	+	+	++	+			Nichtsprachliches
	+	++	I	++	I	I	I	I	+	I	++	I	I	I	I	++	++	I	Gleichberechtigte Kommunikationspartner

In dieser Matrix ist auf der einen Achse eine Auswahl aus verschiedenen Textsorten (Interview, Brief, Telefongespräch etc.) eingetragen, wobei die Mischung von mündlichen und schriftlichen Texten auffällt. Auf der anderen Achse steht eine Auswahl aus verschiedenen Textkonnektoren oder sonstigen Merkmalen (gesprochen, spontan, ... Thema festgelegt, ... 1. Person etc.). Durch das Vorhandensein oder Fehlen eines Merkmales (bzw. das Zeichen ± als Indikator für die Nichtanwendbarkeit dieses Merkmals) werden so in typisch strukturalistischer Manier unterschiedliche Textsorten von einander abgegrenzt. Auch hier stehen wir wieder vor dem schon öfter angesprochenen methodischen Problem, dass wir vor der genaueren Einteilung bereits ein vorwissenschaftliches Wissen über bestimmte Textsorten haben müssen (sonst könnten wir Interview, Brief, Telefongespräch etc. gar nicht voneinander unterscheiden), das dann durch die linguistische Untersuchung genauer fundiert oder verworfen wird.

Zusammenfassung

▶ Die Systemlinguistik, hier auch als Grammatik bezeichnet, versucht, das abstrakte Regelwerk einer Sprache zu erforschen und zu beschreiben. Besonders der Strukturalismus hat hier grundlegende und bis heute gültige Methoden vorgelegt. Man geht davon aus, dass die Sprache aus verschiedenen „sprachlichen Ebenen" besteht: der Lautebene, Wortebene, Satzebene und Textebene.

Noch vor dem Strukturalismus entstanden und sich als Naturwissenschaft verstehend, untersucht die Phonetik das Lautinventar einer Sprache unabhängig von seiner kommunikativen Funktion. Die Artikulatorische Phonetik beschreibt die Laute der menschlichen Sprache(n) anhand der Besonderheiten ihrer Produktion. Die Akustische Phonetik ist sehr stark von der Technik abhängig, da sie sich mit den physikalischen Eigenschaften der Lautübertragung in der Luft beschäftigt. Der jüngste Zweig, die Auditive Phonetik, setzt bei der Lautrezeption an und untersucht die medizinischen, anatomischen, psychischen und physikalischen Bedingungen des Hörverstehens.

Auch die Wortebene wurde bereits von den Junggrammatikern und ihren Vorgängern intensiv erforscht. Wortbildung im traditionellen Sinn wird noch bis heute betrieben. Daneben entwickelte der Strukturalismus, der den Wortbegriff als zu ungenau ablehnt, mit der Morphologie eine neue Forschungsmethode, die die Bedeutungseinheiten einer Sprache in Morpheme einteilt. Allerdings haben wir bis heute nur „Wörterbücher" und keine „Morphembücher". Man merkt auch sehr deutlich, dass die klassische Morphologie nicht anhand des Deutschen entwickelt worden ist, da seine Struktur komplexere Beschreibungsmethoden verlangt.

Die Satzebene schließlich wird von vielen Linguisten als die wichtigste angesehen, da die Satzlehre oder Syntax sehr oft mit

Zusammenfassung

der Grammatik selbst identifiziert wird. Wie kompliziert diese Ebene ist, wird allerdings daran deutlich, dass sich bis heute weder eine bestimmte Syntaxrichtung durchsetzen noch eine vollständige Satzlehre einer Sprache vorgelegt werden konnte. Die Satzerzeugung wird auch sehr oft mit dem Erwerb der Sprache gleichgesetzt oder zumindest in ursächlichem Zusammenhang gesehen. Wir haben die drei heute bedeutendsten Syntax-Richtungen im deutschsprachigen Raum vorgestellt, die Traditionelle Grammatik, die Dependenzgrammatik und die Generative Grammatik.

Auch die Textebene ist von einer Vielfalt an Untersuchungsmethoden gekennzeichnet. Es handelt es sich zudem um eine relativ junge Wissenschaftsdisziplin. Wenn man nach der Sprachstruktur eines Textes fragt, muss man Elemente finden, die mehrere Sätze zu einer Einheit (lat. *textus* ‚Geflecht') zusammenfügen. Diese Elemente können Einzelwörter, aber auch Wortgruppen, grammatische Kategorien (Tempus, Modus) oder inhaltliche Anknüpfungen sein.

Die Systemlinguistik versucht, „innersprachliche" (sprachinterne) Merkmale zu finden. Sie lässt die Beziehung der sprachlichen Einheiten zu Außersprachlichem (Sprachexternem) außer Acht, mit diesem Bereich beschäftigen sich die Pragmatik und die Semantik.

Übungen

1 ● Transkribieren Sie folgenden Text nach den Regeln des Aussprache-Dudens (wie auf S. 82)
   1. Zehn Männer standen im Raum.
   2. Einer öffnete den Koffer und sah die kleinen Schuhe, die sie ihren Kindern gekauft hatte.
   3. Zehn Männer.
   4. Einer stellte Fragen, wie viele Kinder hast du?
   5. Und sie wusste, die Fragen waren nur Schein.

Übungen

6. Man schloss den Koffer, sie sah die bunten Schuhe nicht mehr, und der Bus fuhr weiter, hinüber in die Sicherheit, Chile, Ausland, ohne Silvia Tolchinsky.
7. Ich möchte vergessen, sagt die Frau, möchte mein Leben keinem erzählen, mein Leben gehört mir.
8. Sie redet langsam, streichelt sich den Hals.
9. Dann war Ruhe.
10. Und sie wusste, diese Schuhe siehst du nie mehr.
11. Es war ein heller Tag. (124)

● Vergleichen Sie die acht Wortarten in der 3. Auflage der Duden-Grammatik von 1973 (Verb, Substantiv, Adjektiv, Pronomen, Adverb, Partikel, Präposition, Konjunktion) mit den Wortarten der 6. Auflage (1998). Worin bestehen Gemeinsamkeiten und Unterschiede? **2**

● Erklären Sie, wieso das Wortartenschema auf S. 106 nicht wirklich homogen ist, also nicht auf einem einzigen Kriterium beruht. **3**

● Beschreiben Sie folgende Laute mit den Merkmalen der artikulatorischen Phonetik:
[yː], [ç], [ʙ], [ɭ], [kx], [ɳ] **4**

● Notieren Sie folgende Laute des Deutschen in der API-Schrift: **5**
stimmhafter dentaler (oder alveolarer) Plosiv
vorderer, mittlerer, ungerundeter kurzer Vokal
   bilabialer Nasal
   hinterer, gerundeter, mittlerer langer Laut
   dentaler (oder alveolarer) Vibrant
   stimmhafter labiodentaler Frikativ

● Beschreiben Sie den Aufbau des menschlichen Ohres. **6**

● Bestimmen Sie die Wortbildungsarten in den folgenden Wörtern: **7** *(sich) betten, lufthungrig, Mannweib, Gotteswort, Laser, Nahrungs-mittel*

8 ● Analysieren Sie folgenden Satz nach der TG, DG und GG:
Der Linguist liebt einfache Sätze.

9 ● Bestimmen Sie bei folgenden Sätzen die Stellungsfelder:

a *Bohley und Fischer wollen einen Prozess.* (159 r)

b *Was soll er machen?* (175 r)

c *Hilbig musste seine ID-Karte und seinen Schlüssel abgeben.* (81 l)

d *Wer ihm begegnet, merkt schnell, dass der ehemalige Vollzugsbeamte es nicht mehr nötig hat, sich freizureden.* (192 l)

e *Bei Jacques Derrida, zu dem man immer greifen kann, wenn man einen schlauen Spruch braucht, findet sich eine andere Deutung.* (139 l)

f *Ist es nicht herrlich, wie er das macht?* (175 l)

10 ● Markieren Sie in folgendem Text alle anaphorischen und kata-phorischen Elemente:

Sie konnten beobachten, wie er sich an der Scheunenwand zu schaf-fen machte, dort einige Bretter entfernte und in die Scheune einstei-gen konnte. Das Scheunentor wäre offen gewesen, und deshalb wur-den die Beobachter erst recht aufmerksam ... Die Melder konnten mit dem Fernglas weiter beobachten, wie der Einschleichende die Bretter wieder fein säuberlich in die Nut der Pfostern und Streben einsetzte. (178)

Semantik: Sprache und Welt | 3

Der Begriff **Semantik** wurde 1880 von MICHEL BRÉAL (1832–1915) geprägt und löste den älteren Terminus **Semasiologie** (so noch bei SAUSSURE) ab. Semantik ist die ‚Lehre von der Bedeutung sprachlicher Zeichen‘. Da die sprachlichen Zeichen eine Teilmenge der Zeichen im Allgemeinen sind, ist die Semantik selbst ein Teilgebiet der **Semiotik**, der ‚Lehre von den Zeichen im Allgemeinen‘. Daraus folgt, dass es neben den sprachlichen (verbalen) Zeichen noch andere Zeichen geben muss, eben die nichtsprachlichen oder nonverbalen Zeichen wie Lotsenflaggen, Gesten usw. (*verbal* bezieht sich in dieser Verwendung auf *verbum* ‚Wort‘ und nicht auf das Verb als Wortklasse). Die Semantik ist eines der komplexesten Gebiete der Sprachwissenschaft, und sie hat enge Berührungspunkte mit der Philosophie, Logik, Mathematik und anderen Wissenschaftsdisziplinen. Für viele ist die Zeichenlehre die Grundlage und der Ausgangspunkt für jegliche geisteswissenschaftliche Beschäftigung, sodass sie manchmal nicht direkt zur Linguistik gezählt wird.

3.1 | Das sprachliche Zeichen

Die Semantik kann als „Schnittstelle" zwischen der Sprache und der realen Welt, die uns umgibt, gesehen werden. Die Kernfragen lauten: Wie referiert der Mensch mit seiner Sprache auf die Welt, in der er lebt? Das sprachliche Zeichen steht für etwas anderes, aber was ist dieses Andere seiner Natur nach (ein Ding, ein Gedanke etc.) und wie ist die Beziehung zwischen Zeichen und Bezeichnetem gestaltet?

FERDINAND DE SAUSSURE lehrt, dass dieses Etwas eine geistige Vorstellung ist.

Abb 49 | *Das sprachliche Zeichen bei Ferdinand de Saussure*

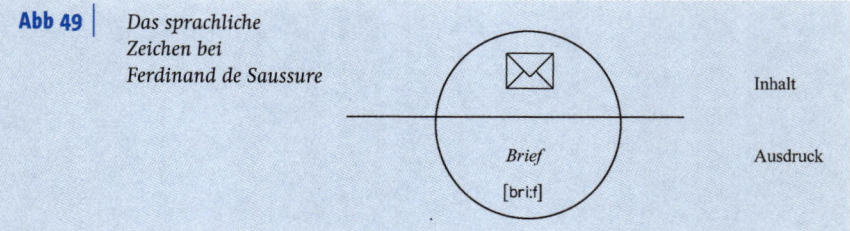

Inhalt

Brief

[briːf]

Ausdruck

Eine geistige Vorstellung können wir uns von Dingen, Sachverhalten oder auch Gewünschtem oder Irrealem (etwa *Dionysos* ‚griechischer Gott des Weines') machen. Allerdings führt SAUSSURE dieses einfache Modell nicht weiter aus, so dass es bereits von seinen Zeitgenossen als zu eng kritisiert worden ist. In der Tat wird die reale Welt zur Gänze ausgespart, und dies stellt doch das Kernproblem sprachlicher Zeichen dar: Wie ist ihr Verhältnis zur realen Welt, in der wir leben, begründet und organisiert?

Diesen fehlenden Bezug lieferten die Amerikaner CHARLES KAY OGDEN (1889–1957) und IVOR ARMSTRONG RICHARDS (1893–1979) in ihrem forschungsgeschichtlich bedeutsamen Buch „Die Bedeutung der Bedeutung" bereits 1923 (also ein Jahr nach der wissenschaftsgeschichtlich bedeutsamen zweiten Auflage des „Cours") mit dem Entwurf ihres **semiotischen Dreiecks**:

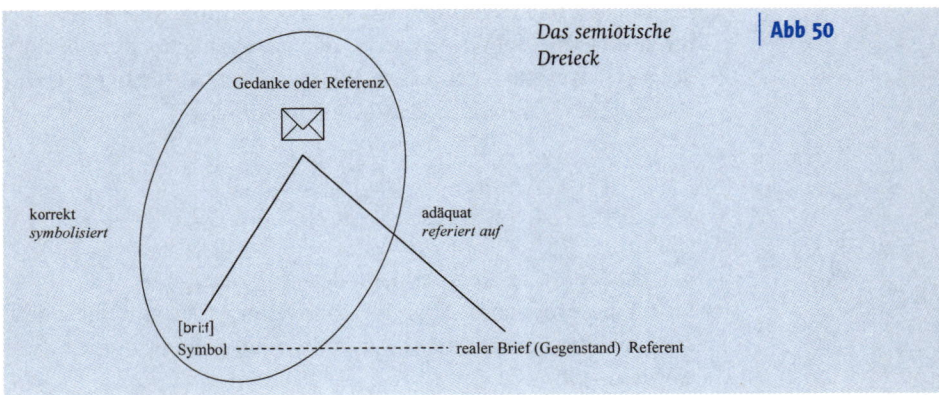

Das semiotische Dreieck

Abb 50

Die Ellipse in dieser Graphik symbolisiert das SAUSSURE'sche Modell, der Referenzbezug ist die Erweiterung von OGDEN und RICHARDS. Der Grundgedanke besteht darin, dass das sprachliche Zeichen nicht direkt auf außersprachliche Objekte hinweist (daher die unterbrochene Linie von Symbol zu Referent), sondern über den Umweg der Vorstellung. Das Zeichen *Brief* etwa weist neben seinem materiellen Körper und seiner Vorstellung („Bedeutung"), die es hervorruft, auf ein außersprachliches Objekt hin. Dies ist die Referenz von *Brief*. Begriffe wie *Ehre* oder *Dionysos* etwa haben zwar einen Inhalt und eine Vorstellung, hingegen keine Referenz. Das Modell verwirft daher die simple Etikett-Beziehung, die in landläufigen Meinungen über Sprache oft angetroffen werden kann, nämlich dass sprachliche Begriffe für Dinge stünden, also mit der außersprachlichen Realität eine 1:1-Beziehung eingingen. Man kann auch die **Bedeutung** als Funktion des Ausdrucks, die **Referenz** hingegen als Funktion des Gebrauchs dieses Ausdrucks verstehen.

Das Zeichenmodell von SAUSSURE bzw. OGDEN und RICHARDS ist aber nicht das Einzige. Bereits eine Generation vor SAUSSURE hatte sich der amerikanische Philosoph CHARLES SANDERS PEIRCE (1839–1914), der heute als Begründer des philosophischen Pragmatismus (aus dem die linguistische Pragmatik erwuchs) gilt, Gedanken über die angesprochenen Grundprobleme gemacht. Er kommt zum Schluss, dass es drei Arten von Zeichen gibt, je nach der Art und Weise, wie sie mit der realen Welt interagieren. Folglich gibt es bei CHARLES S. PEIRCE auch drei Arten des sprachlichen Zeichens.

1. Ein Zeichen ist ein **Ikon**, wenn seine Beziehung zum Bezeichneten auf einem Abbildverhältnis, d.h. auf Ähnlichkeiten, beruht. So gesehen weisen sehr viele Piktogramme Ähnlichkeiten mit realen und identifizierbaren Objekten auf wie

in der Bedeutung ‚(hier ist) Rauchen verboten‘.
In der gesprochenen Sprache können gewisse onomatopoetische Ausdrücke wie *bim bam* oder *miau* als Ikonen interpretiert werden.

2. Ein Zeichen kann als eine „Reaktion" auf ein Element gesehen werden. Ein Zeichen dieser Art wird von PEIRCE als **Index** oder **Symptom** bezeichnet, es steht zum Bezeichneten in einem kau-

▶ **Ein Onomatopoetikon (Pl.: Onomatopoetika) ist ein lautimitierendes bzw. schallnachahmendes Zeichen, das allerdings entgegen einer weitverbreitenden Falschmeinung nicht mit dem Naturlaut wie dem Krähen eines Hahnes oder dem Läuten einer Glocke identisch ist. Dies erkennt man daran, dass diese Laute in verschiedenen Sprachen unterschiedlich nachgeahmt werden, z.B. im Deutschen *kuckuck*, im Englischen *cuckoo*, im Französischen *coucou*.****

salen oder einem Ursache-Folge-Verhältnis. Rauch ist in diesem
Sinn ein Zeichen für Feuer, oder Feuer ist die Ursache oder der
Grund für Rauch. Schmerz ist die Ursache für einen Aufschrei,
Regen ist die Ursache für einen nassen Fleck auf dem Boden
usw.

Dass Zeichen und Bezeichnetes in einem bestimmten Verhältnis
zueinander stehen, erschließen wir auf Grund unseres Weltwissens. Dieses Verhältnis liegt nicht im Zeichen selbst begründet.
Das Verhältnis muss nicht auf die Relation Ursache–Wirkung
beschränkt sein, es kann auch ein Verhältnis Zweck–Mittel, Konvention–Handlung oder anderer Art sein. Im Gegensatz zu den
anderen Zeichentypen sind Indizes oft nicht bewusst von den
Zeichenbenutzern gesetzt, sondern ergeben sich aus den außersprachlichen Handlungsabläufen. Deshalb werden sie manchmal auch nicht als reine Zeichen anerkannt. Man könnte sie
auch **Anzeichen** nennen.

3. **Symbole** sind Zeichen, deren Beziehung zum Bezeichneten
weder auf Ähnlichkeit noch auf einem Ursache-Folge-Verhältnis
beruht. Sie sind vielmehr als willkürlich zu bezeichnen. Die
Laut- und Schriftzeichen der menschlichen Sprachen sind in diesem Sinn als Symbole anzusehen, obwohl sie sich – wie man zeigen kann – historisch aus Ikonen (in Form von Piktogrammen)
entwickelt haben.

Aber selbst wenn Ähnlichkeiten erkennbar sind, so ist nicht un-
mittelbar aus jedem Piktogramm (Bildschriftzeichen) ersichtlich, was es anzeigt. Aus dem Zeichen

auf einer Tür kann nicht direkt geschlossen werden, dass der
Raum dahinter eine Toilette enthält. Daraus wird deutlich, dass
die Grenze zwischen Ikonen und Symbolen nicht deutlich gezogen werden kann.

Die Wahl von Symbolen oder Symbolsystemen wie jenen der
gesprochenen und geschriebenen Sprachen beruht demnach auf
Übereinkunft zwischen den Zeichenbenutzern oder auf Konvention.

Nach PEIRCE darf keine dieser drei Komponenten vernachlässigt werden, sonst ist die Erfassung der Zeichengebung inadäquat. CHARLES WILLIAM MORRIS (1901–1979) nahm das dreistufige Zeichenmodell von PEIRCE in seiner Schrift „Foundation of the Theory of Signs" (1938) wieder auf und prägte darin den Ausdruck Pragmatik. MORRIS geht in seiner Wissenschaft der Zeichen, die er „Semiotik" nannte, vom sprachlichen Zeichen und seinen Bezugspunkten aus:

1. Die Beziehung der Zeichen untereinander nennt er „syntaktisch", sie wird in der Syntaktik (heute besser **Syntax**) untersucht.
2. Die Beziehung der Zeichen zu den Gegenständen, auf die sie verweisen (also die Designata), fallen in den Bereich der **Semantik**. Dieser Semantik-Begriff unterscheidet sich allerdings von dem heutigen Verständnis von Semantik in der Linguistik.
3. Und schließlich unterscheidet er die Beziehung der Zeichen zu den Zeichenverwendern, die die „pragmatische" ist und somit den Gegenstandsbereich der **Pragmatik** ausmacht.

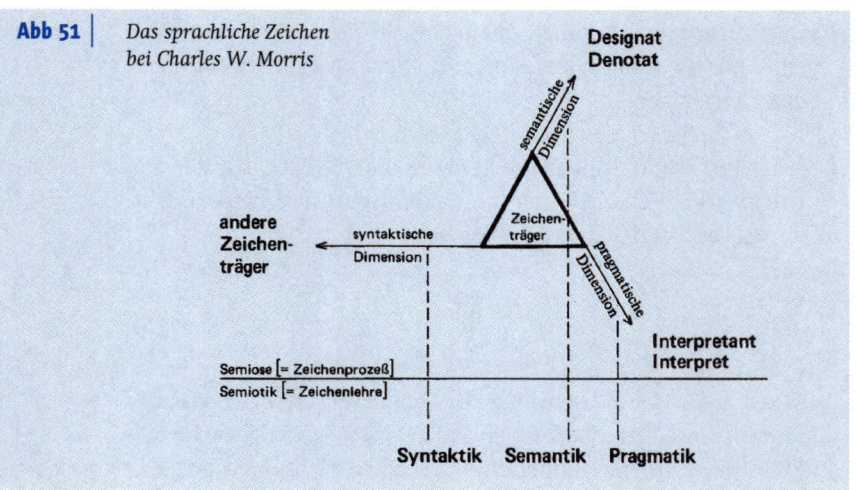

Abb 51 | *Das sprachliche Zeichen bei Charles W. Morris*

MORRIS geht zunächst von der traditionellen Zeichenlehre (man beachte, dass auch bei ihm das sprachliche Zeichen in drei Beziehungen steht, ebenso wie bei PEIRCE und BÜHLER) aus, indem er den Prozess, in dem etwas als Zeichen fungiert, als **Zeichenprozess** oder **Semiose** bezeichnet. Die Semiose besteht nach MORRIS aus vier Komponenten:

1. aus dem, was als Zeichen wirkt (das ist das Zeichen);
2. aus dem, worauf das Zeichen referiert (das ist das Designat);
3. aus dem Effekt, den das Zeichen beim Rezipienten bewirkt und der es den Rezipienten als Zeichen erkennen lässt (das ist der Interpretant);
4. aus dem Zeicheninterpreten (das ist der Verwender).

Wichtig in diesem Zusammenhang ist die Wiedereinführung der Rolle des Interpreten, also des Zeichenverwenders, durch MORRIS. Er hat seine berühmte Abhandlung zur Zeichentheorie in jener Reihe („International Encyclopedia of Unified Science") veröffentlicht, die OTTO NEURATH (1882–1945) als Hauptherausgeber betreute und in der die bedeutendsten Gelehrten ihrer Zeit schrieben. Die Eigenschaften, ein Zeichen, Designat, Interpretant oder Interpret zu sein, sind nicht absolute, sondern relationale Eigenschaften, die die Dinge annehmen, wenn sie an dem Zeichenprozess beteiligt sind. In seinem zweiten großen Werk, „Signs, Language and Behavior" (1946), versucht MORRIS dann, seine Zeichentheorie im Sinn von Syntaktik, Semantik und Pragmatik innerhalb einer verhaltensorientierten Semiotik zu interpretieren, in der alle drei Bereiche gleichberechtigt nebeneinander stehen.

Der Zeichenbegriff kann aber noch viel weiter gefasst werden. In seiner Rezension von SAUSSURES „Cours" vermerkt LEONARD BLOOMFIELD als negativ, dass dessen Zeichenbegriff viel zu einfach sei. Was aber ist für BLOOMFIELD ein sprachliches Zeichen? Mit Sicherheit stellen jene berühmten Definitionen am Anfang des Kapitels 16 (*Phonem – Morphem – Semem – Episemem – Taxem – Tagmem* etc.) das dar, was BLOOMFIELD als Aspekte eines sprachlichen Zeichens versteht. Sie alle bilden zusammen das sprachliche Zeichen. In „Language" (1933) geht BLOOMFIELD mehrfach, wenn auch nicht besonders systematisch, auf das ein, was er unter „Bedeutung" versteht. Grundlegend ist, dass er „Bedeutung" nicht als Teil des sprachlichen Zeichens wie bei SAUSSURE, sondern als „extern", genauer gesagt „sprachextern" betrachtet, nämlich als Reaktion auf den Sprechakt und somit als Sprachexternum. Indem BLOOMFIELD extralinguistische Merkmale zur Wesensbestimmung der Bedeutung heranzieht, insbesondere die Reaktion, stellt er den Zeichenverwender in den Mittelpunkt und wird zum Wegbereiter der Sprachpragmatik.

Erklärung

▶ **Das sprachliche Zeichen bei Leonard Bloomfield**

„**16.1. Sprachliche Zeichengebung kennt zwei Arten von bedeutungstragenden Elementen: lexikalische Formen, die aus Phonemen bestehen, und grammatische Formen, die aus Tagmemen bestehen. Wenn wir den Terminus *lexikalisch* so erweitern, dass er alle Formen einschließt, die mit Hilfe von Phonemen erfassbar sind, sogar einschließlich solcher Formen, die bereits einige grammatische Merkmale aufweisen (z.B. *armer John* oder *Herzogin* oder *lief*), dann kann die Parallelität von lexikalischen und grammatischen Merkmalen in einer Reihe von Ausdrücken wie den folgenden dargestellt werden:**

(1) Kleinste und bedeutungslose Einheit sprachlicher Zeichengebung: *Phemem*;

　　(a) lexikalisch: *Phonem*;

　　(b) grammatisch: *Taxem*;

(2) Kleinste bedeutungtragende Einheit sprachlicher Zeichengebung: *Glossem*; die Bedeutung eines Glossems ist ein *Noem*;

　　(a) lexikalisch: *Morphem*; die Bedeutung eines Morphems ist ein *Semem*;

　　(b) grammatisch: *Tagmem*; die Bedeutung eines Tagmems ist ein *Episemem*

(3) Bedeutungtragende Einheit sprachlicher Zeichengebung, minimal oder komplex: *sprachliche Form*; die Bedeutung einer sprachlichen Form ist eine *sprachliche Bedeutung*;

　　(a) lexikalisch: *lexikalische Form*; die Bedeutung einer lexikalischen Form ist eine *lexikalische Bedeutung*;

　　(b) grammatisch: *grammatische Form*; die Bedeutung einer grammatischen Form ist eine *grammatische Bedeutung*."

LEONARD BLOOMFIELD (1933)

3.1.1 | Der Eigenname

Eine besondere Art des sprachlichen Zeichens bilden die **Eigennamen**. Der Eigenname wird als Antonym zum Appellativum gesehen.

Gattungsname	Nomen appellativum	(Appellativum)
Eigenname	Nomen proprium	("Proprium" ist
		nicht üblich)

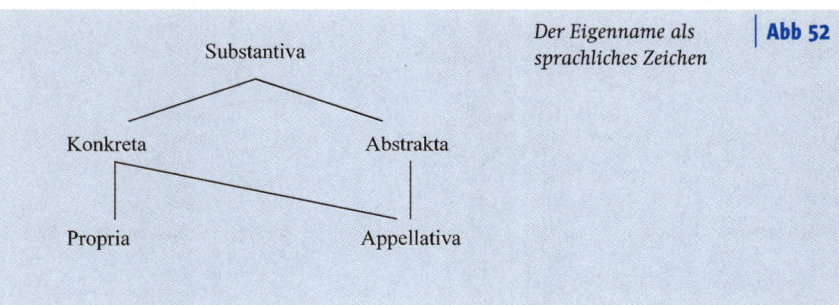

Der Eigenname als sprachliches Zeichen   **Abb 52**

Beide Bereiche werden als Subkategorien des Substantivs aufgefasst, genauer als Subkategorien der Einheiten Abstrakta und Konkreta.

Leider ist bei SAUSSURE nichts Näheres über den Eigennamen zu
finden. Als Abgrenzung vom Appellativ wird sehr oft das Kriterium
der "eindeutigen Benennung" von Personen und Objekten gesehen.
Das bedeutet, dass Eigennamen zur eindeutigen Identifizierung
von individuellen Einheiten, seien sie belebt oder unbelebt, dienen.
Auf das Zeichenmodell FERDINAND DE SAUSSURES bezogen, bedeutet
dies, dass der Ausdruck eines Namens mit der Vorstellung eines
Individuums oder eines singulären Objekts verbunden ist, etwa
Ludwig van Beethoven, Rhein oder *Hamburg*. Aber das ist nur auf den
ersten Blick so einfach. Wenn man an Doppel- und Mehrfachbe-
nennungen denkt, die z.B. bei Personennamen (so ist der Name
Friedrich Schiller in den heutigen Telefonbüchern sehr häufig), aber
auch bei anderen Namen wie Siedlungen und Gewässern sehr verbreitet sind, so widerspricht dies dieser Auffassung. Leider ist es
bis heute nicht gelungen, eine zufriedenstellende Theorie des
Eigennamens zu entwickeln. Die Pragmalinguistik hat ein
gebrauchsdefiniertes Verständnis des Namens beigesteuert, aber
das ist keinesfalls neu: Bereits 1880 hatte HERMANN PAUL versucht,
den Eigennamen als Übergang von der okkasionellen (besonderen)
zur usuellen (allgemeinen) Bedeutung zu sehen. Allerdings vermag

auch dies nicht zu überzeugen. So bleibt offenbar das in der Linguistik mittels stillschweigender Übereinkunft getroffene Verständnis, Eigennamen als Identifikationsmittel für real existierende Personen oder Objekte als Individuen aufzufassen.

Abb 53 | *Namenkategorien*

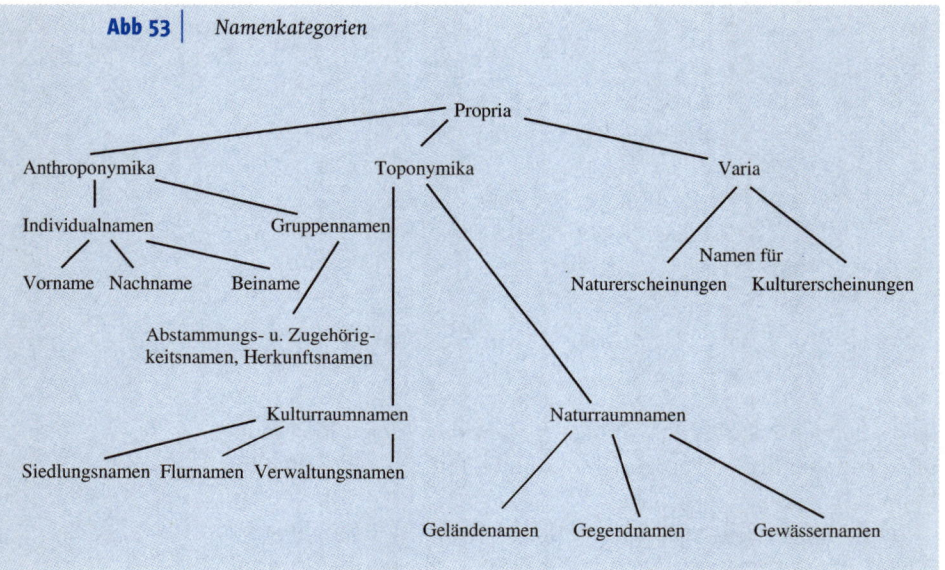

Jeder Eigenname ist aus einem Gattungsnamen hervorgegangen. Das bedeutet, dass jeder Name einmal eine apellativische Bedeutung hatte, dass diese von den Sprachteilnehmern aber heute nicht mehr gekannt wird. Eine Ausnahme bilden natürlich „künstliche", d.h. erfundene Namen, z.B. Warennamen wie *Kodak*. Auch können Eigennamen zu Appellativa werden. Häufigster Fall ist die Bezeichnung eines Produktes nach seinem Schöpfer oder einem Vorbild, z.B. *Diesel, röntgenisieren, kafkaesk*.

Als Abgrenzungskritierien des Eigennamens gegenüber den Appellativa lassen sich festhalten:
Unterschiede in
1. der Schreibung. Es werden altertümliche Schreibungen oder Schreibvarianten amtlich festgelegt, z.B. *Schmid, Schmied, Schmidt, Weiss, Weihs, Weiß*.
2. der Lautung. In Namen werden oft dialektale, von der Standardform abweichende Lautungen festgehalten wie *Lueger, Huemer*

(beide etymologisch als [ʊɐ] auszusprechen und nicht als [u-e]), *Schoiswohl* u.a.m.

3. der Morphologie. Namen werden z.T. anders flektiert als Appellative, z.B. *die Wolfs* ,die Familie Wolf' vs. *die Wölfe*.
4. der Syntax. Namen werden häufig, aber keineswegs ausschließlich ohne Determinatoren gebraucht, z.B. *dieser Willi, ein gewisser Müller, mein Köln*, aber standardsprachlich nicht *der Peter.
5. der Norm. Namen werden sehr oft amtlich festgelegt oder das gebräuchliche Namenmaterial wird amtlich eingegrenzt, vor allem bei Personen-, Siedlungs- und Straßennamen.

Auch bei Eigennamen lässt sich die Trias Grammatik, Semantik, Pragmatik anwenden. So kann man die Namenmorphologie, die Namenbedeutung und die Namenverwendung in den Mittelpunkt rücken. Die Sprachpragmatik versucht etwa, Namen über den Gebrauch zu definieren: Ein sprachliches Zeichen ist dann ein Name, wenn es von den Sprachteilnehmern als Name gebraucht und verstanden wird.

Wortsemantik | 3.2

Die Ermittlung und Beschreibung der Bedeutung einzelner Wörter ist die älteste der semantischen Teildisziplinen. Auch vor dem SAUS-SURE'schen Zeichenmodell war man sich bewusst, dass Bezeichnungen auf Konzepte von Dingen oder Sachverhalten verweisen.

Die Asymmetrie des sprachlichen Zeichens | 3.2.1

Das SAUSSURE'schen Zeichenmodell geht davon aus, dass im sprachlichen Zeichen ein Ausdruck mit einem Inhalt verbunden ist, und es sieht auf den ersten Blick so aus, als müsse jedem Inhalt genau ein Ausdruck zugeordnet sein und umgekehrt. Nun wissen wir aber durch unsere Muttersprache, dass dem durchaus nicht so ist: Wir kennen mehrere Ausdrücke, die offenbar dasselbe bezeichnen (dieselbe Referenz aufweisen) wie *Samstag* und *Sonnabend* (,der Tag vor dem Sonntag') oder *Brunn* und *Born* (,Quelle'). Andererseits gibt es auch sprachliche Einheiten, die offenbar mehrere Referenzen in sich vereinigen wie *Ball* ,Sportgerät' und ,Tanzveranstaltung'. Wir

Inhaltbezogene Grammatik

In Deutschland arbeitete man in der ersten Hälfte des 20. Jahrhunderts mehrheitlich nicht strukturalistisch. Die Inhaltbezogene Grammatik wollte bewusst an die Ideen WILHELM VON HUMBOLDTS anknüpfen. Ihr Schöpfer, LEO WEISGERBER (1899–1985), bezog sich auf den Gedanken der „inneren Sprachform". 1929 vollzog er in seinem Buch „Muttersprache und Geistesbildung" die entscheidende Wendung von der Betrachtung der Sprache als Verständigungsmittel hin zum Verständnis von Sprache als Kulturgut, das von den Angehörigen einer Sprachgemeinschaft in jahrtausendelanger Gemeinsamkeit als soziales Objekt geschaffen wurde und das den Angehörigen dieser Sprachgemeinschaft übergeordnet ist. Die Sprecher wachsen in dieses Gebilde hinein, das für die Geistesbildung des Einzelnen verantwortlich ist. Die Analyse dessen, was die Sprachgemeinschaft ausmacht, nennt WEISGERBER ein „Sich-selbst-ins-Gesicht-Sehen", das nur durch den Spiegel anderer Sprachen möglich ist. Seine Ziele und Methodik formulierte er dann in der vierteiligen Schriftenreihe „Von den Kräften der deutschen Sprache" (1949/50) aus.

In seiner Lehre unterscheidet WEISGERBER vier Ebenen der Sprache: Sprache als menschliche Sprachbegabung, Sprache als Kulturbesitz einer Gemeinschaft, Sprache als individueller Sprachbesitz und Sprache als Form der Verwendung sprachlicher Mittel. Obwohl die vier Ebenen gleichwertig nebeneinander stehen sollen, kristallisierte sich bald die „Muttersprache" als Hauptfunktion heraus. Diese idealisierende Ansicht von Sprache wandte sich eindeutig gegen das Verständnis von Sprache als Kommunikationsmittel. Kernstück der Sprachauffassung ist die Neubelebung von drei Begriffen HUMBOLDT'scher Prägung:
1. Sprache ist eine „wirkende Kraft".
2. Sprache enthält eine bestimmte Weltansicht.
3. Sprache stellt eine „innere Form" dar.
Damit werden aber auch die Positionen der Junggrammatiker und ihre Erfolge ignoriert, vom aufkommenden Strukturalismus ganz zu schweigen. Obwohl sich WEISGERBER um eine Verbindung seiner Ideen mit den Anschauungen FERDINAND DE SAUSSURES bemühte, ist diese nicht gelungen.

Die Verschiedenheiten der Sprachen spiegeln die Verschiedenheiten der Weltansichten wider. Die Weltansicht der Sprache und die innere Sprachform zusammen ergeben für WEISGEBER das „Weltbild" der Sprache, das die Einbeziehung der sprachlichen Inhalte und der sprachlichen Wirkungen bedeutet. Die Lautgebundenheit und die Sachbezogenheit leiten hin auf die sprachliche „Zwischenwelt", das „muttersprachliche Weltbild". Dieses wird als „wirkende Kraft" gedacht, als „aktives Zentrum, von dem nach allen Seiten Ausstrahlungen ausgehen und dessen Wesen sich erst in dieser Aktivität erschließt". Die „Zwischenwelt" befindet sich zwischen der Wirklichkeit und dem Menschen und ergibt sich aus dem Zusammentreffen von „Außenwelt" und menschlicher „Innenwelt":

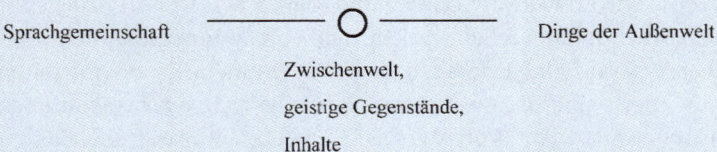

Sprachgemeinschaft ——————⟶ O ⟵—————— Dinge der Außenwelt

Zwischenwelt,

geistige Gegenstände,

Inhalte

Am Beispiel des Sternbildes Orion zeigt WEISGERBER, dass es in der Außenwelt nur eine unübersehbar große Anzahl von Sternen ohne Ordnung, aber keine „Sternbilder" gibt; diese werden vom Menschen in seiner Fantasie erschaffen. Die Dinge der Außenwelt spielen im Denken erst eine Rolle, wenn sie vom Menschen zu geistigen Gegenständen umgeformt worden sind, und eben dies geschieht in der Zwischenwelt. Dieser Zwischenwelt gehört, als weiteres berühmtes Beispiel, auch der Begriff „Unkraut" an, in der realen Welt gibt es dafür kein Äquivalent. Die Zwischenwelt ist aber gebunden an die jeweilige Sprachgemeinschaft: So sieht ein Eskimo die verschiedenen Ausprägungen von Eis und Schnee mit anderen Augen (und daher auch mit anderen sprachlichen Mitteln) als etwa ein Mitteleuropäer oder ein Araber. Dies macht aber auch deutlich, dass der Blick der „Neuromantiker" auf die „innere Sprachform" gerichtet ist und nicht etwa auf die äußere Sprachentwicklung.

schließen aus diesen und zahlreichen ähnlichen Fällen, dass das Verhältnis zwischen Ausdruck und Inhalt eben nicht exakt 1:1 sein muss, und sprechen von der Asymmetrie des sprachlichen Zeichens.

Abb 54 | *Synonymie*

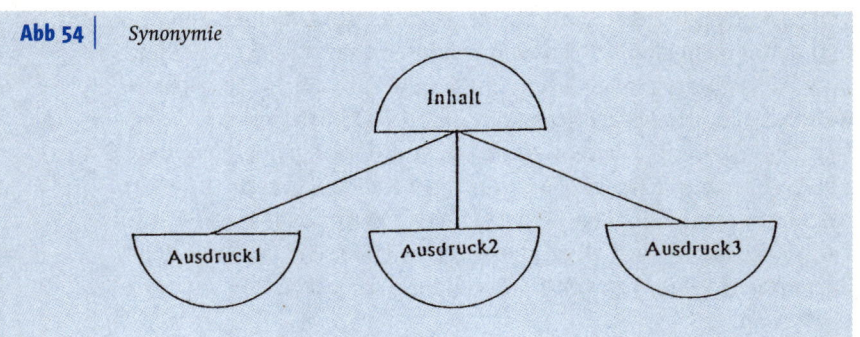

Wenn, wie im Fall von *Samstag* und *Sonnabend*, zwei Ausdrücke für denselben Inhalt stehen, spricht man von **Synonymen**. Allerdings wurde darauf hingewiesen, dass es vollkommene Synonyme selten gibt. Meist sind die Ausdrücke nicht vollwertig oder vollkommen austauschbar. Für Wortpaare wie *Samstag/Sonnabend* und *Karotte/ Möhre* gilt eine räumlich-geographische Gültigkeitsgrenze: *Samstag* ist nur im deutschsprachigen Süden üblich, *Sonnabend* nur im Norden. Eine Missachtung dieser Distribution führt zu einer Markierung des Sprechers. Bei anderen Synonymen wie *Brunn/Born* und *Erdäpfel/Kartoffel* gelten stilistische und sprachsoziologische Einschränkungen, indem nicht jeder Ausdruck in jeder Situation verwendet werden kann.

Abb 55 | *Homonymie*

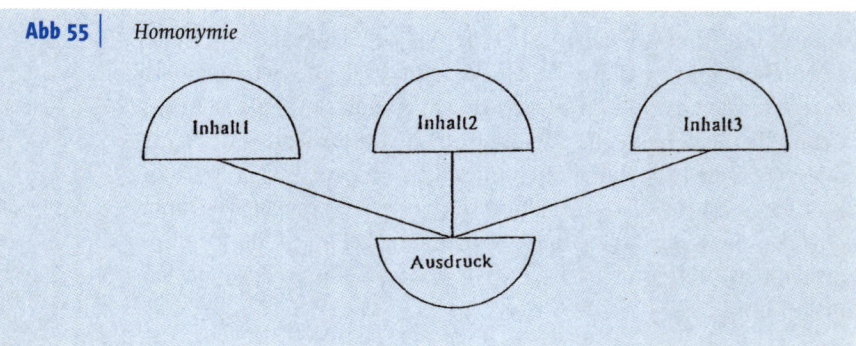

Im Fall des oben erwähnten Wortes *Ball* liegen **Homonyme** vor. Hierbei wird jedoch unterschieden, ob es sich um etymologisch eigenständige Wörter handelt, die nur durch die diachrone Entwicklung der deutschen Sprache im Wortkörper zusammengefallen sind, oder um ein und dasselbe Wort, das im Lauf der Zeit durch Übertragung mehrere Bedeutungskomponenten erhalten hat. Zum ersten Fall gehört *Ball*, das heute zwei der Herkunft nach unterschiedliche Wortstämme in sich vereint: *Ball* ‚Kugel, Spielgerät‘ kommt von ahd. *bal* ‚Ball, Kugel‘, ist also ein Erbwort, während das Lehnwort *Ball* aus dem Französischen (französ. *baller* ‚tanzen‘) stammt. Man muss also, wenn man streng historisch vorgeht, zwei selbstständige Wörter ansetzen, wie dies das etymologische Wörterbuch von FRIEDRICH KLUGE auch macht. In synchronen Darstellungen hingegen (etwa dem Duden-Bedeutungswörterbuch) werden üblicherweise unter einem einzigen Lexikoneintrag (**Lemma**) mehrere durchnummerierte Bedeutungen angegeben. Gerechtfertigt ist diese Vorgangsweise bei Wörtern, die zur zweiten Kategorie zählen wie *Schloss* ‚Vorrichtung zum Verschließen an Türen‘ und ‚fürstliches Gebäude zum Wohnen‘. Hier ist die Bedeutung ‚Türverschluss‘ die ursprüngliche (ahd. *sloz*, zu *schließen*), die seit dem 13. Jahrhundert auch für eine Burg verwendet wird, weil sie das Land, ein Tal o.Ä. „abschließt“, d.h. sichert.

Ordnungsprinzipien des Wortschatzes kann man in **Hyperonymie** (Superordination, Überordnung) mit Oberbegriffen (**Hyperonymen**), **Hyponymie** (Subordination, Unterordnung) mit Unterbegriffen (**Hyponymen**) und Gegensatzbegriffen (**Antonymen**) erblicken.

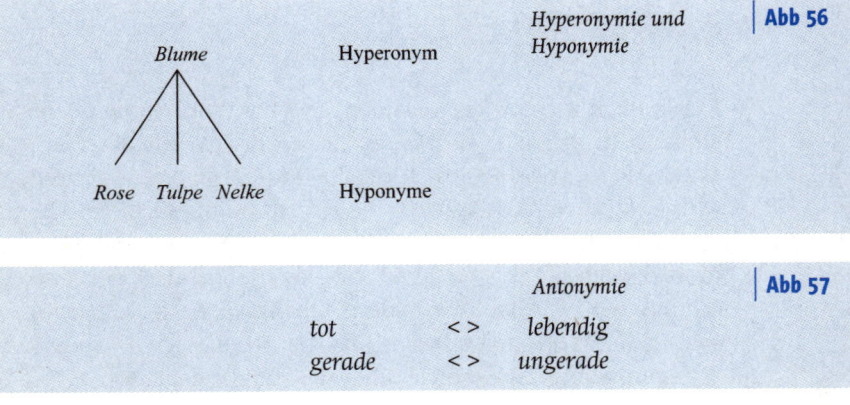

Blume — Hyperonym

Rose Tulpe Nelke — Hyponyme

Hyperonymie und Hyponymie | **Abb 56**

Antonymie | **Abb 57**

tot < > lebendig
gerade < > ungerade

Wissenschaftsgeschichte 17

Wortfeldtheorie

Im Gegensatz zur **Wortfamilie** (wie *lehren, Lehrer, gelehrt, gelehrig unbelehrbar* etc.) handelt es sich bei einem **Wortfeld** um eine Gruppe von partiellen Synonymen.

Die Gedankengänge von WEISGERBER wurden von JOST TRIER (1894–1970) weitergeführt, der unter dem Einfluss des „Cours" das theoretische Konzept der Wortfeldtheorie formulierte. 1931 veröffentlichte er „Der deutsche Wortschatz im Sinnbezirk des Verstandes, die Geschichte eines sprachlichen Feldes, 1. Teil", 1934 lieferte er in seinem Aufsatz „Deutsche Bedeutungsforschung" die theoretischen Grundlagen für seine Anschauungen. Dabei baute er vor allem die Ansicht über die Bedeutung des Wortes weiter aus: An die Stelle des sich in der Bedeutung ändernden einzelnen Wortes tritt das Wortfeld. An Stelle der Bedeutungsveränderung eines einzelnen Wortes sind die „Bedeutungsumglieder" (d.h. die benachbarten Einheiten) eines ganzen Feldes zu betrachten. Unter einem Wortfeld versteht TRIER „Gliederungseinheiten zwischen dem Ganzen einer Sprache überhaupt und den einzelnen Wörtern und Formen". Das Einzelwort erhält seine genaue und differenzierte Bedeutung vom Ganzen des Feldes her und hängt immer mit den Feldnachbarn zusammen. („Nur im Feld gibt es Bedeutung.") Für TRIER ist also das Wortfeld eine Zwischendimension zwischen den Einzelwörtern und dem gesamten Sprachinhalt einer Sprache, wobei letzteres das große Ziel jeder Sprachbeschreibung ist:

Es soll nicht verschwiegen werden, dass die Wortfeldtheorie nicht einheitlich ist, sondern dass der Begriff des Wortfeldes von JOST TRIER, WALTER PORZIG (1895–1961) u.a. jeweils anders interpretiert wurde. Auch von Kritik wurde diese Anschauung nicht verschont, zu ihren schärfsten Gegnern zählten KARL DORNSEIFF und WERNER BETZ. Besonders DORNSEIFF lehnt die „innere Sprachform" generell ab und sieht in den Wortfeldern nur einen nach Sachgruppen geordneten Wortschatz. Den letzten Schritt, die Beschreibung der Sprachinhalte, sei die Wortfeldtheorie schuldig geblieben.

Allerdings eignen sich diese Einteilungen nicht, wie ursprünglich erhofft, dazu, den gesamten Wortschatz einer Sprache zu erfassen, wie das folgende Beispiel aus dem Bereich der Antonymie zeigt:

salzig	< >	*süß*
salzig	< >	*sauer*

Komponenzielle Semantik — 3.2.3

Die Wurzeln der Wortschatzbeschreibungen liegen im 19. Jahrhundert. Der Strukturalismus hat natürlich versucht, seine Methode des Segmentierens und Klassifizierens auch auf den Wortschatz einer Sprache anzuwenden. Grundvoraussetzung ist die Annahme, dass das Lexikon ebenso Strukturen aufweist wie die Laut- und Wortebene. (Heute ist es üblich, die Phonologie und Morphologie als **geschlossene Systeme**, die Lexik hingegen als **offenes System** zu bezeichnen, weil es Änderungen viel flexibler gegenübersteht.) Hauptvertreter der Komponenziellen oder Strukturalistischen Semantik sind die Kopenhagener Schule und ALGIRDAS J. GREIMAS (1917–1992).

Man geht also davon aus, dass im semantischen System ebensolche Relationen bestehen wie in den anderen Teilsystemen der Sprache. Folglich müsste es auch möglich sein, durch Minimalpaarbildungen die syntagmatischen und paradigmatischen Konnexionen herauszuarbeiten.

Stefan Meyhoefer war unter anderem dafür zuständig, den neuen Mitarbeitern zu erklären, wie diese Firma funktioniert. (79 r)

In diesem Satz kann man das Wort *Mitarbeiter* gegen andere mit ähnlicher Bedeutung abgrenzen.

den neuen *Mitarbeitern*
den neuen *Kollegen*
den neuen *Freunden*
den neuen *Männern*
etc.

Auf diese Weise kann man feststellen, dass *Mitarbeiter* offenbar eine leichte Bedeutungsnuancierung gegenüber *Kollegen, Freunde* etc. aufweist. Wir haben es also mit einem Wortfeld zu tun. Allerdings muss man schon vor der Untersuchung wissen, was zum Wortfeld gehört und was nicht.

Um die Bedeutungsunterschiede zu erfassen, stellt man die Ausdrücke eines Wortfeldes zusammen und notiert die Bedeutungsunterschiede, die zwischen ihnen bestehen. Wir nehmen hier das Wortfeld ‚Gattungsbezeichnungen des Menschen‘.

Abb 58 | *Strukturalistische Merkmalmatrix*

	♀	erwachsen	Anrede	süddt.	dialektal	veraltet
Mann	–	+	Ø	Ø	Ø	Ø
Frau	+	+	+	Ø	Ø	Ø
Junge	–	–	Ø	–	?	Ø
Bub	–	–	Ø	+	+	Ø
Mädchen	+	–	Ø	Ø	Ø	Ø
Fräulein	+	?	+	Ø	Ø	+
Dame	+	+	–	Ø	Ø	Ø
Herr	–	+	+	Ø	Ø	Ø
Weib	+	+	Ø	Ø	+	Ø
etc.						

+ = Merkmal trifft zu, – = Merkmal trifft nicht zu
Ø= Merkmal kann nicht angewendet werden, ? = Zuordnung unsicher

▶ **Ein Sem ist eine minimale Bedeutungskomponente. Ein Semem ist die Gesamtheit aller Seme eines sprachlichen Ausdrucks, z.B. von *Mann*.**

In dieser Matrix sind die Merkmale, wie schon in der Phonemmatrix von JAKOBSON/ HALLE (S. Kap. 2.1.7) wiederum binär, d.h., sie treffen entweder zu oder nicht: Das Sem + ♂ ist zugleich – ♀. Ein einzelnes Merkmal wird als **Sem** bezeichnet (z.B. „erwachsen, dialektal"), die Gesamtheit aller Seme eines Ausdrucks ist ein **Semem**, das oft synonym mit Lexem verwendet wird.

Die Tabelle zeigt, dass es eine Reihe von Problemen zu bewältigen gilt. So ist der Terminus *Fräulein* nicht eindeutig: Im 18. Jahrhundert und z. T. davor verstand man darunter eine adelige und unverheiratete Dame (man vgl. E. T. A. Hoffmanns Erzählung „Das Fräulein von Scuderi"), im 19. Jahrhundert wurden die Bedeutungskomponenten ‚jung und unverheiratet‘ stärker, der Begriff

Kopenhagener Schule und Glossematik

Gleichsam als Antwort auf den Prager Kreis und als bewusste Abgrenzung davon gründeten die dänischen Linguisten LOUIS HJELMSLEV (1899–1965) und E. VIGGO BRØNDAL (1887–1942) im Jahr 1931 den „Cercle Linguistique de Copenhague". In den Personen der beiden Gründer setzte sich die große Tradition der dänischen Sprachwissenschaft seit den Zeiten von RASMUS KRISTIAN RASK (1787–1832) fort. Hjelmslev hatte in Paris studiert und war dort von ANTOINE MEILLET (1866–1936) mit den Gedanken SAUSSURES bekannt gemacht worden. Mit HANS-JØRGEN ULDALL (1907–1957), einem Schüler von DANIEL JONES und FRANZ BOAS, entwickelte er die **Glossematik**, die zwar oft als Theorie der Kopenhagener Schule bezeichnet wird, nicht aber mit dieser gleichgesetzt werden darf. HJELMSLEV versuchte, die Sprache durch ein durchsichtiges, logisch stichhaltiges System von **Substanzen** und **Formen** (entwickelt aus SAUSSURES *signifié* und *signifiant*) zu definieren. Allerdings legte er seine Ansichten nur in einem „Vorprogramm" (1943 „Omkring sprogteoriens grundlæggelse", dt. „Prolegomena zu einer Sprachtheorie") nieder, das noch dazu ungemein dicht und kompakt geschrieben ist und so seiner Verbreitung selbst hinderlich war. 14 Jahre nach seinem Erscheinen sollte endlich das gemeinsame Werk von HJELMSLEV und ULDALL unter dem Titel „Outline of Glossematics. A study in the methodology of the humanities with special references to linguistics" herauskommen, von dem allerdings nur der erste Teil – ausgearbeitet von ULDALL allein – erschien, jener von HJELMLSEV wurde nie ausgeführt. Die Glossematik – benannt nach der von ihr postulierten unteilbaren und nicht weiter analysierbaren kleinsten Einheit der Sprache, dem **Glossem** – wird oft als umfassendere Sprachtheorie im Gegensatz zur praktischen Arbeit der Prager Schule auf der phonetisch-phonologischen Ebene angesehen.

verdrängte die Anrede *Jungfer, Madmoiselle, Mamsell* im Bürgertum. Im 20. Jahrhundert trat die Komponente ‚jung' noch mehr in den Vordergrund (daraus folgt: ‚unverheiratet'). Heute gilt *Fräulein* als veraltet. Die Matrix ist selbstverständlich noch um Begriffe erweiterbar, z.B. durch *Knabe, Junggeselle, Hagestolz* (veraltet) etc.

Die Schwierigkeit dieses Verfahrens äußert sich in der Heterogenität der Merkmale. Wenn man die oben angeführten Merkmalkategorien „natürliches Geschlecht, erwachsen, Anrede, süddeutsch, dialektal, veraltet" betrachtet, erkennt man sofort, dass sie sich nicht auf derselben Ebene befinden. Die Kernfrage muss also lauten, wie der Sprachforscher zu diesen Merkmalen kommt. Hier entscheidet letztlich die Sprachkompetenz des einzelnen Sprachteilnehmers, sodass die Zahl und die Art der Merkmale niemals einheitlich sein kann. Die Hoffnung der Strukturalisten, jene endliche Zahl an Merkmalen zu finden, mit denen sich das gesamte Lexikon einer Sprache beschreiben ließe, hat sich demnach nicht erfüllt und kann sich wohl auch nicht erfüllen.

Abb 59 | *Louis Hjelmslev (1899– 1965)*

3.2.4 | Prototypensemantik

Einen anderen Ansatz als die Strukturale Semantik verfolgt die von der Psychologin ELEANOR ROSCH u. a. in den 70er Jahren des 20. Jahrhunderts entwickelte Prototypensemantik, obwohl sie wie jene bei der Vorstellung des SAUSSURE'schen Zeichens ansetzt. ROSCHs Arbeiten werden heute als Standardtheorie bezeichnet, gegenwärtig gibt es mehrere Ausprägungen, z.B. von JOACHIM HOFFMANN und GEORGES KLEIBER.

Um zu ergründen, welchen Fragen die Prototypensemantik nachgeht, kann man etwa überlegen, welche Vorstellungen man mit dem Ausdruck *Haus* verbindet. Wahrscheinlich denkt man im täglichen Leben über solche Probleme nicht nach. Aber ein *Haus* ist für die meisten Menschen doch in erster Linie ein Wohnhaus, und nicht ein *Lagerhaus, Glashaus, Baumhaus* oder Ähnliches. An folgenden Beispielen lässt sich die eigene Vorstellung von *Haus* überprüfen:

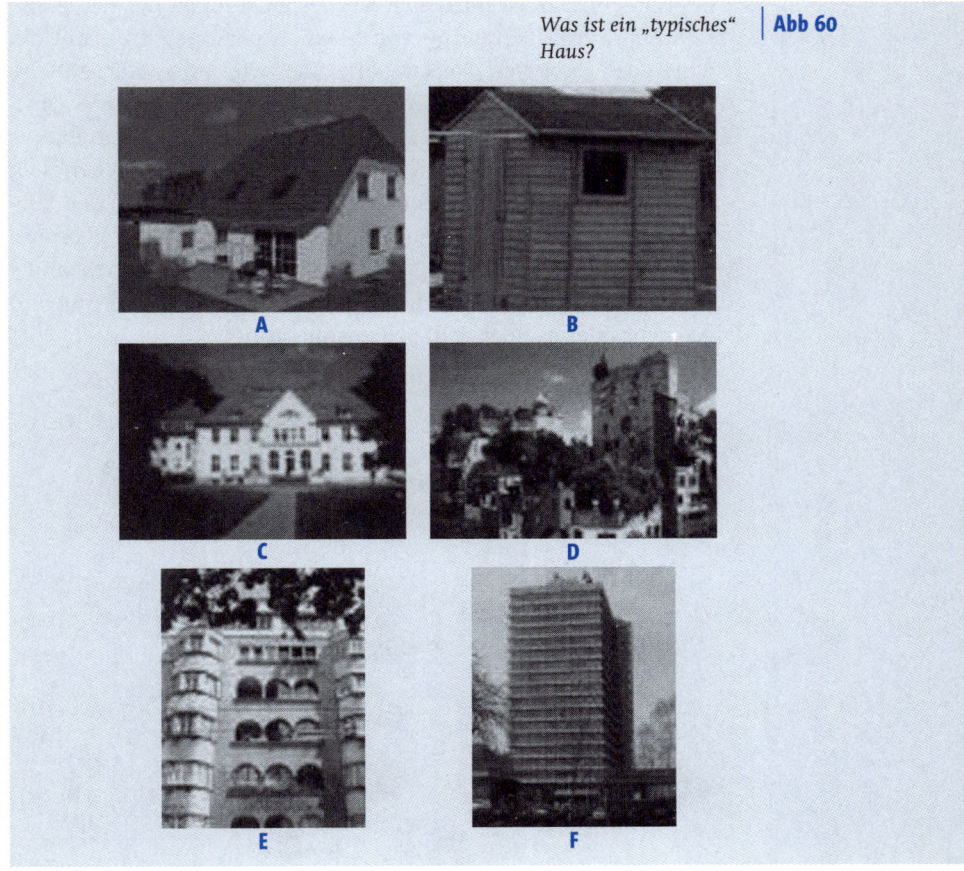

Was ist ein „typisches" | **Abb 60**
Haus?

Für viele Menschen ist es ein *Haus* wie in Abbildung A. Die anderen Häuser könnte man mit eigenen Termini belegen, wie *Hütte* (B), *Schloss* (C), *Alternativ- oder Ökohaus* (D), *Gemeindebau* (E), *Hochhaus* (F), und es gibt noch etliche andere wie *Plattenbau, Wohnsilo, Reihenhaus, Bürohaus, Mietshaus* etc.

Die Protoypensemantik geht davon aus, dass die mit einem Begriff verbundenen Vorstellungen individuell sind, d.h., dass sich bei *Haus* jeder ein anderes, individuelles Haus vorstellt. Daraus folgt, dass es in der Vorstellung individuelle „Häuser" gibt, die allerdings eines oder mehrere Merkmale gemeinsam haben, z.B. eine Eingangstür, Fenster u.a.m. Diese Merkmale bilden die **Kategorie** ‚Haus', die einzelnen vorgestellten Häuser sind **Vertreter** ihrer Kategorie. Der **Protoyp** ist das beste Exemplar der Kategorie, das ROSCH durch Befragung von Versuchspersonen zu ermitteln suchte. Als Prototypen der Kategorie ‚Tier' wurden auf diese Weise die Elemente *Hund, Katze Pferd* etc. gefunden, der Kategorie ‚Obst' *Apfel, Orange/Apfelsine, Birne* etc., der Kategorie ‚Vogel' *Rotkehlchen, Spatz, Adler, Schwalbe* etc. Die Mehrfachnennungen ergeben sich dadurch, dass die Elemente einer Kategorie je nach Zahl der Nennungen in einer so genannten Repräsentativitätsskala eingeordnet werden, wobei die Abstufungen natürlich fließend zu sehen sind – die Kreise in folgender Abbildung dienen nur der Orientierung und sind mehr oder minder willkürlich angeordnet.

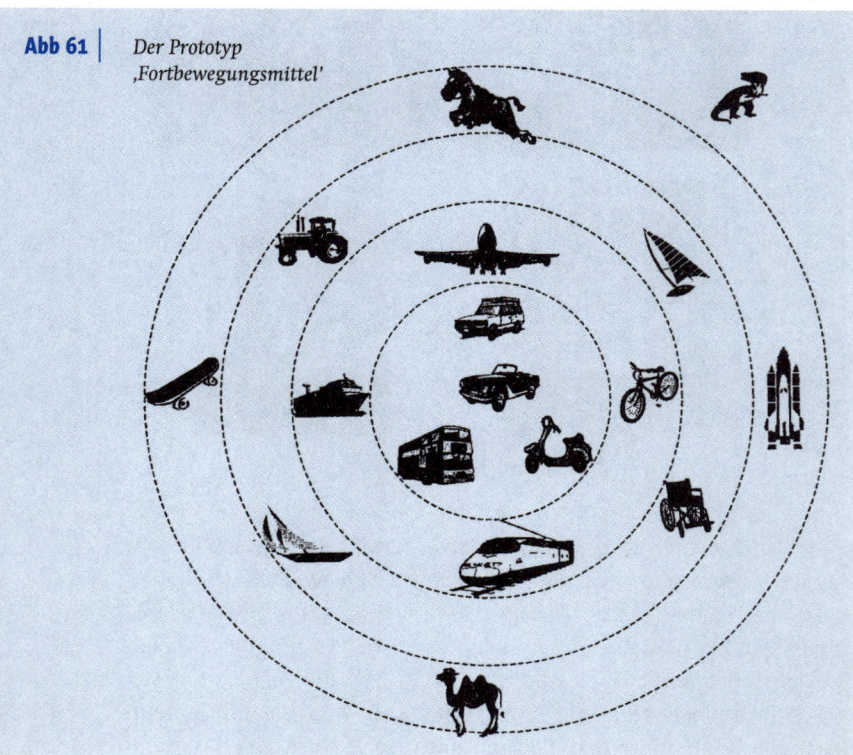

Abb 61 | *Der Prototyp ‚Fortbewegungsmittel'*

Die Standardtheorie sieht eine zweifache Gliederung der Kategorien vor, nämlich in einer horizontalen Ebene (die innere Struktur der Elemente innerhalb derselben Kategorie, z.B. *Dackel – Pudel – Dogge* in der Kategorie ‚Hund‘) und einer vertikalen Ebene (die Beziehungen der einzelnen Kategorien zueinander, z.B. ‚Hund‘ – ‚Wolf‘ – ‚Fuchs‘ etc.). Dies erinnert verblüffend an Syntagma und Paradigma des Strukturalismus (auch wenn die Richtungen „horizontal" und „vertikal" genau umgekehrt sind), aber die Prototypensemantik sieht sich selbst nicht als Gegner des Strukturalismus. Im Gegenteil, der komponenziellen Merkmalanalyse wird weiterhin ihre Daseinsberechtigung zugesprochen.

Obwohl die Prototypensemantik auf den ersten Blick einen Ausweg aus gewichtigen methodischen Problemen der Semantik zu bieten scheint, weist auch sie einige theoretische Mängel auf. Zwei sollen hier genannt werden: Offenbar gibt es im Wortschatz „prototypischere Prototypen", also Wortkategorien, für die der Prototyp leichter zu ermitteln ist. Das sind vorwiegend Konkreta, wie ‚Hund‘, ‚Vogel‘, ‚Obst‘, ‚Fortbewegungsmittel‘. Bezeichnenderweise wird in diesem Bereich sehr gerne mit Bildern operiert wie in obiger Abbildung. Bei Abstrakta ist das nicht so gut möglich, z.B. bei *Glück, Liebe, Ehre*. Eine weitere Schwachstelle zeigt sich bei der Betrachtung unterschiedlicher Wortarten. Offenbar kann das Prinzip des Prototyps am besten bei Substantiven angewendet werden, schwerer bei Verben und Adjektiven, und nahezu unmöglich ist es bei anderen Wortarten wie *er, sie; in, auf, durch; dass, ob, weil*. Aber diese Probleme hat nicht nur die Prototypensemantik zu bewältigen.

Lexikologie und Lexikographie | 3.2.5

Mit dem **Wortschatz** einer Sprache beschäftigt sich die **Lexikologie** näher. Diese Teildisziplin untersucht vielfältige Aspekte des Wortes, etwa:
1. das „Wort" als sprachliche Einheit
2. wortübergreifende Einheiten, z.B. Phraseologismen
3. Aufbau und Zusammensetzung des Wortschatzes (der **Lexik** oder des **Lexikons**) einer Sprache
4. Wort und Wortbildung
5. Etymologie (der Wissenschaft von der Herkunft und historischen Entwicklung von Wörtern)

Wenn man bedenkt, wie grundlegend und wichtig das „Wort" für die Beschreibung einer Sprache ist, kann man erahnen, wie vielfältig und differenziert die Zweige der Lexikologie sind. Man kann auch hier die Dreiteilung in Grammatik, Semantik und Pragmatik finden. Im Rahmen der Grammatik etwa wird untersucht, wie Wörter einer Sprache aufgebaut sind (Silben- und Morphemstruktur, Wortbildung) oder wie Wörter zu größeren Einheiten (z.B. zu Satzverbgefügen oder ganzen Sätzen) vereint werden. Hier ergeben sich Überschneidungen mit der Phonologie, Morphologie, Phraseologie, Wortbildung und Syntax. Semantische Aspekte werden mit den Fragen berührt, wie der Wortschatz inhaltlich organisiert ist. Welche Wortfelder können in einer Sprache ausgemacht werden? Die Asymmetrie des sprachlichen Zeichens (s. Kap. 3.2.1) mit Homonymen, Synonymen u. dgl. wird ebenso beschrieben wie die Bedeutung wortübergreifender Muster (s. Kap. 3.3). Berührungspunkte mit der Sprachpragmatik ergeben sich durch Untersuchungen zum Sprachkontakt und zur Übersetzungswissenschaft (Erbwörter, Fremdwörter), zu den Sprachvarietäten (Dialektwortschatz), der Historizität (Archaismen, Neologismen) und der Sprachphilosophie (Überlegungen zur Referenz). Neue Forschungsansätze in der Lexikologie werden schließlich mit der Kognitiven Linguistik, der Computerlinguistik und der Kybernetik (Stichwort Künstliche Intelligenz) erschlossen.

Auf den Erkenntnissen der Lexikologie baut die **Lexikographie** auf, die Wissenschaft von der Wörterbucherstellung. Das Grundproblem jedes Wörterbuches, seien es mutter- oder fremdsprachige, ist die Tatsache, dass jede Bedeutungsangabe letztlich nur eine metasprachliche Umschreibung (Paraphrasierung) darstellt. Wenn ich das englische Wort *apple* mit deutsch *Apfel* „übersetze", so gebe ich damit letztlich keine Bedeutung, sondern eine Verwendungsweise wieder: Für englisch *apple* wird im Deutschen *Apfel* gebraucht. In dieselbe Sparte fallen die bei Pflanzen und Tieren gebräuchlichen lateinischen Gattungsnamen zur eindeutigen Identifizierung (dt. *Apfel*, lat. *malum*). Gebe ich hingegen im Deutschen eine Bedeutung an wie „eine Frucht" (Duden-Bedeutungswörterbuch) oder „eine weltweit in der nördlichen gemäßigten Zone verbreitete Rosengewächsgattung" (Meyer-Taschenlexikon), so umschreibe ich einen Begriff mit anderen Begriffen. Wird, wie in Bedeutungswörterbüchern oder Lexika üblich, ein Bild zur Verdeutlichung beigefügt, so wird die Textsorte Wörterbuch strapaziert und das Problem der Zeichennatur angeschnitten, denn üblicherweise verständigen wir uns nicht mit Bildern.

Wie die Grammatik (im Sinn eines kodifizierten Regelwerks) können auch die Leistungen der Lexikographie, also die Wörterbücher selbst, deskriptiv oder präskriptiv sein. Die unterschiedlichen Typen eines Wörterbuchs hängen davon ab, ob es sich um die Erfassung eines Alltagswortschatzes, eines Fachbereichs, der muttersprachlichen Lexik oder einer Fremdsprache, ein- und mehrsprachige, synchrone oder diachrone Darstellungen (etwa des mittelhochdeutschen Wortschatzes) oder andere Sujets (etwa eigene Autorenwörterbücher wie das Goethe-Wörterbuch) handelt. Der Nutzen rückläufiger Wörterbücher besteht u.a. darin, das Reimverhalten und damit das Phonemsystem einer (historischen) Sprache erschließen zu können.

Satzsemantik | 3.3

Wie viele andere Teildisziplinen der Linguistik ist auch die Satzsemantik kein abgeschlossenes Forschungsgebiet; ihre Berührungsflächen zur Wortebene und zur Textlinguistik hin sind offen.

Wir haben schon festgestellt, dass sich Wörter zu einem größeren sprachlichen Gebilde, dem Satz, zusammenfügen. Wir können allerdings beobachten, dass sich in Sätzen die Bedeutung offenbar „verselbstständigt", dass also Satzstrukturen Bedeutungen erhalten, die nicht einfach als die „Summe der Wortbedeutungen" erklärt werden können. Bei der Asymmetrie des sprachlichen Zeichens (Kap. 3.2) haben wir festgestellt, dass es entweder Ausdrücke mit mehreren Inhalten gibt oder mehrere gleichlautende Ausdrücke mit verschiedenen Bedeutungen wie bei Homonymen und Polysemen. Diese „Bedeutungsvarianten" bei Wörtern können allerdings nicht auf der Wortebene, sondern erst auf der darüberliegenden Satzebene deutlich gemacht werden, und zwar durch den **Kontext**. So wird im Satz

Das Schloss wurde im Stil von Versailles ausgebaut. (PE)

durch die Wortumgebung eindeutig festgelegt, dass es sich um ein Gebäude handeln muss. Allerdings können auch Satzglieder bzw. Satzgliedteile und sogar ganze Sätze **ambig** sein. (Das Phänomen der **Ambiguität** meint die Möglichkeit von mehr als einer Interpretation.)

Die Beobachtung des Mannes ist äußerst wichtig. (PE)
> Was der Mann beobachtet hat, ist äußerst wichtig.

> Es ist äußerst wichtig, dass der Mann beobachtet wird.

Bei ambigen Sätzen kann wiederum nur die nächsthöhere Ebene, die Textebene, die Eindeutigkeit des Gemeinten herstellen:

Wer hätte gedacht, dass wir nach einem Jahr so abschließen! (PE)
> Wir schließen gut ab.

> Wir schließen schlecht ab.

3.3.1 | Wahrheitswerte und Formale Semantik

Wenn Sprache ein Werkzeug ist, dann kann man sie wie jedes andere Werkzeug auch zweckentfremden. So wie ich mit einem Hammer nicht nur Nägel einschlagen, sondern auch mutwillig Windschutzscheiben zertrümmern oder noch Schlimmeres anstellen kann, kann ich die Sprache zweckentfremden und „falsche" Funktionen ausüben und Aussagen machen wie *Berlin liegt an der Donau* (PE). Nach Ansicht der Systemlinguisten ist es nicht ihre Aufgabe, dem Wahrheitsgehalt von sprachlichen Äußerungen nachzugehen.

Im Rahmen der Satzsemantik kann man sich aber sehr wohl überlegen, ob eine Aussage (hier nicht im Sinn von ‚sprachliche Äußerung', sondern gleichbedeutend mit **Prämisse, Behauptung, Urteil, Proposition**) „wahr" oder „falsch" ist. Man spricht von einem **Wahrheitswert**, der entweder + (wahr) oder – (falsch) annehmen kann. Allen Aussagen, die keine deiktischen Elemente wie *ich, du, hier, jetzt* u.a.m. enthalten (s. Deixis S. Kap. 4.1.3), wird eine solche Wahrheitsdefinitheit (wahr oder falsch) zugeordnet, wobei die Wahrheit einer komplexen Aussage durch die Wahrheitswerte ihrer Teilaussagen gemäß der **Wahrheitstafeln** festgelegt ist:

Abb 62 | *Die Wahrheitstafeln (w = ‚wahr', f = ‚falsch', p, q = Aussagen). Sie bilden die Grundlage der gesamten Computertechnik, man muss sich nur w und f durch Ø und 1 ersetzt denken. (Alle Beispiele PE)*

Konjunktion (∧ *und*)

p	q	p ∧ q	Beispiele
w	w	w	*Berlin ist die Hauptstadt Deutschlands und liegt an der Spree.* (Die Gesamtaussage ist wahr.)

w	f	f	*Berlin ist die Hauptstadt Deutschlands und liegt an der Donau.* (Die Gesamtaussage ist falsch.)
f	w	f	*Berlin ist die Hauptstadt Belgiens und liegt an der Spree.* (Die Gesamtaussage ist falsch.)
f	f	f	*Berlin ist die Hauptstadt Belgiens und liegt an der Donau.* (Die Gesamtaussage ist falsch.)

Disjunktion (∨ **inklusives**, d.h. nicht ausschließendes *oder* ‚das eine oder das andere, vielleicht auch beides')

p	q	p ∨ q	Beispiele
w	w	w	*Brüssel ist die Hauptstadt Belgiens oder die Zentrale der EU.* (Beides zugleich ist möglich, die Gesamtaussage ist wahr.)
w	f	w	*Brüssel ist die Hauptstadt Belgiens oder die Zentrale der UNO.* (Eines davon ist möglich, die Gesamtaussage ist wahr.)
f	w	w	*Brüssel ist die Hauptstadt Spaniens oder die Zentrale der EU.* (Eines ist möglich, die Gesamtaussage ist wahr.)
f	f	f	*Brüssel ist die Hauptstadt Spaniens oder die Zentrale der UNO.* (Keines davon ist wahr, die Gesamtaussage ist falsch.)

Kontravalenz (>< **exklusives**, d.h. ausschließendes *oder* ‚das eine oder das andere, aber nicht beides')

p	q	p >< q	Beispiele
w	w	f	*Brüssel ist größer oder kleiner als Berlin.* (Es kann nur eines zutreffen, beides zugleich ist nicht möglich, die Gesamtaussage ist daher falsch.)
w	f	w	*Brüssel ist kleiner als Berlin oder größer als Zürich.*

			(Eines davon ist falsch, die Gesamtaussage ist wahr.)
f	w	w	*Brüssel ist größer als Wien oder kleiner als Zürich.*
			(Eines davon ist falsch, die Gesamtaussage ist wahr.)
f	f	f	*Brüssel ist größer als Berlin oder größer als Zürich.*
			(Beides ist falsch, die Gesamtaussage ist falsch.)

Das natürlichsprachliche *oder* wird im Allgemeinen als ‚kontravalentes oder‘ aufgefasst: *Er kommt oder er kommt nicht.*

Implikation (→ wenn – dann, nicht zu verwechseln mit Implikatur.)

p	q	p → q	Beispiele
w	w	w	*Wenn Berlin an der Spree liegt, dann ist Brüssel die Hauptstadt Belgiens.* (Gesamtaussage ist wahr.)
w	f	f	*Wenn Berlin an der Spree liegt, dann ist Brüssel die Hauptstadt der Schweiz.* (Gesamtaussage ist falsch.)
f	w	w	*Wenn Berlin an der Donau liegt, dann ist Brüssel die Hauptstadt Belgiens.* (Gesamtaussage ist wahr.)
f	f	w	*Wenn Berlin an der Donau liegt, dann ist Brüssel die Hauptstadt der Schweiz.* (p → q kann auch wahr sein, wenn zwischen p und q kein Zusammenhang besteht; typisch „scherzhafter“ Satz aus dem Alltag: *Wenn du der König von England bist, bin ich Kapitän Nemo*)

Negation („Verneinung“ ¬ es ist nicht der Fall, dass; ¬ p ist genau dann falsch, wenn p wahr ist und umgekehrt.)

p	¬ p	Beispiele
w	f	*Wien liegt an der Donau. – Wien liegt nicht an der Donau.*

f	w		*Wien liegt am Rhein. – Wien liegt nicht am Rhein.*

Bikonditional oder **Äquivalenz** ($\leftrightarrow$ „doppelte Bedingung", auch **bilaterale Implikation**; p und q müssen denselben Wahrheitswert haben.)

p	q	$p \leftrightarrow q$	Beispiele
w	w	w	*Genau dann wenn Bonn verzichtet, wird Berlin zur Hauptstadt Deutschlands und umgekehrt.* (Gesamtaussage ist wahr.)
w	f	f	*Genau dann wenn Bonn verzichtet, wird Berlin nicht zur Hauptstadt Deutschlands und umgekehrt.* (Gesamtaussage ist falsch)
f	w	f	*Genau dann wenn Bonn nicht verzichtet, wird Berlin zur Hauptstadt Deutschlands und umgekehrt.* (Gesamtaussage ist falsch.)
f	f	w	*Genau dann wenn Bonn nicht verzichtet, wird Berlin nicht zur Hauptstadt Deutschlands und umgekehrt.* (Gesamtaussage ist wahr.)

Tautologie („gleiche Aussage"; Aussage, die auf Grund ihrer Form immer wahr ist.)

p oder nicht p	Beispiel
$p \lor \neg\, p$	*Beethoven ist tot oder er ist nicht tot.*

Kontradiktion („Widerspruch"; Aussage, die auf Grund ihrer Form immer falsch ist.)

p und zugleich nicht p	Beispiel
$p \land \neg\, p$	*Beethoven ist tot und er ist nicht tot.*

Tautologie und Kontradiktion stehen nicht auf derselben Ebene wie die anderen Wahrheitstafeln, da diese aus der Kombination von zwei verschiedenen Teilaussagen bestehen.

Auf der Grundlage der Wahrheitswerte, für die die Mathematiker-Philosophen GEORGE BOOLE (1815–1864, **Boole'sche Algebra**) und GOTTLOB FREGE (1848–1925) entscheidende Vorarbeiten geleistet haben, entwickelte sich eine Form des abstrakten, mathematischen Denkens, die heute unter dem Sammelbegriff **Formale Logik** bekannt ist. Mit Hilfe von Aussagen im Sinn von **Prämissen** sind Schlussfolgerungen (Konklusionen) wie die folgenden möglich.

Abb 63 | *Konklusion (Schlussfolgerung)*

Prämisse p	*Alle Kanzlerkandidaten sind Juristen* (138 r)
Prämisse q	*Edmund Stoiber ist ein Kanzlerkandidiat.*
Konklusion p ∧ q	Edmund Stoiber ist ein Jurist.
Konklusion p ∨ q	Alle Kanzlerkandidaten sind Juristen, oder Edmund Stoiber ist ein Jurist.
Konklusion p ⊁< q	Wenn alle Kanzlerkandidaten Juristen sind, dann ist Edmund Stoiber ein Jurist oder umgekehrt.
	Nicht alle Kanzlerkandidaten sind Juristen, Edmund Stoiber ist ein Jurist.
Konklusion p → q	Wenn alle Kanzlerkandidaten Juristen sind, dann ist Edmund Stoiber ein Kanzlerkandidat.
Konklusion p ¬ q	Alle Kanzlerkandidaten sind Juristen, aber Edmund Stoiber nicht.
Tautologie	Alle Kanzlerkandidaten sind Juristen oder nicht alle Kanzlerkandidaten sind Juristen.
Kontradiktion	Alle Kanzlerkandidaten sind Juristen und nicht alle Kanzlerkandidaten sind Juristen.
Konklusion p ↔ q	Genau dann wenn alle Kanzlerkandidaten Juristen sind, ist Edmund Stoiber ein Jurist und umgekehrt.
	Genau wenn Edmund Stoiber ein Jurist ist, sind alle Kanzlerkandidaten Juristen und umgekehrt.

Die Begriffe **Formale Semantik** oder **Logische Semantik** werden oft als Synonyme gebraucht, sie sind Teil der **Formalen Logik**.

Thetarollen 3.3.2

In Kapitel 2 haben wir im Rahmen der Grammatik gesehen, dass in einem Satz verschiedene Ordnungsprinzipien gelten bzw. ausgemacht werden können. Sie werden mit Hilfe der Grammatiktheorien beschrieben, z.B. als Satzglieder, Valenz, Transformationsregeln u.a.m. Eine eindeutige Trennung formaler und semantischer Kriterien ist dabei natürlich nicht möglich, wie wir etwa bei der Valenz gesehen haben. Die Wertigkeit eines Verbums legt nicht nur Zahl und Form der Aktanten fest, sondern auch die inhaltliche Füllung (Distribution). Auf ähnliche Weise kann man außerhalb der Valenzgrammatik feststellen, dass durch die syntaktisch-semantischen Mittel eines Satzes bestimmte semantische Rollen etabliert werden. Diese semantischen Rollen in einem Satz werden als **Thetarollen** oder **Thematische Relationen** im Rahmen der **Kasusgrammatik** (von CHARLES J. FILLMORE) bezeichnet. Man hat etwa unterschieden:

Agens: belebter Verursacher/Träger einer Handlung
Er machte Fortschritte. (183 l)

Patiens: belebter Betroffener einer Handlung
Ich würde meinem Nachbarn, dem Präsidenten, sagen, dass er ein Problem hat. (107 r)

Experiencer: belebtes Objekt, das von einer Handlung innerlich affiziert wird
Und ich hätte ihr verzeihen können ... (161)

Objekt/Thema: belebtes oder unbelebtes Objekt einer Handlung oder eines Zustandes
Er hat einen Stapel Fotos mitgebracht ... (183 r)

Instrument: unbelebte Ursache einer Handlung oder Instrument, das in eine Handlung involviert ist
Wenn man eines Tages mit dem Weitwinkelobjekt der Geschichte auf diese vier Jahre schauen wird ... (223 r)

Lokativ: Ort einer Handlung oder eines Zustandes
Erika Giese steht in ihrem Garten ... (168 l)

Zeit: Zeitpunkt einer Handlung/eines Zustandes
Dann kam die Flut. (223 l)

Source: Ausgangspunkt der Handlung
Als erfahrener Psychotherapeut weiß Lütz, dass an den Rand gedrängte Institutionen oft eine überraschende Vitalität entwickeln. (172 l)

Goal: Direktiv, Richtungskasus

> *Der Angriff auf die Trauergemeinde der Forouhars*
> *ist bestellt und gut vorbereitet.* (101 l)

Possessor: belebtes Wesen, das etwas (zumindest zeitweilig) besitzt

> *Sie kramt nach einem Zettel ...* (64 r)

Aus den Beispielen geht hervor, dass die Thetarollen nicht mit bestimmten Satzgliedern der TG gleichgesetzt werden können. So ist „Patiens" nicht einfach ein anderer Ausdruck für „Objekt"; ein Patiens kann durchaus auch im Nominativ oder in einem anderen Kasus stehen. Es ist auch nicht gesagt, dass in einem Satz auch tatsächlich alle diese Rollen vorhanden sein müssen. Manchmal werden eine oder mehrere ausgeprägt sein, manche können überhaupt fehlen. Mit den Thetarollen kann man etwa den Wechsel der Satzglieder bei der Änderung von Aktiv- und Passivsätzen genauer erfassen: Das Agens des Aktivsatzes wird zum Patiens des Passivsatzes u.a.m.:

> *Die Natur unterrichtet uns.* (47 l) > *Wir werden von der Natur unterrichtet.*

Allerdings scheitert die Kasusgrammatik an relativ einfachen Fragen, nämlich: Wie viele Tiefenkasus gibt es? Wie kann man sie benennen und formulieren? Wie kann eine Rolle eindeutig, z.B. als Agens oder als Patiens, festgelegt werden?

Mit dem mittlerweile als Grundlagenwerk zu wertenden Buch „Deutsche Satzsemantik. Grundbegriffe des Zwischen-den-Zeilen-Lesens" (2. Aufl., Berlin, New York: Walter de Gruyter 1988) hat sein Autor PETER VON POLENZ die Satzsemantik entscheidend beeinflusst. Allerdings will er mit seiner Methode nicht (nur) einzelne Sätze, sondern Satzverbindungen, also Texte, linguistisch erfassen, wie die Textanalysen in den Zusammenfassungen zeigen. So gesehen handelt es sich eher um eine „Textsemantik", aber es werden sehr deutlich die unscharfen Grenzen zwischen mehrteiligem Satz und Text deutlich.

3.4 | Textsemantik

Dass die sprachliche Einheit Text in diesem Buch an drei verschiedenen Stellen behandelt wird (Textlinguistik als Hyperonym mit den Unterbereichen 2.4 Textgrammatik, 3.4 Textsemantik und 4.4

Die Entwicklung der modernen Textlinguistik

In einer ersten Phase seit den 60er Jahren des 20. Jahrhunderts herrschten vorwiegend **syntaktische Textauffassungen** vor. Ein Text wurde als ein aus mindestens zwei Sätzen bestehender „Übersatz" gesehen, als transphrastisches Gebilde. Daher stammt auch der Versuch, syntaktische Mittel auf den Text anzuwenden und ein System abstrakter Regeln zur Erzeugung von Texten im Sinne einer „Textgrammatik" zu erstellen. Hauptvertreter dieser Phase sind Harald Weinrich (sein Buch „Textgrammatik" steht am Beginn dieser Entwicklung), Roland Harweg und Karl-Erich Heidolph.

In den 70er Jahren entwickelte Teun van Dijk das Konzept der **Makrostruktur**. Darunter versteht er einen globalen, abstrakten Plan, der jedem Text zugrunde liegt. Dessen Annahme wird damit begründet, dass jeder Sprecher in der Lage ist, einen Text als Ganzes zusammenzufassen, zu bewerten oder zu kommentieren. Van Dijk stellte Überlegungen an, wie das Generieren von Texten von einer Hauptidee ausgehen muss und sich stufenweise zu den detaillierten Bedeutungen entwickelt. So entwickelte er in der Folge Operationen der Makrostrukturierung wie Tilgung, Verallgemeinerung und Konstruktion neuen Materials. Darauf aufbauend schufen Teun van Dijk und Walter Kintsch 1983 das umfangreiche Werk „Strategies of discourse comprehension". Dieses kognitive Textverarbeitungsmodell versucht, die verschiedenen Prozesse zu beschreiben, die den Sprachteilnehmern die Produktion und die Rezeption von Texten ermöglichen. Es ist leicht einzusehen, dass dieses Konzept weit über eine strukturalistische Textauffassung hinausgeht und eine Kombination von grammatischen, semantischen und pragmatischen Beobachtungen bedeutet.

Die **kommunikationsorientierte Textlinguistik** versucht, Sprache im Rahmen der Kommunikation zu begreifen und zu beschreiben. Siegfried J. Schmidt u.a. gingen von „Handlungsspielen" aus, die sprachliche Bestandteile der Kommunikation darstellen. Darin wird die pragmatische Komponente der Textauffassung deutlich, die besonders seit der „Pragmatischen Wende" verfolgt wurde. Die Entwicklung verlagerte sich immer deutlicher auf die außersprachlichen Bedingungen der Textverarbeitung. Robert A. de Beaugrande und Wolfgang U. Dressler stellten ihre Vorstellungen von einem Textmodell, dem **prozeduralen Ansatz**, vor (Näheres s. Kap. 4.3.4).

Textpragmatik), hängt mit der besonderen Entwicklung der Forschungsgeschichte auf diesem Gebiet zusammen. „Text" kann sowohl als sprachliche Ebene im innersprachlichen Sinn (neben Laut-, Wort- und Satzebene) als auch als semantische Interpretation oder pragmatische Betrachtung aufgefasst werden. Das ist mit keiner anderen pragmatischen Teildisziplin (Sprechakttheorie, Konversationsanalyse, Soziolinguistik u.a.m.) möglich. Wir müssen uns aber bewusst sein, dass keine feste Abgrenzung der drei Bereiche möglich ist, ja dass man sie überhaupt nicht trennen kann. Wenn man sprachliche Phänomene erschöpfend beschreiben will, kann man Systemlinguistik nicht ohne semantische oder pragmatische Elemente betreiben und vice versa. So gesehen sind Textgrammatik, -semantik und -pragmatik keine linguistischen Fachbereiche, sondern eher unterschiedliche Aspekte oder Betrachtungsweisen, bei denen eine Art im Vordergrund steht und die anderen immer mitschwingen.

Vom Grundgedanken wäre das Prinzip der Textsemantik wohl leicht zu formulieren: Die Textsemantik beschäftigt sich mit allen Bedeutungsphänomenen, die die Wortsemantik und die Satzsemantik nicht erfassen können. Der Teufel steckt allerdings wie immer im Detail, denn niemand vermag die genaue Grenze zwischen Wort- und Satzebene sowie zwischen Satz- und Textebene anzugeben.

3.4.1 | Hypertext und E-Mail

Wenn sich die Kommunikationsbedingungen auf den Text auswirken, dann können auch die „neuen" Kommunikationsformen **E-Mail** und **Hypertext**, die der Allgemeinheit seit den frühen 90er Jahren des 20. Jahrhunderts vermehrt zur Verfügung stehen, nicht ohne Einfluss auf das Wesen und die Organisation von Texten geblieben sein. In der Tat setzt man sich in der Linguistik auch mit diesen Formen auseinander, insbesondere seit mit dem **Internet** eine international einheitliche Plattform geschaffen worden ist, ja man hat schon (freudig oder hämisch) das Ende der „Gutenberggalaxis" (MARSHALL McLUHAN) verkündet. Aus sprachlicher und sprachwissenschaftlicher Sicht besteht jedoch keine Notwendigkeit eines völligen Neubeginns in der Textlinguistik. Auch E-Mail und Hypertext bedienen sich herkömmlicher Textverarbeitungsprozesse, haben diese allerdings verändert oder ihnen neue Komponenten hinzugefügt. Die Möglichkeit, in einem **Chatroom** mit mehreren Kommunikationsteilnehmern schriftlich und ohne Zeitverzögerung zu verkehren, hat es bisher nicht gegeben, ebenso wenig wie die Möglichkeit, einen Text sofort und zeitgleich mehreren Rezipienten zu übermitteln. Und ein Hypertext wird als neuartige, nicht lineare Textorganisation verstanden, in der verschiedene Textebenen über **Links** miteinander kombiniert werden können. Allerdings darf nicht vergessen werden, dass auch in herkömmlichen Texten diese Möglichkeit, wenn auch nur ansatzweise, durch Exkurse, Zitate, Verweise, Zusammenfassungen, Ausblicke usf. schon gegeben war und genützt wurde (Stichwörter Intertextualität und Diskursdeixis). Außerdem bleibt das Lesen solcher Hypertexte immer noch linear! Letztlich wird auch von der **Leseforschung** ein grundlegender Wandel verlangt. Richtig hingegen ist, dass das Electronic Publishing eine neue Publikationsform darstellt. Der Textproduzent kann seine Texte schneller bearbeiten und ins Internet stellen und damit schneller und besser auf Leserwünsche reagieren als bei gedruckten Texten, so dass erst durch diese Formen ein wahres **Interagieren** auf Textebene (und nicht wie bisher nur auf Gesprächsebene) möglich ist. Und auch die Beobachtung, dass Schrift zumindest teilweise wieder zu Bildern (Piktogrammen) wird (etwa durch die mittlerweile berühmten Emotikons wie :-) für ‚scherzhafte Bemerkung‘, :-(für ‚Missfallen, Traurigkeit‘ u.ä.), trifft sicherlich zu.

Stilistik | 3.4.2

Die wissenschaftliche (deskriptive) **Stilistik**, heute allgemein als Teilgebiet der Textlinguistik angesehen, darf nicht mit den (präskriptiven) Lehrwerken des späten 19. und des 20. Jahrhunderts verwechselt werden, die unter dem Titel „Stilistiken" oder „Stilfibeln" meist unbegründete und unbegründbare Vorschriften erteilten. Wie die gesamte Textlinguistik kann auch das Phänomen Stil aus systemlinguistischer, semantischer oder pragmatischer Perspektive betrachtet werden.

Systemlinguistisch orientierte Stilistiken versuchen, Stilphänomene an grammatischen Faktoren auszumachen:

1. auf Lautebene: Lautung und Rhythmus (gilt natürlich nur für gesprochene Sprache bzw. das Vorlesen von Geschriebenem); Phonemzählungen u.a.m.
2. auf Wortebene: Silbenzählungen, Einsatz der Wortarten, Wortbildungstypen, sprachliche Bilder u.a.m.
3. auf Satzebene: Satzlänge, Satztypen (Aussage-, Ausrufe-, Aufforderungs-, Fragesatz), Wortstellung, Veränderungen einfacher Satzformen (Auslassungen, Erweiterungen, Unterbrechungen), Kasusrektion, Tempusformen, Modi, Genus u.a.m.

Pragmatische Annäherungen fassen Stilmerkmale als „Handlungsmuster" im Sinn der Sprechakttheorie auf. Man kann aber auch das Textmodell, etwa jenes von DE BEAUGRANDE/DRESSLER (S. Kap. 4.3.4), sehr gut auf stilistische Merkmale anwenden.

Semantische Stilphänomene sind etwa

1. Wortwahl (Wortschatz: Verwendung von Archaismen, Neologismen etc.)
2. Wiederholung, Variation, Wechsel, Ellipsen
3. Folgerichtigkeit, Klarheit, Anschaulichkeit, Glaubwürdigkeit der Darstellung

Praktische Anwendung findet die Textlinguistik und Stilistik in der **Forensischen Linguistik (Rechtslinguistik),** die Sprachvergleiche anstellt, um gerichtsverwertbare Indizien über Textverfasser (etwa von Drohbriefen, Erpressungen, Bekennerschreiben etc.) zu ermitteln.

3.4.3 | Grundlagen der Frametheorie

Auch die Frametheorie ist in ihren Anfängen kein Kind unserer Zeit. Die Grundüberlegungen gehen auf die Gestaltpsychologie der ersten Hälfte des 20. Jahrhunderts zurück, die ihrerseits auf philosophischen Überlegungen aus den letzten Jahrzehnten des 19. Jahrhunderts basieren. Schon 1890 verwendete CHRISTIAN VON EHRENFELS, ein Schüler FRANZ BRENTANOS, in seiner Schrift „Über ‚Gestaltqualitäten‘" den Begriff „Gestalt" im Sinne der Wahrnehmungsphilosophie BRENTANOS, die auch ERNST MACH u.a. beeinflusst hat. „Gestalt" bezeichnet dabei eine Wahrnehmungseinheit, die nicht nur beim visuellen Wahrnehmungsvermögen eine Rolle spielt (wir sehen die „Gestalt" eines Menschen, eines Baumes etc.), sondern auch raumzeitliche, dynamische, physikalisch und psychisch konstatierbare Phänomene in ihrer wechselseitigen Interaktion erfasst, etwa die Erfassung von musikalischen Melodien als ganzheitliche Segmente. BRENTANOS „Antizipationsschema" wurde in der Folge weiterentwickelt, indem man davon ausging, dass das menschliche Wissen in Form von „Wissensdispositionen" in Einheiten erfasst und gespeichert wird.

Diese philosophischen Grundlagen wurden von der so genannten „Berliner Schule" in der Psychologie (MAX WERTHEIMER, WOLFGANG KÖHLER, KURT KOFFKA, KURT LEWIN) aufgenommen und zur „Gestaltpsychologie" weiterentwickelt. Sie erhoben den Begriff der Gestalt zum Prinzip. Die Gestaltpsychologie geht davon aus, dass alle menschliche Erkenntnis auf dem Phänomen des Kontrasts beruht. Der Kontrast besteht zwischen einem Etwas als Ganzem, der „Figur", die im Fokus der Wahrnehmung steht und sich vom „Hintergrund" abhebt. Dabei ist das Wahrnehmungsvermögen des Menschen stets aktiv, d.h., es versucht ständig, Reize als Wahrnehmungen zu interpretieren. Bestimmte, ungeordnet dargebotene perzeptuelle Stimuli werden zu in sich abgeschlossenen Strukturen verarbeitet. Wir kennen das etwa beim Betrachten von Vexierbildern.

Diese Gedanken wurden in der ersten Hälfte des 20. Jahrhunderts aufgegriffen und weiterentwickelt, so von FREDERIC BARTLETT und von JEAN PIAGET in den 30er Jahren. PIAGET hat im Rahmen der Entwicklungspsychologie gezeigt, dass mit der Entwicklung der Fähigkeit, räumlich begrenzte Objekte wahrnehmen zu können, die Entwicklung der Fähigkeit einhergeht, diese Objekte unter bestimmten Transformationen (z.B. Drehungen) konstant halten zu können. Diese „Objektkonstanz" ist dafür verantwortlich, dass ein und dieselben Phänomene als Gleiches erkannt werden können. PIAGET und BARTLETT sprechen von einem „Schema", das vorhanden sein muss. Es ist sicher auch kein Zufall, dass diese gestaltpsychologischen Grundlagen gerade in unseren Tagen hochaktuell geworden sind. Ebenso wie die Erstspracherwerbsforschung beim Kind und die Generative Grammatik eine Verbindung zwischen Sprache und Psyche voraussetzen und ihr nachgehen, geht die Frametheorie in dieselbe Richtung.

Einen weiteren entscheidenden Schritt unternahm dann die Forschung zur **Künstlichen Intelligenz** (KI oder AI *artificial intelligence*). Es wurde bald deutlich, dass eine Maschine, die den Input eines visuellen Bildes oder eines natürlichsprachlichen Textes verarbeiten soll, über so etwas wie ein „Vorwissen" über den jeweils abzubildenden Gegenstand verfügen muss. Es muss so etwas wie ein „Organisationszentrum" vorhanden sein, das gewisse Bedingungen des Inputs aufnehmen und interpretieren kann. Wie aber kann man sich ein solches „Organisationszentrum" vorstellen?

Es scheint selbstverständlich, dass sich der Mensch in seiner Welt orientieren kann, d.h., er kann den Input (Bilder, Geräusche, Düfte etc.) anhand seiner erworbenen Kompetenz (wir werden es noch als „Weltwissen" kennen lernen, s. Kap. 4.1.1) richtig einordnen und interpretieren. Dieses Wissen spielt offenbar eine eminente Rolle; und es ist auch einsichtig, dass eine Maschine (zumindest beim heutigen und in naher Zukunft möglichen Wissensstand) dies nicht erlangen kann – sie kann nicht „sozialisiert" werden. Dieses Wissen kann ihr nur als Datenbank eingegeben werden, wobei die Strukturen maschinenlesbar aufbereitet sein müssen. Die Wissensbasis besteht in der Regel aus symbolisch kodierten Texten, die das so genannte *domain knowledge* repräsentieren.

Beim menschlichen Wissen scheint es ähnlich zu sein. Man kann einen Text inhaltlich offenbar nur dann verstehen, wenn über den Text hinaus assoziierte Sachverhalte für den Interpreten während des Verstehensprozesses abrufbar sind. Das soll die **Frame**-Konzeption gewährleisten. Man kann sich Frames als nebengeordnet oder hierarchisch vorstellen. Ein berühmter Beispieltext lautet:

1 *Jane war zu Jacks Geburtstagsfeier eingeladen.*
2 *Sie fragte sich, ob ihm ein Drache gefallen würde.*
3 *Sie ging in ihr Zimmer und schüttelte ihr Sparschwein.*
4 *Es war nichts zu hören.*

Der erste Satz aktiviert einen übergeordneten thematischen Frame, ausgelöst durch das Schlüsselwort *Geburtstagsfeier*. Dieser Frame löst gewisse Vorstellungen aus, die mit einer Geburtstagsfeier verbunden sind, etwa dass die Gäste ein Geschenk mitbringen. Dieses Geschenk soll den Beschenkten überraschen und ihm Freude bereiten, er darf nicht vorher wissen, worum es sich handelt; man kann ihn also auch nicht einfach fragen. So gesehen, hat man keine Schwierigkeiten, die beiden ersten Sätze miteinander zu verbinden. Es ist auch zu erwarten, dass sich der Rest des Textes mit diesem Thema befasst. Im zweiten Satz löst das Schlüsselwort *Drache* den Frame aus, dass es sich bei dem Geschenk um ein Spielzeug handelt. Jane und Jack kann man sich also als Kinder vorstellen. Stünde an Stelle von Satz 2 *Sie fragt sich, ob er wohl gerne zum Zahnarzt ginge,* so kann man keine unmittelbare Verbindung zwischen den beiden Sätzen herstellen. Der Frame „Geburtstagsfeier" stellt uns dafür keine Vorstellungen zur Verfügung, und man wird daher annehmen, dass die notwendigen Erklärungen im noch folgenden Text enthalten sein werden. Wäre jedoch ein Frame „surrealistische Prosa" aktiviert, würde uns diese Folge nicht weiter verwundern. Der übergeordnete Frame steuert also die Erwartungshaltungen und ruft weitere Frames ab. So gesehen wissen wir auch, dass man Geld in einem Sparschwein aufbewahrt und dass dieses, wenn man es schüttelt, das Geräusch der klingenden Münzen wiedergibt.

Entscheidend ist nun, dass der Frame-Begriff von der Künstlichen Intelligenz auf die Linguistik übertragen worden ist. Man versucht, darunter die semantischen und syntaktischen Strukturen zu verstehen, die von einem Lexem ausgelöst werden. Darüber hinaus wird der Frame auch als „portionsweise" Verarbeitung des Weltwissens verstanden, die notwendig ist, um ein situationsgebundenes Verständnis einer Äußerung aufzubringen.

Erklärung

▶ „Ein ‚Frame' ist eine Struktur von Daten, die eine stereotype Situation repräsentieren, wie sich in einer bestimmten Art von Wohnzimmer aufzuhalten oder zu einer Kindergeburtstagsfeier zu gehen. Jedem Frame haften bestimmte Arten von Informationen an. Einige davon geben an, was man als Nächstes zu erwarten hat. Andere bestimmen, was zu tun ist, wenn diese Erwartungen nicht erfüllt werden."

MARVIN MINSKY (1975)

Dieses Wissen hat zunächst noch nichts mit reinen syntaktischen Strukturen zu tun; es sagt also nichts über die „Syntax" der Beschreibung einer Kindergeburtstagsfeier aus. Es hängt mehr mit dem lexikalischen Wissen des Wortes *Kindergeburtstag* zusammen. Der erste Schritt wäre also, nach dem Zusammenhang der Frames mit der lexikalischen Semantik zu fragen. Eines scheint klar zu sein: Der Frame-Begriff geht über die strukturalistische Linguistik weit hinaus.

So weit scheint alles einsichtig zu sein. Aber abgesehen von der Bedeutung, die der Frame-Begriff in anderen Wissenschaftsbereichen wie der Psychologie erlangt hat, ist die Kernfrage in der Linguistik doch, wie Zahl und Art der Frames ermittelt und für eine linguistische Beschreibung ausgewertet werden können.

Darauf ist allerdings bis jetzt noch keine eindeutige Antwort gefunden. Es gibt verschiedene Betrachtungsweisen über die Frames, die aber in erster Linie von der Philosophie herkommen. Auch wenn wichtige sprachwissenschaftliche Werke wie selbstverständlich mit Frames operieren, so ist eine theoretisch fundierte linguistische Beschreibung der Frames und ihrer Aufgaben bis heute ausständig. Selbstverständlich gibt es verschiedene Versuche, auch von linguistischer Seite, die Frames für die Sprachwissenschaft fruchtbar zu machen, aber durchsetzen konnte sich bislang noch keiner von ihnen.

Zusammenfassung

▶ Die Semantik als „Schnittstelle" zwischen Sprache und realer Welt beschäftigt sich mit der Bedeutung sprachlicher Zeichen. Je nachdem, was man unter einem sprachlichen Zeichen versteht, kann man sie als Wort-, Satz- oder Textsemantik betreiben. Diese Reihenfolge bezeichnet auch das Alter der wissenschaftlichen Teildisziplinen. Mit der Verbreitung und Bedeutung von Wortgut sowie Wortschatzanalyen hat man sich auch vor SAUSSURE beschäftigt und etwa im Rahmen von Sprachatlanten Bedeutendes geleistet.

Die Beschreibung des Wortschatzes einer natürlichen Sprache entzieht sich, wenn man von der Inhaltsseite ausgeht, jeglichem Versuch der Systematisierung. Ob man nun dem Problem der Berücksichtigung der Asymmetrie des sprachlichen Zeichens mit Notierung von Bedeutungsmerkmalen wie den Semen, mit Prototypen oder anderen Mustern zu Leibe rückt: Noch niemandem ist es bisher gelungen, eine vollständige semantische Analyse und Präsentation des Lexikons vorzulegen. Dies ist mit ein Grund, warum man den Wortschatz (im Gegensatz zu Phonologie und Morphologie) als offenes System bezeichnet hat.

Zusammenfassung

In der Satzsemantik beschäftigt man sich u.a. mit dem Wahrheitsgehalt von einfachen Aussagen. Dazu hat die Formale Logik oder Semantik ein Formel- und Beschreibungssystem entwickelt, das sich an der Mathematik orientiert und in natürliche Sprachen regelrecht „übersetzt" werden muss. Aber auch die Traditionelle Grammatik oder die Valenzgrammatik beziehen sich auf den Satz, indem sie etwa mittels thematischer Rollen oder Thetarollen die semantische Struktur eines Satzes zu erfassen suchen.

Mit einem Ausblick auf die zukunftweisenden Möglichkeiten des Internets mit Hypertext und E-Mail sowie auf die Stilistik und die Grundlagen der Frametheorie wurden beispielhaft drei Bereiche der Textsemantik vorgestellt.

Übungen

● Eruieren Sie in einem Namenbuch die Bedeutung Ihres (Ihrer) Vornamen(s) und Ihres Nachnamens.   **1**

● Erklären Sie, warum das Gleichnis vom Linguisten, Zoologen und Mathematiker (S. 6) nicht zutrifft.   **2**

● Versuchen Sie, das Wortfeld „Fortbewegungsmittel" mit den Ausdrücken *Auto, Lastwagen, Pkw, Motorrad, Flugzeug, Motorboot, Eisenbahn, Rollschuhe* in eine Merkmalmatrix der Komponenziellen Semantik einzordnen, indem Sie Zahl und Art der Seme festlegen.   **3**

● Ordnen Sie die Ausdrücke *Hochzeit, feige, Ampel, Pfaffe, Liebe, Zunge* mit Hilfe eines Etymologischen Wörterbuchs den Kategorien der quantitativen und qualitativen Bedeutungsveränderung zu.   **4**

● Bestimmen Sie in folgenden Sätzen die Thetarollen.   **5**
  Am Lebensende wird im reichen Deutschland gegeizt. (280 l)
  Keith Lynch wohnt ein paar Häuser westlich. (107 l)
  Im Laden wirft er seinen Hut an den Nagel ... (107 r)
  Nirgendwo könne er sich so erholen. (106 r)

6 ● Gegeben sind die Argumente
      p *Alle Menschen werden Brüder.*
      q *Sokrates ist ein Mensch.*
   Ziehen Sie die Konklusionen $p \wedge q$, $p \rightarrow q$, $p \wedge \neg q$

7 ● Was ist ein „Frame"?

8 ● Wodurch unterscheiden sich Eigennamen von Appellativen?

9 ● Wofür steht die gestrichelte Linie im semiotischen Dreieck, S. 189?

Pragmatik: Sprache als Handeln $\quad$ |4

Griech. *pragma* bedeutet ‚Sache‘, ‚Ding‘, aber auch ‚Tun‘, ‚Handeln‘. Unter dem Begriff Pragmatik versteht man heute weniger eine abgegrenzte Wissenschaftsrichtung als eher eine Art der Sprachbetrachtung, die sich mit der Einbeziehung der sprechenden Personen und der Beschreibung von Sprache in ihrer konkreten Verwendung („in der *Praxis*“) beschäftigt. Pragmatik in der Sprachwissenschaft besagt, dass der Sprechende mit Sprache handelt oder dass Sprache eine besondere Rolle im menschlichen Handeln spielt.

Sigmund Freud notiert in seinen Aufzeichnungen über die Krankengeschichte des „Rattenmannes" folgenden Bericht seines Patienten:

FREUD, SIGMUND (2000): Zwei Krankengeschichten. Bemerkungen über einen Fall von Zwangsneurose. Aus der Geschichte einer infantilen Neurose. Einleitung von Carl Nedelmann. 2. Aufl. Frankfurt am Main, S. 95.

„Die Erzählung aber lautete: Als er noch sehr klein war [...], soll er etwas Arges angestellt haben, wofür ihn der Vater prügelte. Da sei der kleine Knirps in eine schreckliche Wut geraten und habe noch unter den Schlägen den Vater beschimpft. Da er aber noch keine Schimpfwörter kannte, habe er ihm alle Namen von Gegenständen gegeben, die ihm einfielen, und gesagt: du Lampe, du Handtuch, du Teller usw. Der Vater hielt erschüttert über diesen elementaren Ausbruch im Schlagen inne und äußerte: Der Kleine da wird entweder ein großer Mann oder ein großer Verbrecher."

Das aus sprachlicher Sicht Bemerkenswerte an diesem Bericht ist die Beobachtung, dass Freuds Patient als Kind Appellative, die keine Schimpfwörter waren, in der Funktion von Schimpfwörtern gebrauchte. Das Kind weiß, dass es Schimpfwörter gibt, aber – wohl durch die gehobene Erziehung in seinem wohlhabenden Elternhaus – es kennt offenbar keine. Also funktioniert der Knabe kurzerhand Begriffe, die er kennt, zu Schimpfwörtern um. Woran aber erkennen er und sein Vater, dass *Lampe, Handtuch, Teller* usw. **pejorativ** gemeint sein sollen? Nun, am Gebrauch. In dieser eindeutigen Situation (die durch die Wut des Kleinen gekennzeichnet ist) können es nur Schimpfwörter sein. Und immerhin erreicht der Knirps eine für ihn positive Wirkung: Der Vater stellt die Schläge ein (wenn auch aus Verblüffung).

Wenn wir in einem Lexikon nachschlagen, so werden wir unter den Lemmata *Lampe, Handtuch, Teller* usw. keinen Bedeutungsvermerk als Schimpfwort finden. Aus Sicht der Systemlinguistik (der „Grammatik") handelt es sich dabei um keine Schimpfwörter. Wir können sie aber sehr wohl als solche gebrauchen, wenn durch die **Situation** diese Verwendung klar ist.

Die **Pragmatik (Sprachpragmatik, Pragmalinguistik)** untersucht, welchen Gebrauch die Sprachteilnehmer von den sprachlichen Zeichen machen. Im Gegensatz zur Systemlinguistik kann dies aber nicht ohne Analyse der Situation geschehen, in der sprachliche Äußerungen gemacht werden. Trotzdem sollten System- und Pragmalinguistik nicht als Gegensätze angesehen werden, sondern als Ergänzungen oder als verschiedene Betrachtungsweisen.

Das sprachliche Erfassen der Welt | 4.1

Weltwissen, Sprachwissen, Sprachverhalten | 4.1.1

Im SAUSSURE'schen Modell des sprachlichen Zeichens wird die Vorstellung (der *Inhalt*, *signifié*) mit einer Lautung (dem *Ausdruck*, *signifiant*) verbunden. Woher aber stammt diese Verbindung? Was ein *Haus* ist, wissen wir, weil wir schon einmal ein Haus gesehen haben und darin wohnen, also weil es uns im täglichen Leben ständig begegnet. Man kann folglich annehmen, dass die Bedeutung eines sprachlichen Zeichens nicht in diesem selbst begründet liegt, sondern in unserer Erfahrung. Von einem Ausdruck, den wir noch nicht durch die Konvention übernommen haben, können wir uns auch keine Vorstellung machen. Die Inhaltsseiten der sprachlichen Zeichen erhalten ihre „Auffüllung" erst durch die Erfahrung der Sprachteilnehmer. Wir können diesen Prozess deutlich bei Kindern beobachten, wenn sie die Bedeutung eines Wortes noch nicht kennen und etwa fragen: *Was ist ein Planet?* In etwas anderer Form begegnet uns dieser Prozess beim Vokabellernen einer Fremdsprache wieder.

Die Kernfrage muss also lauten, woher die Vorstellungen in Verbindung mit einem sprachlichen Zeichen stammen. Vorstellungen beziehen sich nicht auf die reale Welt, sondern auf unsere Erfahrungen in und mit ihr. Dieses „Erfahren der realen Welt" können wir auch als **Weltwissen** bezeichnen. Dabei ist es völlig unerheblich, ob es bestimmte Objekte oder Sachverhalte in der Realität tatsächlich gibt oder nicht. Wichtig ist nur, dass wir sie „erfahren" haben und somit ihre „Bedeutung" kennen, also eine Vorstellung mit einem Begriff verbinden. Unser Weltwissen muss nicht auf die reale, manifeste Welt referieren, es kann auch eine nichtexistente, imaginierte sein. Es ist also ohne Bedeutung, ob ein Gott Dionysos wirklich existiert, wichtig ist nur, dass wir erfahren haben, dass es die Vorstellung von einem Gott des Weines namens Dionysos gegeben hat oder immer noch gibt.

Der Begriff des Weltwissens ist seiner Natur nach wenig präzise. Es können damit die unterschiedlichsten Wissensinhalte angesprochen werden. So hat man versucht, zwischen **Alltagswissen** und individuellem **Erfahrungswissen** zu unterscheiden: Das Alltagswissen steht demnach allen Angehörigen einer Gemeinschaft gleichermaßen zur Verfügung und umfasst so banale Dinge wie das Einkaufen oder das Sich-Bewegen im öffentlichen Verkehr (*Rot heißt Stehen, Grün heißt Gehen* etc.). In einer Gemeinschaft wird davon ausgegangen, dass alle Teilnehmer über dieses Wissen verfügen. Tun sie das nicht, sind sie als Außenseiter (etwa als Angehörige eines anderen Kulturkreises, Alkoholisierte, psychisch Kranke usw.) markiert. Das Erfahrungswissen hingegen ist an bestimmte Individuen oder Gruppen gebunden (so z. B. als Fachwissen der Ärzte, Jäger, Sprachlehrer etc.) und kann daher nicht allgemein definiert werden. Die Grenze zwischen individuellem Erfahrungswissen und überindividuellem Alltagswissen ist fließend und lässt sich nicht genau bestimmen.

Entscheidend ist allerdings, dass der Begriff des Weltwissens mit Erfahrung zusammenhängt und dass *Welt* nicht als geographische oder kosmologische Entität im Sinne von ‚Erde' oder ‚Planet' verstanden werden darf. Besser wäre es daher vielleicht, an Stelle von Weltwissen von **Gebrauchskontext** zu sprechen, also jenen außersprachlichen Umständen und Zusammenhängen, in denen eine sprachliche Äußerung einen Sinn erhält. Deshalb kann auch jedes Individuum mehreren Welten oder Gebrauchskontexten angehören, und jeder Augenblick und jede Ortsveränderung kann einen neuen Gebrauchskontext ergeben.

Unser Sprachwissen ist das Wissen darum, was wir tun müssen, um eine sprachliche Äußerung, die von anderen akzeptiert wird, hervorzubringen oder eine Äußerung von anderen verstehen zu können. Um sagen zu können *Der Hund ist bissig*, muss uns klar

| Abb 64

Ein Beispiel für unterschiedliche Grade des Welt-wissens

Eine sehr große Anzahl von Rezipienten wird erkennen, dass dieses Bild eine Land-schaft im Winter darstellt (was für Kulturkreise, die keinen Schnee kennen, nicht selbstverständlich ist). Eine weniger große Menge wird wissen, dass es sich um ein berühmtes Gemälde handelt, wird aber nicht angeben können, um welches. Eine noch kleinere Menge wird den Titel („Jäger im Schnee"), den Maler, Pieter Bruegel d.Ä., eventuell das Entstehungsjahr 1565 und/oder den heutigen Besitzer (Kunsthis-torisches Museum Wien) angeben können. Einem noch kleineren Kreis schließlich ist bekannt, dass dieses Bild im Filmklassiker „Solaris" von Andrej Tarkowski (1972) eine dramaturgisch wichtige Rolle spielt.

sein, was man (d.h. der/die Kommunikationspartner) unter den Ausdrücken *Hund* und *bissig* versteht. Nur so können wir sicherstel-len, dass man uns auch ver-steht. Aber das Sprachwissen geht noch weiter und wirkt sich konkret auf die Form sprachlicher Äußerungen aus. So wird folgender Satz als nicht

▶ **Das grammatische Wissen, das im Zusammenhang mit sprachlicher Aktivität vonnöten ist, wollen wir als Sprachwissen bezeichnen.**

akzeptabel empfunden, wenn wir wissen, dass es sich um ein und dieselbe Person namens *Oskar* handelt (und nicht um zwei ver-schiedene Personen, die beide den Namen *Oskar* tragen):

   *Oskar$_i$ weiß, dass Oskar$_i$ einen Fehler gemacht hat. (PE)

Hier muss uns unser sprachliches Wissen sagen, dass der Satz die Form aufweisen muss:

   Oskar weiß, dass er einen Fehler gemacht hat.

Ebenso müssen Kongruenz und andere grammatische Mittel gewahrt sein. Nach unserem Verständnis umfasst das Sprachwissen somit die grammatische Kompetenz und baut auf unserem Weltwissen auf.

Das Sprachwissen ist aber nicht gleichzusetzen mit den sprachlichen Äußerungen selbst. Unser Sprachwissen manifestiert sich vielmehr in unserem individuellen **Sprachverhalten**. Es stellt den Übergang von der grammatischen Betrachtungsweise zur pragmatischen dar, denn es passt die Form sprachlicher Äußerungen an ihre Äußerungssituation an. Im Vordergrund steht nicht die grammatische Wohlgeformtheit.

Unüblich und als „unhöflich" angesehen wird die Reihenfolge *Ich und Oskar kommen dich morgen besuchen.*

Vom Sprachsystem (der Grammatik) her gesehen gibt es keinen Grund, eine solche Reihenfolge nicht zu verwenden. Es ist einzig und allein eine Frage des Sprachgebrauchs, eben des Sprachverhaltens, dass das Wort *ich* nicht an erster Stelle angeführt wird.

Das Sprachverhalten ist eingebettet in das Sprachwissen, denn nur auf der Basis des Sprachwissens ist angemessenes Sprachverhalten möglich. Sprachwissen und Sprachverhalten sind die pragmatischen Entsprechungen für die vergleichbaren Begriffe **Kompetenz** und **Performanz**. Wir können uns dieses Dreierschema etwa folgendermaßen vorstellen:

Abb 65 | *Weltwissen, Sprachwissen, Sprachverhalten*

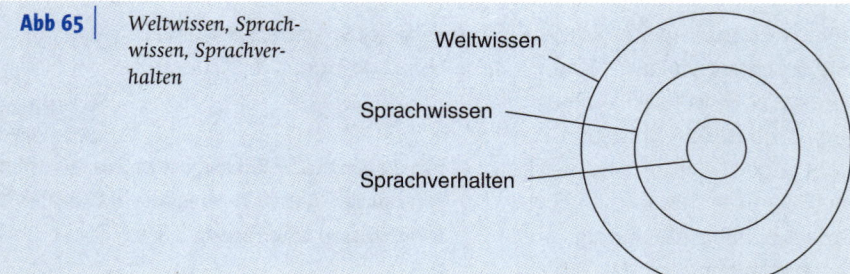

Eine der Aufgaben der Pragmalinguistik ist es nun, vom realen Sprachverhalten auf das Sprachwissen zu schließen. Ausgangspunkte für diese Schlussfolgerungen müssen reale Äußerungen in realen Situationen sein, etwa singuläre Äußerungen für die Sprechakttheorie, gesprochene Gespräche für die Gesprächsanalyse und geschriebene Texte für die Textlinguistik. Aufgabe der Pragmalinguistik ist es, operationale linguistische Verfahren zu entwickeln, die diese Rückschlüsse erlauben.

Präsupposition und Inferenz | 4.1.2

Es ist denkbar, dass ein Gespräch mit folgendem Satz anhebt: *Auch die Nummer 50 muss unter den Hammer.* (76)
    Unser Weltwissen sagt uns, dass diese Äußerung in den Kontext einer Versteigerung zu stellen ist: Dort werden Dinge nach einem genauen Reglement zum Verkauf angeboten und die Rechtskraft des Geschäftes wird mit dem Schlag eines Hammers bestätigt. All das muss nicht gesondert erklärt werden. Der Sprecher setzt voraus, dass die Gesprächsteilnehmer über dieses Wissen verfügen, und er nimmt darauf Bezug. Etwas ungewöhnlicher wäre die Äußerung *Auch die Nummer 50 kommt unter die Zange.*
    Das notwendige Requisit bei einer Versteigerung ist ein Hammer, und obwohl man mit einer Zange denselben Zweck erreichen könnte, verlangt das Reglement eben einen Hammer. Es wäre höchstens denkbar, dass der Satz ironisch gemeint ist.
    Hören wir die Äußerung
Das Prachtstück von Richard Strauss ... glänzt in philharmonischer Höhensonne. (54 r)
wissen wir auf Grund unserer Erfahrung (unseres Wissens, unserer Bildung), dass es sich dabei um den deutschen Komponisten Richard Strauss (1864–1949) handeln muss. Der Sprecher muss nicht ausführen:
Richard Strauss war ein berühmter Komponist und Musiker und lebte von 1864 bis 1949, er komponiert u. a. die „Alpensymphonie" etc.
    Das bedeutet, wir legen durch unser Weltwissen etwas in die Äußerung hinein, wir **inferieren** oder ergänzen die Äußerung. Was wir inferieren, hängt natürlich von unserem Weltwissen ab, das seinerseits die Grundlage der **Präsupposition** bildet. Präsuppositionen kann man sich als Sinnvoraussetzungen vorstellen, die in der Äußerung selbst nicht angesprochen, für das Verständnis aber vorausgesetzt werden. Die Hierarchie kann man so darstellen:

Präsupposition und
Inferenz

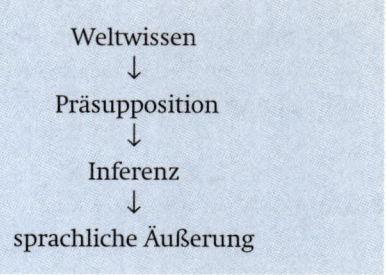

Präsuppositionen haben nichts mit dem Wahrheitsgehalt einer Äußerung zu tun und dürfen nicht damit verwechselt werden. So enthält die Äußerung

Jerusalem ist eine Stadt der Sackgassen. (67 r)

die Präsuppositionen

1. >Es gibt gegenwärtig eine Stadt namens *Jerusalem*.<
2. >*Sackgassen* bezeichnet etwas.<

Aus diesen Überlegungen geht hervor, dass dieselben Präsuppositionen auch für die Negation des Satzes gelten:

Jerusalem ist keine Stadt der Sackgassen.

1. >Es gibt gegenwärtig eine Stadt namens *Jerusalem*.<
2. >*Sackgassen* bezeichnet etwas.<

Diese **Negationskonstanz** ist eines der wesentlichen Merkmale der Präsupposition. Allerdings gibt es auch hier Ausnahmen.

Präsuppositionen können vom Sprachgebrauch her gefasst werden. Dafür ist es zunächst notwendig anzunehmen, dass

a. die an einer sprachlichen Äußerung Beteiligten über gemeinsames Weltwissen verfügen und
b. die sprachliche Äußerung dem Weltwissen angemessen ist.

Es wird also auf das gemeinsame Weltwissen Bezug genommen. Eine Äußerung wie

Ich komme zu spät, weil die Straßenbahn nicht angesprungen ist.

wäre demnach als nicht angemessen zu beurteilen, weil von den Kommunikationsteilnehmern das Wissen erwartet werden kann, dass eine Straßenbahn nicht „anspringt" wie ein Auto. Aus Sicht der pragmatischen Präsuppositionstheorie ist nicht der Wahrheitsgehalt der Äußerung zu prüfen, sondern die Feststellung zu treffen, dass die Äußerung dem Weltwissen nicht angemessen ist.

Deixis

4.1.3

Sprachliche Zeichen referieren, wenn auch indirekt, auf die reale Welt und unsere Erfahrung mit ihr. Die sprachliche Bezugnahme kann auf Personen, Gegenstände und Sachverhalte oder Erfahrungen gerichtet sein. Eine Äußerung wie

Der Vater schläft. (PE)

stellt, wenn sie nicht literarisch gemeint ist, einen Bezug her zu einer real existierenden Person und einem Vorgang/Zustand, d. h., sie referiert darauf. In diesem Sinn kann prinzipiell jede Äußerung eine Referenz herstellen. Einen Sonderfall stellt diese Äußerung dar:

Mein Vater schläft.

Hier wird durch den Sender eine besondere Art von Referenz aufgebaut. Er referiert auf einen besonderen Vater, nämlich seinen eigenen. Nur durch den sprachlichen Ausdruck *mein* wird damit klargestellt, dass der Vater des Senders gemeint ist, und ein anderer Sender kann, wenn er dieselbe Person meint, nicht denselben Ausdruck *mein* verwenden. Die Ausdrücke *ich, mein, dein, unser, euer, ihr* usw. (die Personalpronomina) stellen somit eine besondere Art von Referenz her. Sie sind vom Kontext und von der Situation des Gebrauchs abhängig, sie „zeigen" auf bestimmte Personen, Gegenstände oder Sachverhalte in Bezug auf etwas, das meist der Sender selbst ist. Ähnlich verhält es sich mit Zeitangaben wie *jetzt* oder Wörtern wie *da, dort*. Diese Ausdrücke kennzeichnet ein Bezug auf eine konkrete sprachexterne Situation. Es handelt sich also in erster Linie um Demonstrativa, Temporalformen von Verben, spezifische Adverbien lokaler und temporaler Art und gewisse Aspekte bei Substantiven, Adjektiven und Präpositionen. Mit anderen Worten: Die Sprache stellt dem Sender Mittel zur Verfügung, mit denen er auf seine persönliche Situation referieren kann. Jede sprachliche Aktion erfolgt in Raum und Zeit, und es kann darauf Bezug genommen werden. Das sprachliche Phänomen, das dies ermög-

Erklärung

▶ „Mit Deixis meint man die Lokation und Identifikation von Personen, Objekten, Ereignissen, Prozessen und Handlungen, über die gesprochen oder auf die referiert wird, in Relation zu dem zeitlich-räumlichen Kontext, der durch den Äußerungsakt und die Teilnahme von normalerweise einem Sprecher und wenigstens einem Adressaten geschaffen und aufrechterhalten wird."

JOHN LYONS (1983)

Die Pragmatische Wende

Die Systemlinguistik sowie die junggrammatischen Anschauungen waren im deutschen Sprachraum bis ans Ende der 60er Jahre des 20. Jahrhunderts die beherrschenden linguistischen Methoden. Die politischen und gesellschaftlichen Entwicklungen des Jahres 1968 („Studentenrevolte") führten an den Universitäten u.a. dazu, dass von den Wissenschaften gesellschaftliche Relevanz eingefordert wurde. Die Anhäufung von Wissen um seiner selbst willen oder das Studium von Fachbereichen, deren Nutzen für die Gesellschaft nicht deutlich erkennbar waren (und dazu gehörte eben auch die Linguistik mit theoretischen Teilbereichen wie Phonemsystemen, rekonstruierten Ursprachen u.dgl.), waren verpönt; in der Sprachwissenschaft wurde der Begriff Systemlinguistik zunehmend pejorativ verwendet (man sprach in diesem Zusammenhang vom „wissenschaftlichen Elfenbeinturm" oder den „Orchideenfächern"). Vehement wurde die allgemeine Hinwendung zu Themen, die für die Gesellschaft Relevanz besitzen und angewendet werden können, gefordert. Die Ergebnisse der Forschung sollten helfen, ihre Beziehungen zur Gesellschaft und die Funktionsweisen in der gesellschaftlichen Ordnung besser zu verstehen. In der Linguistik bewirkte diese „Pragmatische Wende" die Etablierung neuer oder den Ausbau bereits bestehender Fachrichtungen, v.a. der Soziolinguistik, der Textlinguistik, der Sprechakttheorie und der Pragmalinguistik im engeren Sinn. Der alles übergreifende Begriff war die Kommunikation. Die Kommunikationsforschung, insbesondere im Zusammenspiel der verschiedenen Disziplinen, erlebte einen ungeheuren Aufschwung, was auch in der Schaffung neuer Lehrstühle an den Universitäten zum Ausdruck kam.

Die Angewandte Linguistik untersucht Sprache im Hinblick darauf, wie und in welchen Situationen sie als Kommunikationsmittel eingesetzt wird und welche kommunikativen Ziele damit erreicht werden sollen. Dabei dürfen sprachliche Äußerungen nicht nur als reale Manifestationen des Sprachsystems gesehen werden, denn wir wollen mit Sprache überreden, überzeugen, täuschen, unterhalten, also etwas bei den Kommunikationspartnern bewirken. Mit anderen Worten: Die Angewandte Linguistik untersucht Sprache in ihrer tatsächlichen Verwendung, in ihrem Gebrauch, die Systemlinguistik untersucht Sprache unter dem Aspekt der langue.

Eine der großen Schwierigkeiten in jenem Bereich, den wir hier als Angewandte Linguistik bezeichnet haben, besteht darin, dass ihre Wissenschaftsdisziplinen relativ jung sind, meist nicht älter als 30 Jahre. Daher haben sich (noch) keine festen Abgrenzungen zwischen den einzelnen Disziplinen etablieren können.

licht, nennt man **Deixis** (griech. *deiknynai* ,zeigen'), es ist die Beziehung zwischen sprachlichem Zeichen und außersprachlichem Kontext in Bezug auf den Sender.

Deiktische Ausdrücke indizieren eine sprachliche Äußerung in Bezug auf den Sender, also denjenigen, der die Äußerung tätigt. Deiktische Mittel werden, einer linguistischen Tradition folgend, als eines von mehreren sprachlichen Mitteln gewertet, auf die außersprachliche Welt zu referieren. Im Allgemeinen kann man dabei drei Arten unterscheiden:

1. Eigennamen, z.B. *Wolfgang Amadeus Mozart*
2. nominale Kennzeichnungen, z.B. *der Komponist der „Zauberflöte"*
3. deiktische Ausdrücke, z.B. *er*

Es gibt deiktische Mittel, die genau genommen keinen Referenzbezug aufweisen, obwohl sie die Form von Deiktika haben. Wenn ein Autor in einem Roman einer Erzählerfigur die Form *ich* in den Mund legt, so muss er nicht wirklich sich selbst meinen. Das *ich* hat damit keine deiktische Funktion im oben beschriebenen Sinn, und das gilt für alle deiktischen Verweise in fiktiven Welten. Solche Deiktika hat man als **Deixis am Phantasma** bezeichnet. Die Grenze zur eigentlichen Deixis ist dabei nicht immer eindeutig zu ziehen.

Die Deixis, die eine sprachliche Universalie zu sein scheint, also offenbar in allen natürlichen Sprachen der Welt vorkommt, wirft eine Reihe von theoretischen Problemen auf und ist oft der Ausgangspunkt für sprachphilosophische Untersuchungen. In der Tat scheinen sich gerade in diesem Punkt Philosophie und Linguistik besonders nahe zu kommen. In der praktischen Arbeit gibt es etliche Untersuchungen zur Verwendung deiktischer Ausdrücke, es fehlt aber bis heute eine systematische Darstellung deiktischer Verwendungsweisen. Das mag daran liegen, dass die Deixis eine Reihe von Fragen aufwirft. So ist etwa nicht geklärt, wo man das Phänomen der Deixis ansetzen soll: Ist sie eine Eigenschaft des Lexikons bzw. spezieller Elemente des Lexikons – genau genommen wäre sie dann ein semantisches Phänomen –, oder gehört sie dem kommunikativen Bereich, also der Pragmatik, an? Nach der ersten Auffassung gibt es unterschiedliche Zeichen – deiktische und nichtdeiktische. Der Sender wählt jene Zeichen aus, die er gerade braucht. Nun kann man aber einwenden, dass auch Appellative eine gewisse Zeigefunktion besitzen, denn auch wenn man einen Ausdruck wie *Haus* in einer konkreten Sprechsituation verwendet, verweist man auf etwas. So gesehen verlagert sich das Problem der Deixis auf die Referenzebene, man kann sie also als besondere Art der Referenz ansehen.

Andererseits lässt sich die Deixis auch als Phänomen begreifen, das sich erst im Kommunikationsvorgang unter Einbeziehung der kommunikativen Situation konstituiert: Der Sprecher konstruiert deiktische Verweise unter Zuhilfenahme der situativen Aspekte und unter Berücksichtigung seiner Gesprächspartner.

So wie man mit dem Finger auf bestimmte Gegenstände oder in bestimmte Richtungen zeigen kann, kann man auch mit sprachlichen Zeichen zeigen, und zwar im **Zeigfeld**. Darunter versteht KARL BÜHLER alle deiktischen Ausdrücke, für die er stellvertretend *ich, jetzt, hier* nennt. Der Schnittpunkt dieser Koordinaten *hier, jetzt, ich* (die so genannte **Hier-Jetzt-Ich-Origo**) ist der absolute Nullpunkt im Zeigfeld der menschlichen Sprache. Symbolisch kann diese Sicht mit einem Koordinatensystem verdeutlicht werden, auf dessen Nullpunkt der Sender (dargestellt durch einen Kreis) steht:

Eine Anekdote mit „angewandter Deixis" ist vom Wiener Schriftsteller ALFRED POLGAR (1873–1955) überliefert. Er wurde bei seinen regelmäßigen Besuchen im Café Griensteidl von einem

Abb 67 | *Hier-Jetzt-Ich-Origo*

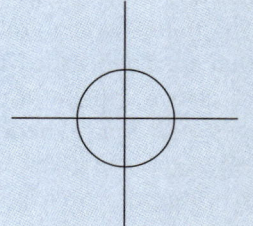

Die Tabelle zeigt die klassischen Kategorien der Deixis:

Bezeichnung	Verweis auf	Beispiele
Personaldeixis	Rolle im Gespräch	*ich, du, er, sie, wir*
Lokaldeixis	Standort in Bezug auf Sprecher	*dort, vor, hinter*, Raumkoordinaten
Temporaldeixis	zeitliche Einordnung	*früher, gestern*, Zeitangaben
Sozialdeixis	soziale Hierarchie der Sprecher	Anredeformen, akademische Titel
Diskursdeixis	andere Äußerungen und Texte	s. *Folgendes*, Zitat
Situationsdeixis	Mimik, Gestik, Intonation etc.	*Ironie ist hier nicht angebracht.*

begeisterten Verehrer, der ihm zunehmend lästig wurde, geradezu verfolgt. Einmal, als sich Polgar zum Gehen aufmachte, fragte ihn der Übereifrige: „In welche Richtung gehen Sie, Meister?", um ihn ein Stück des Weges begleiten zu können. Polgar kühl: „In die andere."

Sprechakttheorie | 4.2

Der Ansicht, dass Sprache eine reine Abbildfunktion ausübe, wurde von Seiten der Philosophen seit jeher regelmäßig und heftig widersprochen. Am wirkungsvollsten tat dies LUDWIG WITTGENSTEIN (1889–1951), indem er in seinen „Philosophischen Untersuchungen" feststellte, dass die Bedeutung eines sprachlichen Zeichens in seinem Gebrauch liege. Dahinter steht die Vorstellung, dass die Bedeutung eines Zeichens nicht fest ist, wie das das SAUSSURE'sche Zeichenmodell nahe legt, sondern im Moment seiner Verwendung vom Sprachteilnehmer festgelegt wird.

Erklärung

▶ „43. Man kann für eine *große* Klasse von Fällen der Benützung des Wortes ‚Bedeutung' – wenn auch nicht für *alle* Fälle seiner Benützung – dieses Wort so erklären: Die Bedeutung eines Wortes ist sein Gebrauch in der Sprache. Und die *Bedeutung* eines Namens erklärt man manchmal dadurch, dass man auf seinen *Träger* zeigt."

LUDWIG WITTGENSTEIN (1953)

Allerdings ist der berühmte Satz vom Gebrauch des sprachlichen Zeichens aus linguistischer Sicht nicht eindeutig, enthält er doch Begriffe wie *große Klasse, nicht für alle Fälle, manchmal ...* Trotzdem hat der „späte" WITTGENSTEIN gerade in den englischsprachigen Ländern ein ungeheures Echo gefunden. Vor allem der Philosoph JOHN LANGSHAW AUSTIN (1911–1960) griff seine Vorstellungen auf, sich von dem Konzept zu lösen, dass sprachliche Ausdrücke mit mehr oder minder festen Vorstellungen verbunden seien. Wenn sich die Bedeutung eines sprachlichen Zeichens – unter dem nicht nur Wörter, sondern sprachliche Äußerungen an sich zu verstehen sind – aus dem Gebrauch ergibt, dann spielt die Äußerungssituation eine immense Rolle. AUSTIN stellte fest, dass es sprachliche Äußerungen gibt, die die Abbildungsfunktion nicht erfüllen. Eine Äußerung wie

Ich wette mit dir um 10 Euro, dass es morgen regnet. (PE) beschreibt keine außersprachliche Tatsache, denn die angesprochene Wette existiert erst durch das Aussprechen des Satzes. Genau genommen stellt also die sprachliche Äußerung eine **Handlung** dar: Der Sprecher tut etwas mit Sprache, er wettet. Mit diesem Beispiel vor Augen können wir unter sprachlichen Äußerungen noch

> **Merksatz**
>
> ▶ **Ein Sprechakt (oder sprachliche Handlung oder Sprachhandlung) ist eine Handlung, die nur mittels einer sprachlichen Äußerung vollzogen wird. Am einfachsten kann man sich die Natur der sprachlichen Handlung vorstellen, wenn man an eine mündliche Ehrenbeleidigung denkt: Wenn ich jemanden als *Esel* beschimpfe, dann wird allein durch die sprachliche Äußerung ein rechtlich relevanter Tatbestand hergestellt, der sogar vor Gericht geahndet werden kann.**

viel mehr Handlungen entdecken:

Versprechen: *Ich lade dich heute Abend ins Kino ein.* (PE)
Taufe: *Ich taufe dich auf den Namen Herbert Ernst.* (PE)
Warnung: *Vorsicht, der Hund ist bissig.* (PE)
Vermächtnis: *Ich vermache mein Haus meinem Bruder.* (PE)
u.a.m.

Alle diese Äußerungen beschreiben nichts, worauf man mit *Ja/Nein* oder *Das ist nicht wahr* reagieren kann: *Ich taufe dich auf den Namen Herbert Ernst. – *Das ist nicht wahr.* (PE) In einer ersten Phase der Sprechakttheorie unterschied AUSTIN solche Sprechakte, die er mit dem von ihm neu geschaffenen Begriff **performativer** Akt (von engl. *to perform* ‚vollziehen, durchführen') bezeichnete, von den sprachlichen Äußerungen mit Abbildungsfunktion (etwa *Die*

WM [Weltmeisterschaft] *ist vorbei*, 73 r), den **konstativen** Akten. Er teilte also die Menge der sprachlichen Äußerungen in zwei Klassen, die jeweils einem anderen Funktionsmodell folgten: der Abbildungs- und der Sprachhandlungsfunktion.

Schon bald jedoch musste AUSTIN feststellen, dass sein Modell nicht den Tatsachen entsprach und modifiziert werden musste: Es gibt auch Äußerungen, die scheinbar performative sind, sich bei näherer Betrachtung jedoch als konstativ herausstellen. Ein Satz wie

Ich trage die Verantwortung. (PE)

scheint eine Sprachhandlung zu sein, trägt jedoch auch etwas Konstatives in sich: Es wird etwas festgestellt. Andererseits kann auch eine konstative Äußerung performative Züge tragen, etwa wenn ein Gerichtsurteil feststellt

Der Angeklagte ist schuldig. (PE)

Diese scheinbare konstative Äußerung ist in Wahrheit performativ, denn durch neue Beweise etc. kann sich auch noch die Unschuld des Angeklagten herausstellen, sie stellt also weniger eine Feststellung als die Sprachhandlung des Urteilens dar. Und schließlich kann jeder Sprachteilnehmer bewusst oder unbewusst Äußerungen produzieren, die weder konstativ noch performativ sind, etwa

Berlin liegt an der Donau. (PE)

AUSTIN schloss aus solchen und ähnlichen Fällen, dass die Dichotomie konstativ-performativ aufzugeben ist zu Gunsten einer rein performativen Theorie. Demnach sind alle sprachlichen Äußerungen performativ, auch die so genannten Feststellungen. Denn genau genommen wird mit einem Satz wie

Die WM ist vorbei.

nicht die Wirklichkeit abgebildet; vielmehr verfolgt der Sprecher mit der Äußerung eine gewisse Absicht, etwa die Information (oder auch Desinformation) des Adressaten, er handelt also auch in diesem Fall mit Sprache.

Ausgerüstet mit diesen Voraussetzungen, machte sich AUSTIN daran, die Natur des Sprechakts näher zu analysieren, und er stellte fest, dass ein Sprechakt aus mehreren Phasen oder Unterakten besteht, die gleichzeitig ablaufen.

1. Lokutionärer Akt (von lat. *loqui* ‚reden, sprechen‘)

Das ist die materielle Seite der sprachlichen Äußerung. Zuerst muss eine Äußerung in Form einer **Lokution** gemacht werden, müssen Laute mit den Sprachwerkzeugen gebildet und Schallwellen produziert werden. AUSTIN unterscheidet noch genauer in folgende Prozesse:

Phonetischer Akt: Das Resultat ist ein *Phon*, eine Lautäußerung (nicht zu verwechseln mit dem Begriff aus der Phonetik). Sie muss gewissen Regeln folgen: *Wir müssen eben arbeiten.* (38 1) [viɐ ˈmʏsn̩ ˈʔeːbn̩ ˈʔarbaɪtn̩]

Phatischer Akt: Die Äußerung muss auch die entsprechenden Elemente des Lexikons enthalten und diese nach grammatischen Regeln miteinander kombinieren. Das bezeichnet AUSTIN als *Phem*: *Wir müssen eben arbeiten* und nicht **ihr wolle arbeite eben.*

Rhetischer Akt: Die Äußerung des *Phemes* erfolgt mit einem gewissen *Sinn* und einer *Referenz*, die zusammen die *Bedeutung* ausmachen. Das ist der rhetische Akt oder das *Rhem*.

Merksatz

▶ **JOHN AUSTIN teilt den Sprechakt in drei Phasen ein: den lokutionären Akt (die materielle Seite der sprachlichen Äußerung), den illokutionären Akt (die Handlungsabsicht einer Äußerung) und den perlokutionären Akt (den Zweck, das Resultat).**

---

2. Illokutionärer Akt (von lat. *loquî* ‚reden, sprechen‘, lat. *in* ‚während, innerhalb‘)

Die **Illokution** ist der Handlungszweck einer Äußerung, die Absicht, die der Sprechende verfolgt: eine Wette, Taufe, Warnung, ein Versprechen etc. Der Äußerung kommt neben ihrer *Bedeutung* (im Sinne des rhetischen Akts) auch eine innere Kraft (engl. *force*) zu. Der illokutionäre Akt ist das, was ich als Sprecher mit der Äußerung beabsichtige. Die Illokution ist der am intensivsten untersuchte Aspekt der Sprechakte.

3. Perlokutionärer Akt (von lat. *loquî* ‚reden, sprechen‘, lat. *per* ‚durch, wegen, halber‘)

Im Deutschen sind neben lokutionär, illokutionär und perlokutionär auch die synonymen Termini lokutiv, illokutiv und perlokutiv gebräuchlich.

AUSTIN versteht unter der **Perlokution** eines Sprechaktes die „Folgewirkungen" der Lokution: Wenn ich jemanden vor dem Hund warne, so will ich, dass er nicht vom Hund gebissen wird und dass dies auch eintritt. Allerdings ist der Stellenwert der Perlokution von AUSTIN nie zufriedenstellend geklärt worden. Man muss wohl zweierlei unterscheiden: Zum einen das Resultat, das der Sprecher mit seiner Illokution erreichen will. Das wäre etwa

bei einer Warnung	Der Adressat soll nicht
Der Hund ist bissig!	gebissen werden.
bei einem Versprechen	Der Adressat soll ein Eis
Ich kaufe dir morgen ein Eis.	bekommen.
bei einer Taufe	Der Adressat soll den Namen
Ich taufe dich auf den Namen XY.	XY tragen.
bei einem Vermächtnis	Mein Bruder soll nach mei-
Ich vermache mein Haus	nem Ableben mein Haus
meinem Bruder.	bekommen.
etc.	

Zum anderen habe ich als Sprecher aber nicht die völlige Kontrolle darüber, ob die Perlokution auch wirklich eintreten wird. Beim Vermächtnis etwa kann das Testament angefochten werden oder mein Bruder kann das Erbe ablehnen oder es können andere Fälle eintreten, als deren Folge mein Bruder mein Haus nicht in Besitz nimmt, und ich selbst kann die Angelegenheit ja nicht mehr regeln. Man muss daher jenen Teil der Perlokution, der tatsächlich eintreten wird, gesondert betrachten. Zu diesem Zweck wird die Perlokution oft getrennt in den **perlokutionären Akt** (das ist das, was der Sprecher erreichen will) und den **perlokutionären Effekt** oder die **perlokutionäre Wirkung** (das ist das, was dann in der Realität eintritt). Aber selbstverständlich sind hier keine genauen Grenzziehungen möglich.

Alle genannten Akte hat man sich als gleichzeitig vorzustellen. Sie sind verschiedene synchrone Aspekte und nicht etwa linear nacheinander ablaufende Phasen. Dadurch wird es AUSTIN möglich, die materielle sprachliche Äußerung von der Äußerungsintention abzugrenzen.

Man kann es auch so sehen:
1. Der lokutionäre Akt ist sprachlicher Natur. Er kann wohlge-formt sein oder auch nicht.
2. Die perlokutionäre Wirkung (der perlokutionäre Effekt) ist außersprachlicher Natur.
3. Der illokutionäre Akt ist die Verbindung zwischen innersprach-lichem und außersprachlichem Bereich.

Ferner wurde vorgeschlagen, zwischen den lokutionären und den illokutionären Teil den **propositionalen Gehalt** oder die **Proposi-tion** einzuschieben. Der **propositionale Akt** schließlich ist die Realisierung einer Proposition. Unter Proposition kann man sich den in der Lokution geäußerten Sachverhalt vorstellen.

Die von JOHN L. AUSTIN mehr von philosophischer Seite vorgetragenen Überlegungen zu den Sprechakten wurden in der Folge vom amerikanischen Linguisten JOHN R. SEARLE (geb. 1932) aus linguistischer Sicht gestrafft und systematisiert. SEARLE wurde damit neben AUSTIN zum bedeutendsten Vertreter der Sprechakttheorie.

Die Sprechakte bei AUSTIN und SEARLE sehen im Vergleich folgendermaßen aus:

▶ **Tabelle**

Austin		Searle
lokutionärer Akt	phonetischer Akt	lokutionärer Akt
	phatischer Akt	
	rhetischer Akt	propositionaler Akt
illokutionärer Akt		illokutionärer Akt
perlokutionärer Akt		perlokutionärer Akt

4.2.1 | Glücken und Gelingen

Auf Sprechakte kann man vernünftigerweise nicht mit *ja* oder *nein* oder *Das ist nicht wahr!* reagieren. Dafür haftet diesen Äußerungen eine andere Eigenschaft an: Sie müssen von gewissen Umständen begleitet werden. Mein Haus kann ich meinem Bruder nur vermachen, wenn ich ein Haus und einen Bruder habe. Zum Wetten sind gewisse Voraussetzungen nötig, z. B. dass jemand die Wette annimmt. Bei der Schiffstaufe sind eine Reihe von Voraussetzungen notwendig, eine Flasche an einem Seil, ein Taufpate, der richtige Zeitpunkt, das richtige Schiff usw. (es genügt nicht, wenn irgendjemand, z. B. der Schreiber dieser Zeilen, die Taufformel auf der Zugspitze kaum hörbar in seinen Bart murmelt). Das heißt, solche Äußerungen sind nicht „wahr" oder „falsch", sondern „erfolgreich" oder „nicht erfolgreich".

AUSTIN macht sich nun in seinen Vorlesungen daran, die Umstände zu untersuchen, unter denen eine sprachliche Äußerung eine Handlung darstellt. Grob gesprochen kann man sagen, dass er innersprachliche und außersprachliche Voraussetzungen findet, die gegeben sein müssen, damit die Handlung „erfolgreich" ist. Dann diskutiert er, welche Bedingungen vorliegen müssen, damit ein Sprechakt erfolgreich ist. Er kommt auf folgende, ex negativo verstandene Gelingensbedingungen:

Erklärung

▶ **Zur Terminologie**

Im Deutschen werden die Begriffe *glücken*, *gelingen* und *erfolgreich sein* in Bezug auf die Sprechakte oft synonym verwendet. Das ist allerdings nicht exakt. Ein Sprechakt gelingt oder ist erfolgreich, wenn er zur Gänze durchgeführt wird, also wenn auch der perlokutionäre Effekt eintritt: Wenn ich mein Haus nach meinem Tod meinem Bruder vermachen will, so gelingt der Sprechakt, wenn mein Bruder nach meinem Tod auch tatsächlich mein Haus erhält. Demgegenüber glückt der Sprechakt, wenn die Illokution erreicht ist: Wenn ich ein Haus und einen Bruder habe, dann kann ich auch mein Haus meinem Bruder vermachen. Der Sprechakt ist in diesem Sinn geglückt, aber es ist nicht garantiert, dass er auch erfolgreich ist oder gelingt. Dementsprechend gibt es auch Glückensbedingungen und Gelingensbedingungen von Sprechakten.

Versager (die unternommene Handlung kommt nicht zu Stande):

A. (1) Es muss ein übliches konventionelles Verfahren mit einem bestimmten konventionellen Ergebnis geben.

   (2) Die betroffenen Personen und Umstände müssen angemessen sein, wie in dem Verfahren spezifiziert.

B. Alle Beteiligten müssen das Verfahren

   (1) korrekt und

   (2) vollständig durchführen.

Missbräuche (die Handlung kommt zu Stande, ist aber unehrlich):

Γ. Oft müssen

   (1) die Personen die verlangten Gedanken, Gefühle und Intentionen hegen, die das Verfahren spezifizieren und

   (2) sie müssen sich auch danach richten.

Kommt die Handlung nicht zu Stande, so nennt AUSTIN dies

A.2 Fehlanwendung, B.1 Trübung, B.2 Lücke, Γ.1 Unredlichkeit

Beispiele dafür wären:

A.1 Es muss ein übliches konventionelles Verfahren geben: Eine Trauung nach christlicher Überzeugung kann nur dann stattfinden, wenn es auch ein Verfahren dafür gibt. Man kann sich nicht auf ein Verfahren berufen, das „nicht üblich" ist. Und ich kann mich nicht einfach durch öffentliches Aussprechen von *Hiermit spreche ich die Scheidung aus* von meiner Frau trennen, was vielleicht in anderen Kulturkreisen möglich ist.

A.2 Die Personen und Umstände müssen angemessen sein: Eine kirchliche Trauung kann nur der Geistliche vornehmen und nicht der Feuerwehrhauptmann, und sie muss in der Kirche stattfinden und nicht in einem Ausflugslokal.

B.1 Alle Beteiligten müssen das Verfahren korrekt ausführen. Eine Trauung findet unter Einhaltung bestimmter Rituale statt, die Antwort *von mir aus* statt *ja* wäre nicht zulässig.

B.2 Das Verfahren muss vollständig sein, es genügt also nicht, wenn nur der Bräutigam *ja* sagt und nicht auch die Braut.

Die nun folgenden Bedingungen tragen nach AUSTIN mit Absicht eine griechische Bezeichnung, während die ersten beiden lateinische haben, da sie sich nicht auf derselben Ebene befinden.

Γ.1 Die Beteiligten müssen die Meinungen und Gefühle, auf die sich das Verfahren beruft, auch wirklich hegen und die Absicht haben, sich so und nicht anders zu verhalten.

Γ.2 Die Beteiligten müssen sich dann auch so verhalten.

Erklärung

▶ Es wäre unredlich, wenn der Bräutigam bei der Trauung zwar ja sagt, es aber nicht ehrlich meint, und er kann dann nach der Trauung nicht so tun, als wäre er nicht verheiratet. Die Redlichkeit oder Aufrichtigkeit ist einer der problematischsten Aspekte der Sprechakttheorie. Schließlich kann die Tatsache, ob jemand ein Versprechen aufrichtig meint oder nicht, von niemand anderem festgestellt werden, und es kann kein linguistisches Verfahren geben, dies zu überprüfen. Gäbe es das, könnte kein Mensch mehr lügen!

Aus diesen Beispielen geht zweierlei eindeutig hervor:

1. Sprechakte sind keine rein innersprachliche Angelegenheit, sondern stellen eine Verbindung zwischen Innersprachlichem und Außersprachlichem dar.

2. Sprechakte sind keine ausschließliche Angelegenheit von Sprecher oder Empfänger. Die meisten Sprechakte benötigen zum Gelingen beide Parteien (eine Wette etwa muss ausgesprochen und angenommen werden).

Indirekte Sprechakte 4.2.2

Damit es einen **indirekten Sprechakt** geben kann, muss es notwendigerweise auch einen direkten Sprechakt geben. Man kann sich darunter eine „wörtliche Kraft" vorstellen, d.h. die Annahme, dass die illokutionäre Kraft in die Satzform eingebaut ist. Es gibt mindestens eine Äußerungsform, die die illokutionäre Kraft direkt ausdrückt, nämlich das explizite Performativ, das im Deutschen die „normale" Form

Ich *Vp* dir/dich (hiermit), dass *S*

z.B. *Ich verspreche dir ein Eis* (PE)

hat, wobei Vp das performative Verb und S einen Komplementsatz darstellen, der oft durch das performative Verb eingeschränkt ist.

Die Illokution wohnt jedem Sprechakt unabhängig von seiner Form inne. Ich kann eine Warnung in verschiedene Lokutionen kleiden:

Der Hund ist bissig! (PE)

Vorsicht, der Hund ist bissig!

Vorsicht vor dem Hund!

Der Hund schaut aber gefährlich aus!

Nimm dich in Acht vor dem Hund!

Pass auf, dass dich der Hund nicht beißt!

Nur nicht beißen lassen!

Willst du dich von dem Hund beißen lassen?

etc.

Man kann aber bestimmte Illokutionen mit explizit dafür geeigneten Verben ausdrücken, den so genannten Sprechaktverben:

Ich **warne** dich vor dem Hund. (PE)

Ich **wette** mit dir um zehn Euro, dass es morgen regnet.

Ich **taufe** dich auf den Namen Herbert Ernst.

Ich **verspreche**, dir morgen ein Eis zu kaufen.

etc.

AUSTIN bezeichnet Verben dieser Art als performative Verben, da sie die wörtliche Kraft des Sprechakts direkt ausdrücken. Wir können nun folgende Aussagen machen:

1. Direkte Sprechakte (**explizite Performativa**) haben jene Kraft, die das performative Verb ausdrückt.
2. Zusätzlich haben die drei häufigsten Satztypen (Aussage-, Frage- und Befehlssatz) die üblicherweise mit ihnen assoziierte Kraft (des Feststellens, Fragens und Befehlens).

Merksatz

▶ **Performative Verben drücken die wörtliche Kraft des Sprechakts direkt aus. Auch in indirekten Sprechakten, wo es keine „wörtliche Kraft" gibt, wirkt die illokutionäre Kraft.**

Aber es gibt auch Äußerungen, die weder explizite Performativa sind noch einem der traditionellen Satztypen zugeordnet werden können. Eben dies sind die indirekten Sprechakte. Um das Bestehen einer illokutionären Kraft weiter behaupten zu können, muss man also annehmen, dass die illokutionäre Kraft auch dann vorliegt, wenn es keine „wörtliche Kraft" gibt.

Beobachtungen zeigen, dass die meisten Äußerungen indirekte Sprechakte sind. Der Imperativ z.B. wird sehr selten direkt gebraucht, meist finden sich Formulierungen wie

Könntest du bitte die Tür schließen? (PE)
Bitte die Tür zumachen.
Ich wäre sehr dankbar, wenn jemand die Tür schließen könnte.
Würdest du die Tür schließen?
Willst du nicht die Tür schließen?
Hast du die Tür vergessen? etc.

Da alle diese Äußerungen die illokutionäre Kraft des Befehls haben, erhebt sich die Frage, wie man diese Kraft aus den Satzformen ableiten kann. Aus den Beispielen geht Folgendes eindeutig hervor:

1. Ein Befehl muss nicht notwendigerweise auch die formale Gestalt eines Befehlssatzes haben (es wäre zu klären, ob dies auch für Aussage- und Fragesätze gilt).
2. Illokutionäre Befehle zeigen eine derartige Vielfalt, dass das, was man mit Sprache tun kann, durch konkrete sprachliche Formulierungen (die Oberflächenstruktur) nicht eingeschränkt zu sein scheint. Aber auch mit anderen sprachlichen Mitteln kann die illokutionäre Kraft ausgedrückt werden (z.B. mit Partikeln, Modus etc.).

Sprechaktklassifikation | 4.2.3

Sobald man die Sprechakte als linguistische Dimension entdeckt hatte, entstand auch der Wunsch, die sprachlichen Handlungen in verschiedene Klassen einzuteilen, um so ihre Funktion besser erfassen zu können. AUSTIN selbst hatte dieses Ziel nur ansatzweise verfolgt und eine Einteilung der Sprechakte nach ihrer Illokution vorgeschlagen, also Warnung, Vermächtnis, Wette, Versprechen, Taufe etc. Dieses Schema ist aber recht einfach, zudem besteht wohl keine Möglichkeit, zu einer überschaubaren Liste von Sprechakten zu kommen.

SEARLE hingegen versucht, aus dem Zusammenspiel von Proposition und Illokution auf eine erschöpfende Taxonomie möglicher Sprechakte zu kommen. Er postuliert, dass es nur fünf grundlegende Sprechhandlungsarten gibt:

1. **Repräsentativa** verpflichten den Sprecher zur Wahrheit der ausgedrückten Proposition (z. B. aussagen, schließen etc.). Mit ihnen werden Ansprüche auf die wahre Darstellung der Welt erhoben.
2. **Direktiva** stellen Versuche des Sprechers dar, den Adressaten dazu zu bringen, etwas zu tun (z. B. bitten, fragen). Sie sind appellativ an den Hörer gerichtet. Dazu gehören auch Fragen, die manchmal allerdings als eigene Gruppe, die **Erotetika**, herausgenommen werden.
3. **Kommissiva** verpflichten den Sprecher zu einer zukünftigen Handlung (z. B. versprechen, drohen).
4. **Expressiva** drücken einen psychischen Zustand des Sprechers aus (z. B. sich entschuldigen, gratulieren). Mit ihnen werden soziale Kontakte etabliert oder aufrecht erhalten.
5. **Deklarativa** bewirken sofortige Veränderungen am Zustand der Dinge und neigen dazu, von komplexen außersprachlichen Ereignissen abzuhängen (z. B. taufen, den Krieg erklären, kündigen). Sie sind oft institutionalisiert oder ritualisiert.

Diese Typologie ist zwar weit verbreitet, sie enttäuscht aber bei genauerem Hinsehen, denn sie bietet in keiner Weise eine Klassifizierung auf Basis der Gelingensbedingungen (eher liegen den Typen die traditionellen Grundfunktionen des BÜHLER'schen Organonmodells zu Grunde: Darstellung, Ausdruck und Appell).

4.3 | Konversationsanalyse und Textpragmatik

Aus der englischsprachigen Linguistik stammt der Ausdruck **discourse** für jede Art sprachlicher Interaktion. Der in den 70er und 80er Jahren moderne Terminus **Kommunikation** war zu sehr auf die Nachrichtenübermittlung (man beachte das einfache Kommunikationsmodell Kap. 1.2.1) eingeengt. Das modernere Wort **Diskurs** spricht demgegenüber mehr das Handeln mit Sprache im Sinn der sprachlichen Pragmatik an. Handeln kann man mit Sprache sowohl in ihrer gesprochenen als auch in ihrer geschriebenen Form, dementsprechend umfassend kann auch das Sachgebiet sein, das die **Diskursanalyse** umfasst. Allerdings hat sich im deutschen Sprachraum in den letzten Jahren eingebürgert, Diskurs als den Oberbegriff zu sehen, dem die Untersuchung der schriftlichen (**Textgrammatik** oder **-linguistik**) und der mündlichen Sprache (**Gesprächs-** oder **Konversationsanalyse**) untergeordnet wird.

Abb 68 | *Diskurs, Text, Gespräch, Konversation*

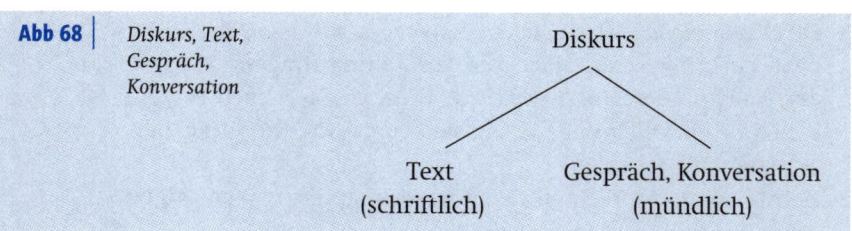

Diskurs

Text
(schriftlich)

Gespräch, Konversation
(mündlich)

Im Sinn einer – lange gegenüber der Untersuchung der langue vernachlässigten – „Wissenschaft der parole" entwickelte sich in den 60er und 70er Jahren eine Art „Wissenschaft vom Gespräch". Auch hier gibt es allerdings weder eine eindeutige Abgrenzung des Forschungsgegenstandes noch eine einheitliche Bezeichnung. Als Oberbegriff fungiert im Deutschen noch am ehesten **Gesprochene Sprache,** die in verschiedenen Manifestationen (etwa monologisch, dialogisch oder als Mehrpersonengespräch) und in verschiedenen Situationen auftreten kann (privat, halböffentlich, öffentlich). Das dialogische Gespräch bildet hierin nur eine Form neben mehreren, oft aber steht der **Dialog** im Mittelpunkt des Forschungsinteresses.

Das Gespräch ist der Prototyp des Sprachgebrauchs, und es verwundert nicht, dass die Pragmalinguistik darin die Quelle und den

Anfang jeglicher Sprachverwendung sieht. Die Analyse des mündlichen Gesprächs verheißt viel mehr, als die Sprechakttheorie zu leisten vermag. Dazu muss man sich vorstellen, dass ein Gespräch nicht nur aus den sprachlichen Äußerungen selbst besteht, sondern eingebettet ist in eine Vielzahl von Komponenten, die im Begriff **Kontext** zusammengefasst werden. Dazu gehören nicht nur die Sprechenden selbst, ihre Mimik, Gestik, ihre soziale Stellung, ihre Kleidung, die Intonation ihrer Äußerungen etc., sondern auch die äußeren Umstände, also Zeit und Ort des Gesprächs, der kulturelle Rahmen, in dem es stattfindet (z. B. ob es sich um eine Institution wie Kirche, Schule, Amt handelt), das dabei herrschende Wetter und vieles andere mehr.

Erklärung

▶ **Unter einem Gespräch kann man „jene bekannte und gebräuchliche Art der Unterhaltung, bei der sich zwei oder mehr Teilnehmer frei beim Sprechen abwechseln und die im Allgemeinen außerhalb von besonderen institutionalisierten Kontexten wie Gottesdienst, Gerichtsverhandlung, Unterricht und ähnlichem stattfindet", verstehen.**

Was ist ein Gespräch?

STEPHEN C. LEVINSON (2000)

Die GRICE'schen Konversationsmaximen

4.3.1

Mit seinen bisher nur zum Teil veröffentlichten Vorlesungen „Logic and Conversation" (1968) hat HERBERT PAUL GRICE (1913–1988) einen großen Einfluss auf die linguistische Pragmatik ausgeübt. Neben seiner wichtigen Bedeutungslehre, auf die wir hier nicht eingehen können, hat er eine Theorie entwickelt, wie wir die Sprache „benutzen". GRICE geht davon aus, dass es eine Gruppe alles überdachender Annahmen (**Maximen**) gibt, die die Gesprächsführung steuern. Sie entstehen offenbar aus grundlegenden rationalen Überlegungen und können als Richtlinien für den effizienten und wirkungsvollen Sprachgebrauch im Gespräch und somit als Grundlage jeden Gesprächs angesehen werden. Sie werden als **Konversationsmaximen** oder -**postulate** bezeichnet. GRICE formuliert vier solcher Maximen, die dann zusammen das **Kooperationsprinzip** bilden.

▶ 1. **Qualitätsmaxime: Versuche, deinen Beitrag wahr zu gestalten, genauer:**
   (1) **Sage nichts, was du für falsch hältst.**
   (2) **Sage nichts, wofür du keinen Beweis hast.**
2. **Quantitätsmaxime:**
   (1) **Gestalte deinen Beitrag so informativ wie für die gegenwärtige Zweckbestimmung des Gesprächs nötig.**
   (2) **Gestalte deinen Beitrag nicht informeller als nötig.**
3. **Relevanzmaxime (Relationsmaxime)**
   Mache deine Beiträge relevant.
4. **Maxime der Art und Weise**
   Sei klar, genauer:
   (1) **Vermeide Unklarheit.**
   (2) **Vermeide Mehrdeutigkeit.**
   (3) **Fasse dich kurz.**
   (4) **Sei methodisch.**

Das Kooperationsprinzip
Gestalte deinen Beitrag zur Konversation so, wie es die gegenwärtig akzeptierte Zweckbestimmung und Ausrichtung des Gesprächs, an dem du teilnimmst, erfordert.

Die Maximen und das Kooperationsprinzip können als allgemeine und zwischen den Kommunikationsteilnehmern stillschweigend vorausgesetzte Grundlagen eines Gesprächs, die man auch als **Diskurswelt** bezeichnen kann, aufgefasst werden. Das Erschließen von Informationen, die nicht im Gesagten enthalten sind, wird als **Implikatur** bezeichnet. Der Begriff stammt von H. PAUL GRICE und meint manchmal den Vorgang des **Implizierens** (manchmal auch als **Implikatieren** bezeichnet), dann wieder das Ergebnis selbst. Im Gegensatz zu Präsuppositionen, die allgemeine Sinnvoraussetzungen darstellen, sind Implikaturen Schlussfolgerungen, die direkt aus der Äußerung erfolgen.

▶ **Implikatur: Ein Sprecher impliziert mit der Äußerung eines Satzes S, dass p der Fall ist, wenn seine Äußerung den Schluss auf p erlaubt, ohne dass er mit S wörtlich gesagt hätte, dass p.**

Es wurde schon sehr bald festgestellt, dass diese Implikaturen einen Idealfall darstellen und dass niemand im Alltag ständig an diese Maximen denkt oder daran, sie stets einzuhalten. Das mag natürlich stimmen, aber GRICE sieht die Sache etwas subtiler. Er geht davon aus, dass wir, auch wenn wir die Prinzipien nicht befolgen, doch im Gespräch grundlegend davon ausgehen, dass sie befolgt würden. In einem konstruierten Dialog (PE)

A: *Hast du eine Uhr?*
B: *Die Straßenbeleuchtung ist gerade eingeschaltet worden.*

bedeutet dies, dass die Quantitäts-, die Relevanzmaximen und die Maxime der Art und Weise verletzt sind. Wörtlich genommen beantwortet B daher As Frage gar nicht. Nun sind wir aber bereit zu glauben, dass die Konversationsmaximen auf einer anderen, offenbar nicht wörtlichen Ebene befolgt werden, d. h., A nimmt an, dass B kooperativ ist und bezieht die Antwort in irgendeiner Form auf seine Frage. Es wird folglich von A irgendein Bezug von Bs Antwort zu seiner Frage hergestellt, also ein Zeitbezug. In diesem Fall ist es nicht schwer, sich daran zu erinnern, dass Straßenlampen unter normalen Umständen immer zur gleichen Tageszeit eingeschaltet werden, dass also B mit seiner Antwort einen indirekten Hinweis auf die Uhrzeit gibt, gleichzeitig aber auch sagt, dass er die genaue Antwort nicht kennt.

GRICE hat seine Implikaturen allerdings kaum mehr als skizziert. Um sie für die linguistische Analyse nutzbar zu machen, muss man sich Gedanken über ihre Anwendbarkeit machen. Dem GRICE'schen Modell wurde vor allem vorgeworfen, gleichzeitig zu schwach und zu stark zu sein: Zu schwach, weil allein das Erkennen der Kommunikationsabsicht noch nichts über deren Verlauf, Akzeptanz oder Gelingen aussagt, und zu stark, weil nicht nur das Erkennen der primären Absicht durch den Hörer für das Erreichen dieser Absicht genügt (wie von GRICE postuliert), sondern erst das Erkennen der kommunikativen Handlung als solcher.

Wie kann man in der Konversationsanalyse zu brauchbarem Ausgangsmaterial kommen? Es bleibt offenbar nur ein Weg offen: Man muss tatsächlich geführte Gespräche möglichst objektiv aufzeichnen und dann analysieren. Da man nicht alle tatsächlich geführten Gespräche aufzeichnen kann, muss man sich, wie bei jeder empirischen linguistischen Analyse, auf eine ausgewählte Menge beschränken, ein Korpus. Die nächste Forderung ist, den Umfang des Korpus abzugrenzen und solche Kriterien zu finden, die eine Eingrenzung rechtfertigen. Besondere Beachtung müssen jene Variablen des Korpus finden, die die Korpusaufnahme selbst beeinflussen. Eine der wichtigsten Möglichkeiten für die Korpussammlung ist die Aufnahme mit einem Tonbandgerät. Die mündlichen Gespräche müssen allerdings schriftlich aufgezeichnet (**transkribiert**) werden, um sie allgemein nachvollziehbar zu machen. Besser ist es allerdings, von **Notation** statt von Transkription zu sprechen. Jede sprachliche Äußerung ist zunächst ein Kontinuum komplexer audiovisueller Signale. Die Sprachwissenschaft aber kann nur unterscheidbare (distinktive) Einheiten untersuchen. Das bedeutet, dass jedes Korpus zunächst aufzulösen, also zu segmentieren ist, wobei als Ergebnis unterscheidbare Einheiten erscheinen sollten. Bei den sprachlichen Zeichen sind diese Einheiten im Sprachsystem (der langue) vorgegeben. Die Aufgabe des Forschers ist es,

Erklärung

Das Beobachter-Paradoxon von WILLIAM LABOV

▶ „... das Ziel der sprachwissenschaftlichen Erforschung der Gemeinschaft muss sein, herauszufinden, wie Menschen sprechen, wenn sie nicht systematisch beobachtet werden; wir können die notwendigen Daten jedoch nur durch systematische Beobachtung erhalten. Dieses Problem ist natürlich nicht unlösbar: wir müssen entweder Mittel und Wege finden, die förmlichen Interviews durch andere Daten zu ergänzen oder die Struktur der Interviewsituation auf die eine oder andere Art und Weise zu verändern.“

WILLIAM LABOV (1971)

diese zu identifizieren und mit den segmentierten Einheiten der parole in Einklang zu bringen, wie dies etwa in der Phonetik mit Hilfe der Phonologie geschieht. Bei anderen Erscheinungen wie Lautstärke, Tonhöhe, Mimik und Gestik gibt es aber keine erkennbaren oder anerkannten Raster, sondern nur feine Schattierungen, und der Explorator ist daher gezwungen, seine eigene Rasterung vorzunehmen nach einem Muster, das ihm auf Grund seiner Erfahrung und seiner Analyse als passend erscheint. Dabei ist oft die Kontrolle durch andere Experten unerlässlich, sodass sich die Notation von Tonbandaufnahmen als sehr aufwändiger und zeitintensiver Arbeitsschritt erweist. Für die Notation einer einzigen Stunde Tonbandaufnahmen werden durchschnittlich 50–100 Arbeitsstunden benötigt, für eine Stunde Videoaufzeichnung (je nach

Genauigkeit und Komplexität der Interaktion) 200–400 Arbeitsstunden.

Es haben sich mehrere **Notationssysteme** für mündliche Gespräche etabliert. Im deutschen Sprachraum sind die Systeme HIAT (Halbinterpretative Arbeitstranskription) und GAT (Gesprächsanalytisches Transkriptionssystem) am verbreitetsten.

Der nächste Schritt ist, von den Aufzeichnungen zu einer Interpretation zu kommen. Im Ganzen gesehen sind also folgende Teilphasen für eine sinnvolle Gesprächsanalyse notwendig:

1. Tonbandaufnahmen
2. Schriftliche Notate mit Kommentaren
3. Interpretation
4. Auswertung

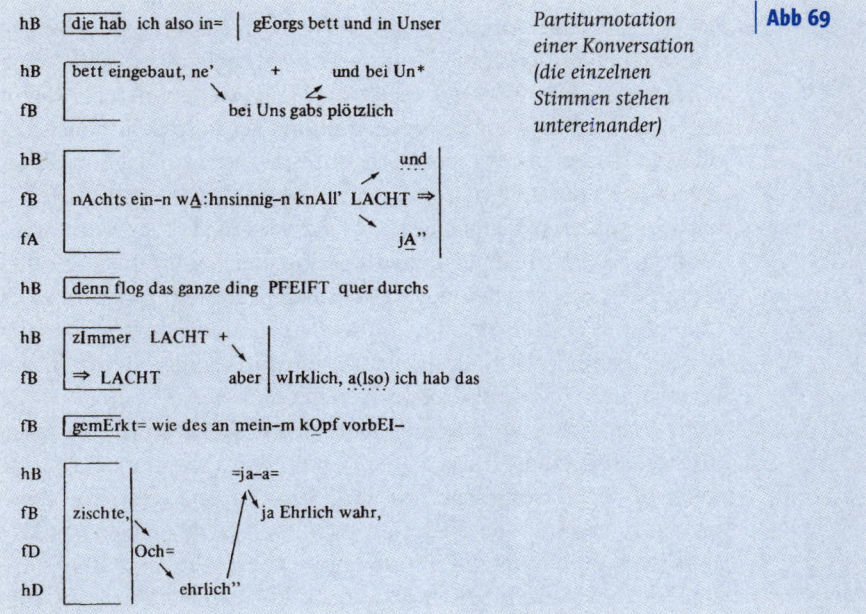

Partiturnotation einer Konversation (die einzelnen Stimmen stehen untereinander)

Abb 69

Sprecherwechsel und Redebeitrag

4.3.2

Eine bedeutende Stellung in der Gesprächsforschung nimmt der so genannte Sprecherwechsel ein. Man könnte ihn auch als Grundlage der Gesprächsanalyse ansehen, und das mit Recht: Ein Gespräch ist eben per definitionem eine Wechselrede zwischen zwei oder mehr Personen. Fragen nach der Struktur von Gesprächen sind daher legitim.

Im einfachsten Fall eines Gesprächs sprechen zwei Personen direkt miteinander (**face-to-face**). Man macht dabei die einfache Beobachtung, dass das Gespräch offenbar vom Sprecherwechsel strukturiert wird: Wenn Teilnehmer A spricht, schweigt B und hört zu, wenn A geendet hat, spricht B, und A schweigt und hört zu, so lange, bis B endet usw. Es ergibt sich also eine Distribution A-B-A-B-A etc., wobei die einzelnen Sprechphasen unterschiedlich lang sein können. Selbstverständlich liegen die Dinge aber nicht so einfach, wie es auf den ersten Blick erscheinen mag. Zum einen hat man festgestellt, dass durchschnittlich weniger als 5 Prozent des Gesprächs simultan verlaufen. Das bedeutet, dass die Personen in diesen Zeitspannen gleichzeitig reden. Zum anderen sind die Pausen während des Sprecherwechsels erstaunlich kurz, oft sind es nur wenige Mikrosekunden, im Durchschnitt aber nicht mehr als ein paar Zehntelsekunden. Es erhebt sich daher die Frage, wie ein derart exakter Sprechverlauf mit so präziser Abstimmung der Gesprächsteilnehmer ohne vorherige Absprache darüber erzielt werden kann. Ein weiteres Rätsel wird uns dadurch aufgegeben, dass diese Regeln offenbar auch in größeren Gruppen intakt sind, also auch, wenn drei, vier, fünf oder sogar mehr Personen miteinander kommunizieren und die einzelnen Sprechbeiträge in der Länge variieren, von minimaler Dauer bis zu einigen Minuten. Außerdem scheint dasselbe System in der Nahkommunikation ebenso gut zu funktionieren wie in der Fernkommunikation (z. B. beim Telefonieren).

In einer richtungweisenden Untersuchung haben die amerikanischen Linguisten HARVEY SACKS, EMANUEL SCHEGLOFF und GAIL JEFFERSON mündliche Gespräche und ihre Struktur analysiert. Sie kommen zum Ergebnis, dass ein Gespräch durch zwei Ebenen strukturiert ist. Zum einen gibt es eine Komponente, die die Bildung der eigentlichen Redeeinheiten betrifft: In der Redebeitragskonstruktion werden die Redebeiträge (also die Äußerungen selbst) konstruiert, wobei ein **Redebeitrag** (auch **Sprecherbeitrag**, engl. *turn*) jene Menge sprachlicher Äußerungen darstellt, die ein Sprecher zum Gespräch beisteuert. Ein Gespräch setzt sich also aus Redebeiträgen zusammen.

Zum anderen gibt es in jedem Gespräch eine Komponente des **Sprecherwechsels** (engl. *turn-constructing component*). Der Sprecher-

wechsel kann an einem so genannten **TRP** (*transition relevance place,*
dt. **übergaberelevante Stelle, Übergabeort** oder übergaberelevan-
ter Ort) erfolgen.

In einem Gespräch kommt
eine Gruppe von Regeln zum
Einsatz, die von einem Redebeitrag zum anderen wirken und
eine Art lokales Lenkungssys-
tem darstellen, das ein Gespräch steuert. Man kann es
sich als eine Art Verteilungssys-
tem vorstellen, das auf der Ba-

Merksatz

▶ **Nach den Untersuchungen von** SACKS, SCHEGLOFF **und**
JEFFERSON **besteht jedes Gespräch aus der Komponente
des Sprecherbeitrags, einer sprachlichen Äußerung,
und einer des Sprecherwechsels, der an einem Übergabeort (TRP) erfolgt.**

sis minimaler Einheiten funktioniert, aus denen die Redebeiträge
konstruiert werden. Diese Einheiten sind in diesem Modell von den
verschiedenen Merkmalen der sprachlichen Oberflächenstruktur
bestimmt. Es sind syntaktische Einheiten (Sätze, Teilsätze, Nominalphrasen u. a. m.), die mittels Prosodie (Intonation) als Anteile der
Redebeiträge identifiziert werden. Einem Sprecher wird am Anfang
eines Gesprächs nur eine dieser redebeitragsbildenden Einheiten
zugesprochen, der Sprecher kann sie aber auf Grund seiner Kompetenz kontrollieren. Am Ende des Redebeitrages kommt ein
Punkt, an dem der Sprecher wechseln könnte – der TRP. An einem
solchen TRP setzen dann die Regeln ein, die den Sprecherwechsel
steuern. Das bedeutet nicht, dass an diesem Punkt ein Sprecherwechsel stattfinden muss, sondern vielmehr, dass er stattfinden
kann. Die linguistische Eigenschaft dieser TRPs ist allerdings bis
heute nicht zufriedenstellend geklärt.

Ein Fall des Sprecherwechsels ist besonders interessant und
bedeutsam, nämlich die Möglichkeit, dass innerhalb eines TRPs
spezifisch angegeben werden kann, wann eine bestimmte andere
Partei zum Sprechen kommt. Die Techniken dafür sind teilweise
sehr ausgefeilt, es können aber auch höchst einfache Signale sein
wie eine Frage, eine Aufforderung, eine Bitte usw. Prinzipiell kann
man beim Sprecherwechsel die Selbstwahl und die Fremdwahl
unterscheiden.

Die Regeln für den Sprecherwechsel lassen sich in einem Kata-
log zusammenfassen, der etwa das Aussehen wie in folgender
Erklärung haben könnte. Diese Regeln erlauben es, zukünftige
Ereignisse beim Gespräch vorauszusagen.

Der Sprecherwechsel ist nur ein Aspekt unter vielen, die man im Rahmen von Gesprächen untersuchen kann, wenn vielleicht auch der prominenteste. Ähnliche Regeln bestehen auch am Anfang und am Ende von Gesprächen, man kann sogar versuchen, Gespräche anhand von Signalen zu strukturieren. In diesem Sinn kann man

Erklärung

Regeln des Sprecherwechsels

▶ 1. **Es spricht in einem einzelnen Gespräch immer nur ein Sprecher zur selben Zeit (obwohl z. B. vier Teilnehmer je zu zweit ein eigenes Gespräch führen könnten).**
2. **Wenn Überlappung (Simultaneität) eintritt, kann man in einer großen Menge von Fällen genau voraussagen, was passiert: Entweder handelt es sich um konkurrierende Redeeinsätze („Ins-Wort-Fallen") oder um Missverständnisse.**
3. **Schweigen in einem Gespräch kann genauer definiert werden, und zwar als „Lücke", „Verstummen" oder als „bedeutsames Schweigen".**

zwischen Gesprächseröffnung, Binnensegmentierung und Gesprächsbeendigung mit den dazu signifikanten Gliederungssignalen, d. h. speziellen Sprecher- und Hörersignalen, unterscheiden. Der Sinn solcher Untersuchungen ist es, signifikante Handlungsmuster und Merkmale der Gesprächssteuerung in Gesprächen aufzuspüren. Außerdem muss man beachten, dass es für ein erfolgreiches Gespräch neben der Sprecheraktivität auch eine adäquate Höreraktivität geben muss: Auch dem Hörer werden bestimmte Möglichkeiten der Gesprächssteuerung – beispielsweise durch Kommentierung, Zustimmung oder Ablehung des Gesagten – beigemessen, er kann etwa bestimmte Signale aussenden, die der Sprecher seinerseits verarbeiten kann und auf die er reagiert.

4.3.3 | Korrektur und Reparatur

Das mündliche Gespräch bietet den Kommunikationsteilnehmern andere, direktere Möglichkeiten, auf einen **Fehler** zu reagieren, als dies bei schriftlichen Texten möglich ist. Dazu müsste allerdings zuerst der Begriff des Fehlers besser definiert sein, als es derzeit der Fall ist. Man liegt aber sicher nicht falsch, wenn man unter einem Fehler im Gespräch einen Verstoß versteht, der von beiden (bzw.

Die „Sapir-Whorf-Hypothese"

In den USA entwickelten sich Gedanken, die den Ideen HUMBOLDTS ähnlich waren und die sich etwa zur selben Zeit in Europa unabhängig als Inhaltbezogene Grammatik herausbildeten. BENJAMIN LEE WHORF studierte wie sein akademischer Lehrer EDWARD SAPIR die nordamerikanischen Indianersprachen und ihre von indogermanischen Sprachen völlig unterschiedliche Struktur. Dabei kamen sie zur Ansicht, dass die Sprache nicht nur ein Reproduktionsmittel für das Aussprechen von Gedanken sei, sondern selbst die Gedanken der Sprachteilnehmer „programmiert" und die geistige Tätigkeit des Einzelnen lenkt.

Einer Anekdote zufolge soll WHORF, der sein Leben lang als Versicherungsbeamter arbeitete und sich auch bei der Erforschung der Maya-Hieroglyphen Verdienste erwarb, auf den Gedanken der „sprachlichen Relativitätstheorie" gestoßen sein, als er einen Schadensfall abwickelte, der dadurch entstanden war, dass ein Arbeiter eine noch glosende Zigarette in ein scheinbar leeres, aber mit explosivem, unsichtbarem Gas gefülltes Fass warf. WHORF wurde bewusst, dass für den Mann das Fass „leer" war, weil er das unsichtbare Gas nicht sehen konnte, d. h., er interpretierte die Welt anhand des Wortes *leer*, obwohl es in Wirklichkeit gar nicht ‚leer' war. Die Sprache hatte ihn also dazu verleitet, die Welt in einer bestimmten, in diesem Fall für ihn nachteiligen Weise zu interpretieren.

WHORF ist der Ansicht, dass das Weltbild einer Sprachgemeinschaft durch die Sprache vorgegeben ist. Wir lernen die Welt auf eine Weise zu sehen, wie es uns die Sprache lehrt, weil uns die Sprache die Begriffe und damit auch die Interpretation der Welt liefert. Dies nennt er „sprachliches Relativitätsprinzip", es ist auch als „Sapir-Whorf-Hypothese" bekannt. Berühmt in diesem Zusammenhang sind die vielen Ausdrücke der Eskimos (Inuit) für Eis und Schnee, die in dieser Vielfalt in wärmeren Ländern nicht bestehen (das berühmte Beispiel stammt von SAPIRS Lehrer FRANZ BOAS, einem der größten Experten für das Inuit). WHORF geht sogar so weit zu behaupten, unsere Raum- und Zeitvorstellungen, ja unsere ganze Physik, oder alles, was wir Wissenschaft nennen, auf die besondere Struktur der indogermanischen Sprachen zurückzuführen. Das bedeutet letztlich, dass verschiedene Einzelsprachen zu verschie-

Wissenschaftsgeschichte 21

denen Denkweisen und zu unterschiedlichen Weltbildern führen, was auch unter dem Begriff **sprachlicher Determinismus** bekannt ist.

Unter Generativisten sind die Sapir-Whorf-Hypothese und ähnliche Anschauungen heute verpönt; es kann aber nicht geleugnet werden, dass die Grundannahmen zumindest gut beobachtet sind. So enthält ein handschriftliches Wörterbuch über den slowenischen Rosentaler Dialekt in Kärnten mindestens 34 Bezeichnungen für diverse Arten von Unkraut, was für Landwirte offenbar besonders wichtig ist. Probieren Sie einmal aus, wie viele Bezeichnungen Sie kennen! (Josip Šašel: Rožanski narečni besednjak [Rosentaler Dialektwörterbuch], ungedruckt 1957; der Hinweis stammt von Dr. HERTA MAURER-LAUSEGGER, Universität Klagenfurt.)

Abb 70 | *Edward Sapir (1884–1939)*

Abb 71 | *Benjamin Lee Whorf (1897–1941)*

allen) Gesprächspartnern als inadäquat angesehen werden kann, und zwar inadäquat in Bezug auf

- die außersprachlichen Gegebenheiten (den Kontext, z. B. inakzeptables Sozialverhalten);
- das sprachliche Verhalten (etwa bei der Verwendung von veraltetem *Er* statt *Sie* als Anredeform);
- die sprachliche Referenz (unangemessene Referenzbezüge durch *die* statt *sie* beim Verweis auf anwesende Dritte);
- die sprachlichen Formen selbst (z. B. Verwendung von **Hünder* statt *Hunde*).

Typische Fehler nach der **Fehlerlinguistik** sind die so genannten **falschen Freunde**, außerdem **Transferfehler** und **Interferenzfehler** sowie **Übergeneralisierungen**. Von den Fehlern im eigentlichen Sinn zu trennen sind die **Versprecher**, psychische **Fehlleistungen**, die sich im Vertauschen von Phonemen oder Silben oder anderen Ausprägungen zeigen.

Insgesamt ist Fehlern und Versprechern eines gemeinsam: Man kann mit **Korrektur** und **Reparatur** darauf reagieren. Korrektur ist die prinzipielle Möglichkeit, auf einen Regelverstoß aufmerksam zu werden oder jemand anderen aufmerksam werden zu lassen. Das muss nicht unbedingt verbal erfolgen. Man kann einen Versprecher etwa auch mit Lachen quittieren zum Zeichen, dass der Regelverstoß erkannt wurde. Mit Korrektur wird oft die Selbstkorrektur gemeint, mit Reparatur die Fremdkorrektur. Im Folgenden werden wir nur von Reparaturen handeln, im Bewusstsein, dass Korrektur und Reparatur auch in der Fachliteratur oft synonym verwendet werden.

Zunächst sind zwei Ebenen der Reparatur zu unterscheiden:

1. die **selbstinitiierte** und die **fremdinitiierte** Reparatur. Selbstinitiierung bedeutet, dass der Sprecher unaufgefordert die Reparatur vornimmt, bei der Fremdinitiierung repariert er erst nach Aufforderung durch einen Gesprächspartner.
2. die **Selbstreparatur** und die **Fremdreparatur**. Bei der Selbstreparatur nimmt der Sprecher selbst die Reparatur vor, bei der Fremdreparatur erfolgt sie durch einen Gesprächsteilnehmer. Selbstverständlich kann dies Folgen im außersprachlichen Bereich haben. So kann eine Fremdreparatur vom Sprecher als Demütigung empfunden oder eine unterlassene Selbstreparatur (etwa in einer Prü-

fungssituation) als Versagen ausgelegt werden. Sehr oft hat daher die unterlassene Selbstreparatur mit „Gesichtsverlust" zu tun.

Man kann des Weiteren ganze **Korrekturketten** unterscheiden, indem die expliziten Korrekturen ineinander verschränkbar und miteinander kombinierbar sind (etwa durch Gegenäußerungen, Antworten, Ergänzung oder Fortführung durch Dritte). Auch besteht eine Skalierung der Explizitheit, die in der freien Umschreibbarkeit begründet liegt und von „sachlich-wohlwollend" bis zu angedrohter oder tatsächlicher Strafe reichen kann. Im Gegensatz zur expliziten Korrektur ist die implizite Korrektur verschlüsselt, sie liegt in Form von Anspielungen vor, die etwa in den Bereich von Ironie fallen können.

Schon an diesen wenigen Beispielen zeigt sich die Verschränkung von Reparatur und außersprachlichem Kontext. Ihre Umsetzung in linguistische Beschreibungsverfahren bedarf eines ausgefeilten Instrumentariums, das mit den einfachen Mitteln eines Kommunikationsmodells im Sinn von „Sprecher kommuniziert mit Hörer" nicht mehr auskommt. Man muss Verfahren finden, die auch die (ab- oder anwesenden) Dritten, die Situation, die sozialen Gegebenheiten u.v.a. mit einbeziehen. Es versteht sich von selbst, dass es dafür keinen allgemein gültigen Rahmen geben kann, sondern dass die linguistischen Verfahren je nach Handlungsmodell unterschiedlich auszuarbeiten sind.

Abschließend ist zu vermerken, dass die Konversationsanalyse eines der fruchtbarsten und am intensivsten ausgebauten Gebiete der Pragmalinguistik darstellt. Insbesondere in den 90er Jahren des 20. Jahrhunderts konnte eine Reihe von praktischen Ergebnissen, z.T. im interdisziplinären Diskurs, mit Erfolg präsentiert werden:

- Therapiegespräche (psychotherapeutische Gespräche, Arzt-Patienten-Gespräche);
- Beratungsgespräche (in Schule und Hochschule, Ämtern, Religionsgemeinschaften, in anderen öffentlichen und halböffentlichen Einrichtungen);
- Verhandlungsgespräche (vor Gericht, in Politik und Wirtschaft);
- Mediengespräche (Interviews, Diskussionen, Talkshows, andere Gesprächsformen im Rundfunk);
- Unterrichtsgespräche (Unterricht in Schulen und allen Arten von Bildungseinrichtungen);

- Literarische Gespräche (in fiktionalen Texten wie Theaterstücken, Hörspielen u. a. m.);
- Gespräche im Spracherwerb (Erst- und Zweitspracherwerb);
- Schließlich ist die **Metakommunikation**, also „Gespräche über Gespräche", selbst auch Teil und Thema der Gesprächsanalyse.

Es versteht sich von selbst, dass jede Aufzählung dieser Art nicht vollständig sein kann und dass die Gesprächsforschung flexibel genug ist, sich neuen Situationen und Anforderungen (z. B. neuen Arten von Gesprächen wie in Videokonferenzen) zu stellen.

Textpragmatik

4.3.4

Man kann nicht nur die innere Struktur von Texten analysieren (s. Kap. 2.4 Textlinguistik), sondern auch den Gebrauch von Texten, also ihre kommunikative Funktion. ROBERT-ALAIN DE BEAUGRANDE und WOLFGANG DRESSLER präsentierten (nach Vorarbeiten) 1981 ein Textverarbeitungsmodell, das als prozeduraler Ansatz bekannt geworden und in der Linguistik bis heute von Bedeutung ist.

Das Glücken menschlicher Kommunikation hängt zu einem wesentlichen Teil von der erfolgreichen Produktion und Rezeption von Texten ab. Ein Text kann daher nicht beschrieben werden ohne seine Funktion in der menschlichen Interaktion. Erfüllt er erfolgreich eine Funktion in der Kommunikation, kann er als **Text** bezeichnet werden, erfüllt er sie nicht, ist er ein **Nicht-Text**.

Merksatz

▶ **Ein Text muss sieben Merkmale aufweisen, sonst liegt ein Nicht-Text vor: Kohärenz, Kohäsion, Intentionalität, Akzeptabilität, Informativität, Situationalität und Intertextualität**

Man merkt also, dass das Verständnis vom Wesen eines Textes nicht von irgendeiner innersprachlichen Struktur abhängt, sondern von seiner kommunikativen Aufgabe, also seinem pragmatischen Aspekt. Ein Text muss sieben Merkmale der **Textualität** aufweisen. Ist eines dieser Merkmale verletzt oder nicht vorhanden, liegt ein Nicht-Text vor. Diese Merkmale sind Kohärenz, Kohäsion, Intentionalität, Akzeptabilität, Informativität, Situationalität und Intertextualität.

1. **Kohärenz**

   Mit Kohärenz wird der semantische und pragmatische Zusammenhang eines Textes bezeichnet. Grundlage der Kohärenz ist die Sinnkontinuität innerhalb des Wissens, das durch bestimmte Ausdrücke des Textes aktiviert wird. An dieser Stelle sei an die Frame-Konzeption erinnert. Es kann aber auch vorkommen, dass im Text nicht genügend Informationen geboten werden, um die Kohärenz zu gewährleisten. In diesem Fall greift der Rezipient auf anwendbare Konzepte und Relationen aus seinem Weltwissen zurück und wendet sie auf die Situation an. Dieser Vorgang wird **Inferenzziehung** genannt. Sie liegt dann vor, wenn versucht wird, einer scheinbar sinnlosen Aussage irgendwelchen Sinn zu verleihen. Der Versuch der Inferenzziehung kann natürlich auch scheitern. In folgendem Fall (PE) ist das Kriterium der Kohärenz verletzt:

   A: *Weißt du, wie spät es ist?*

   B: *„Die Wahlverwandtschaften" ist ein Roman von Goethe.*

2. **Kohäsion**

   Während die Kohärenz auf Frames oder Weltwissen oder Ähnliches referiert, bezieht sich die Kohäsion auf Elemente der Text-Oberflächenstruktur, d. h. auf die grammatischen Abhängigkeiten des Textes. Kohäsion meint damit alle formalen Mittel, die Beziehungen zwischen Oberflächenelementen signalisieren. Diese Mittel können vielfältig sein. Es handelt sich dabei sowohl um grammatische Kongruenz (also die Übereinstimmung in Person, Zahl und Zeit), Tempus, Aspekt u. a. m. als auch um Zusammenhänge über weite Entfernungen hin wie Wortwiederholungen, Umschreibungen u. dgl., die als Rekurrenz (Wiederholung) und Paraphrase (Umschreibung) bezeichnet werden. Schließlich trägt auch die Intonation zur Kohäsion gesprochener Texte bei.

3. **Intentionalität**

   Unter Intentionalität versteht man die kommunikativen Intentionen des Produzenten, insofern diese die Form und Gestaltung des Textes mitbeeinflussen. Im engeren Sinn besteht die Hauptintentionalität des Textproduzenten darin, einen kohärenten und kohäsiven Text zu produzieren.

4. **Akzeptabilität**

   Betrifft die Intentionalität in erster Linie den Textproduzenten, so meint die Akzeptablität die Einstellung des Textrezipienten, der einen kohärenten und kohäsiven Text erwartet. Als allgemeine Prinzipien für die Akzeptabilität eines Textes können die GRICE'-schen Konversationsmaximen angesehen werden, doch kann man darüber hinausgehend auch speziellere Merkmale feststellen wie die inhaltliche Struktur, den linguistischen Code, stilistische und rhetorische Mittel. Es scheint auch klar, dass Intentionalität und Akzeptabilität zusammenhängen. Der Textproduzent muss im Sinne der Intentionalität auf die Akzeptabilität Rücksicht nehmen, und der Textrezipient kann die Akzeptabilität nur vor dem Hintergrund der Intentionalität beurteilen. Anders ausgedrückt: Der Sprecher muss wissen, was von ihm erwartet wird bzw. erwartet werden kann, und der Hörer weiß, dass der Sprecher bei der Produktion auf seine Erwartungen Rücksicht nimmt. Es ist aber auch einsichtig, dass Kohärenz und Kohäsion allein nicht ausreichen, um Intentionalität und Akzeptabilität zu beschreiben. Vor allem muss man berücksichtigen, dass im Alltag Kohärenz und Kohäsion oft verletzt werden durch Straßenlärm, Störungen im Telefon, Versprecher, akustische Hörerschwerungen u.a.m. Die Aufrechterhaltung von Intentionalität und Akzeptabilität ist daher nur unter Voraussetzung einer gewissen Toleranz der Gesprächsteilnehmer möglich.

5. **Informativität**

Die Informativität bestimmt das Ausmaß des im Text dargebotenen, für den Rezipienten unbekannten Materials. Kein Text, der eine kommunikative Funktion ausübt, enthält nur gänzlich bekanntes oder gänzlich unbekanntes Material. Schon allein zur Aufrechterhaltung der Kohärenz muss das bereits dargebotene Material umgestellt, umschrieben oder neu formuliert werden. Andererseits kann die Wiederholung bereits gebotenen Materials zu Langeweile, Motivationsverlust oder Ähnlichem beim Rezipienten führen.

Informative Textsequenzen erhöhen den Verarbeitungsaufwand für den Rezipienten, erweisen sich jedoch für die Intentionen des Produzenten (also die Intentionalität) als effektiver, da sie ein höheres Maß an Aufmerksamkeit (d.h. an Verarbeitungspotenzial) erfordern. Daher müssen sich in einem Text Sequenzen unterschiedlicher Informativität abwechseln (auch deswegen, weil niemand den Grad der Informativität für den gesamten Text konstant halten kann) und ein stabiles Verhältnis zwischen Altem (Bekanntem) und Neuem (Unbekanntem) bieten.

6. **Situationalität**

Die Situationalität umfasst jene Faktoren, die einen Text für seine Kommunikationssituation relevant machen und die damit über seine Angemessenheit entscheiden. Solche Faktoren sind etwa Ort und Zeit, Gesprächspartner, soziale Rollen, Zwecke usw. Wesentlich bei der kommunikativen Auffassung von Texten sind Bedeutung, Gebrauch und Form eines Textes, die durch die Situation festgelegt werden: Ein Text, der in einer öffentlichen Institution (Amt, Schule, Kirche) eingesetzt wird, muss anders strukturiert sein als ein Text in der Familie, im Freundeskreis etc. Die Situationalität beeinflusst natürlich auch die Oberflächenstruktur, also die Kohäsionsmittel.

7. **Intertextualität**

Die Intertextualität betrifft die Faktoren, die die Verwendung eines Textes, seine Produktion und Integration vom Wissen der Kommunikationsteilnehmer über einen oder mehrere vorher aufgenommene Texte abhängig machen. D. h., die Intertextualität verknüpft Texte miteinander, aber nicht über irgendeine immanente Sprachstruktur, sondern über die Kommunikationsteilnehmer.

Neben diesen sieben textkonstitutiven Kriterien gibt es noch zusätzlich drei regulative Prinzipien, die die Kommunikation durch Texte nicht definieren, sondern kontrollieren, und zwar über sämtliche Produktions- und Rezeptionsphasen hin und auf allen sprachlichen Ebenen. Das sind:

A. **Effizienz:** Ihr Ausmaß hängt vom möglichst geringen Verarbeitungsaufwand der Kommunikationsteilnehmer bei der Textproduktion und -rezeption ab: Je geringer der Verarbeitungsaufwand eines Textes ist, desto effizienter ist er.

B. **Effektivität**: Sie hängt davon ab, ob der Text einen starken Eindruck hinterlässt und damit einen höheren Verarbeitungsaufwand erfordert.

C. **Angemessenheit**: Sie ist gegeben, wenn die Anforderungen, die durch den Kontext entstehen, und die Art und Weise, wie die Textualitätskriterien in diesem Text erfüllt und aufrecht erhalten werden, übereinstimmen. Die Angemessenheit bestimmt das Gleichgewicht zwischen Effizienz und Effektivität.

Obwohl diese Kriterien zusammen mit dem gesamten prozeduralen Ansatz sehr populär und weit verbreitet sind, gab es auch Kritik daran, etwa von Heinz Vater. Hauptpunkt war die Behauptung von de Beaugrande/Dressler, dass ein Text nur dann kommunikativ ist, wenn alle diese Kriterien der Textualität erfüllt sind. Damit liegen aber nur Texte vor, wenn die Äußerungen kommunikativ sind. Dem kann man entgegenhalten, dass die Kommunikation nicht immer das Maß aller Dinge ist und dass man demzufolge sehr wohl auch von einem Text sprechen kann, wenn die Äußerung keine kommunikative Aufgabe erfüllt. So erscheint das Kriterium der Situationalität fragwürdig, denn ein Text, der nur in einer bestimmten Äußerungssituation als nicht adäquat erscheint, kann wohl kaum als Nicht-Text bezeichnet werden. Wenn etwa ein Angeklagter vor Gericht auf die Frage nach seiner Schuld mit dem Zitieren von Goethes „Erlkönig" antwortet, ist zwar die Situationalität verletzt, der „Erlkönig" bleibt aber trotzdem ein Text. Darüber hinaus macht der Verstoß gegen eines dieser Kriterien einen Text deswegen noch lange nicht „nichtkommunikativ". Wird etwa das Kriterium der Kohäsion verletzt, so kann ein Text deswegen trotzdem eine kommunikative Funktion erfüllen. Solche und ähnliche Einwände kann man gegen alle diese Kriterien erheben.

Der prozedurale Textansatz sieht Sprache als interaktives System, dessen Komponenten nicht isoliert betrachtet werden können, sondern miteinander gekoppelt sind und einander kontrollieren. Der Text wird als kybernetisches System erfasst, dessen Stabilität nicht statisch ist, sondern gestört und wieder hergestellt werden kann. Auch die Grammatikalität von Sätzen ist in diesem System nur eine Option, sie kann gestört werden, ohne dass der Text dadurch seine kommunikative Funktion verliert. Die Sprache ist ein virtuelles System von Auswahlmöglichkeiten, die noch nicht realisiert worden sind. Ein Text hingegen ist ein aktualisiertes System, eine Struktur, die aus den tatsächlich ausgewählten und realisierten Optionen gebildet wurde.

Der prozedurale Ansatz ist besonders dafür geeignet, die Textfunktion deutlich zu machen. Jeder Text erfüllt in der konkreten Kommunikationssituation eine konkrete Aufgabe, und die vorgestellten Kriterien stellen ein mögliches linguistisches Raster dar, diese Aufgaben sichtbar zu machen. Es ist auch zu berücksichtigen, dass ein Text mehr als eine Aufgabe auf einmal erfüllen kann.

4.3.5 | Pragmatische Konzepte der Textlinguistik

Ein anderer sehr fruchtbarer Versuch ist die Übertragung von sprechakttheoretischen Überlegungen auf die Textlinguistik. Damit wird gleichsam eine Schnittstelle zwischen gesprochener und geschriebener Sprache geschaffen. Diese Schnittstelle ist das Konzept der sprachlichen Handlung, das sowohl für mündliche als auch für schriftliche Äußerungen fruchtbar gemacht werden kann. Eine logische Konsequenz wäre es demnach, die illokutionäre Kraft sprachlicher Äußerungen auch für schriftliche Texte geltend zu machen und entsprechend zwischen auffordernden, befehlenden, ratenden, informierenden, unterhaltenden Texten usw. zu unterscheiden. Dabei kann das Schema grundlegender Handlungsarten von JOHN SEARLE, das zwischen Repräsentativa, Direktiva, Kommissiva, Expressiva und Deklarativa unterscheidet, zu Grunde gelegt werden. Da die Sprechakttheorie allerdings die Sprecherseite betont, ist darauf zu achten, dass eine ausgewogene Betrachtung des Textes nicht primär emittentenbetont vorgehen darf, sondern Textrezeption sowie Kontext ebenso berücksichtigt wie Textproduktion und -struktur.

Als ein gelungener Versuch einer pragmatischen Textbeschreibung sind die Textfunktionen von KLAUS BRINKER („Linguistische Textanalyse", Berlin 2001) zu sehen, der folgende textuelle Grundfunktionen unterscheidet (in der Folge wird der Typus angeführt, der die kommunikative Funktion angibt):

1. **Informationsfunktion**
   „Ich (der Emittent) informiere dich (den Rezipienten) über den Sachverhalt X (Textinhalt)."
   Texte dieser Art haben als Funktion die Informationsvermittlung. Der Emittent hat dabei die Möglichkeit, zum Textinhalt Stellung zu beziehen, ihn als gut, schlecht oder fragwürdig darzustellen, die eigene Skepsis auszudrücken usw.

2. **Appellfunktion**
   „Ich (der Emittent) fordere dich (den Rezipienten) auf, die Einstellung (Meinung) X zu übernehmen / die Handlung X zu vollziehen."
   Texte dieser Art sind naturgemäß vielfältig und reichen vom Spendenaufruf bis zu agitatorischem Schrifttum. Auch die Aufforderung an den Rezipienten, eine (sprachliche) Information zu übermitteln, also alle Arten von Befragungen, gehört in diese Sparte.

3. **Obligationsfunktion**

„Ich (der Emittent) verpflichte mich (dem Rezipienten gegenüber), die Handlung X zu tun."

Verträge und Versprechen aller Art gehören in diesen Bereich, sie sind in der Regel stark reglementiert (z.B. im Wortlaut, wie bei Verträgen oder Schwüren), institutionalisiert oder ev. gesetzlichen Reglementierungen unterworfen.

4. **Kontaktfunktion**

„Der Emittent gibt dem Rezipienten zu verstehen, dass es ihm um die personale Beziehung zum Rezipienten geht (insbesondere um die Herstellung und Erhaltung des persönlichen Kontakts)."

In diesem Bereich spielt die emotionale Bindung eine größere Rolle, vielleicht eine größere als in den bisher genannten. Oft sind Texte dieser Gruppe an gesellschaftliche Anlässe geknüpft.

5. **Deklarationsfunktion**

„Ich (der Emittent) bewirke hiermit, dass X als Y gilt."

Texte dieser Art sind noch stärker institutionalisiert als jene mit Obligationsfunktion, d.h., sie sind an eine rechtliche Position gebunden. Dazu gehören etwa Testamente, Bevollmächtigungen, Bescheinigungen usw. Die Deklarationsfunktion wird immer direkt ausgedrückt und meist mit einem festgelegten Wortlaut in Verbindung gebracht. Zudem erscheint die Deklarationsfunktion in den Textüberschriften wie „Testament", „Vollmacht", „Bestätigung" u.dgl.

Auf Basis dieser und/oder einer anderen Einteilung kann der Versuch unternommen werden, die Textfunktionen mit Textstrukturen in Zusammenhang zu bringen.

Soziolinguistik | 4.4

Der Strukturalismus und in seiner Folge die Generative Grammatik gehen von der **Homogenität** des Sprachsystems (der langue) aus. Tatsächlich aber ist jede natürliche, lebende Sprache **heterogen**, das bedeutet, sie besteht aus verschiedenen Ausprägungen. Diese unterschiedlichen Varietäten können geographisch bedingt sein, dann sprechen wir von **Dialekten** oder **diatopischen** Ausprägungen. Die Unterschiede können auch an ein und demselben Ort durch die Zugehörigkeit zu einer oder mehreren sozialen Schichten bedingt sein. Das bedeutet, dass es sozialschichtenspezifische oder **diastrati-**

sche Sprachverwendung gibt. An ein und demselben Ort kann derselbe Sprecher aber auch Varietäten oder Register verwenden, die nicht sprachsoziologisch bedingt, sondern je nach der Sprachsituation variieren: In der Familie wird man anders sprechen als im Freundeskreis und dort anders als mit Vorgesetzten usw. Das müssen nicht unbedingt schichtenspezifische Unterschiede sein, besser wäre es, von verschiedenen **Stilen** oder **Stillagen** (engl. *styles*) zu sprechen. Diese **diaphasischen** Unterschiede sind ebenso Gegenstand der Soziolinguistik wie die diastratischen, und in den letzten 20 Jahren hat sich – durch die Steigerung der Mobilität, des Pendlerwesens u. a. m. – auch eine Vermengung mit den diatopischen Registern ergeben, sodass eine Dialektsoziologie im Entstehen ist.

Merksatz

▶ **Das Sprachverhalten eines Individuums bezeichnet die Soziolinguistik als Idiolekt, die Sprache einer Gruppe als Soziolekt. Fach- und Gruppensprachen können als Sonderformen von Soziolekten gesehen werden.**

Als allererste Voraussetzung müssen wir uns von der Vorstellung einer homogenen Sprache verabschieden. Das Gegenteil der Homogenitätsthese ist die Überlegung, dass jedes Individuum seinen eigenen Sprachbesitz und Sprachgebrauch hat (wir haben das bereits als Sprachverhalten bezeichnet). Den Sprachbesitz und damit die Sprache eines Individuums kann man **Idiolekt** nennen, und man kann die Sprache einer Gemeinschaft als Gesamtheit der Idiolekte auffassen. Unter Beachtung der Tatsache, dass eine Sprachgemeinschaft aber keine willkürliche Zusammenwürfelung von Individuen darstellt, sondern in sich durch soziale Hierarchien und Abstufungen gegliedert ist, muss man davon ausgehen, dass die Angehörigen derselben Gruppe über ein ähnliches Sprachverhalten verfügen, das man als **Soziolekt** bezeichnet. Dialekte, Idiolekte und Soziolekte sind aber keine fest umrissenen Sprachformen, sondern überschneiden einander und gehen ineinander über, wobei auch die **Fach-** oder **Gruppensprachen** (etwa von Berufgruppen wie Ärzten, Jägern usw.) mitberücksichtigt werden müssen. Die Soziolinguistik geht demnach der Frage nach, wie sich das sprachliche Gruppenverhalten in einer Sprachgemeinschaft äußert und wie man es beschreiben kann.

4.4.1 | Defizit- und Differenzhypothese

Zu diesem Zweck werden die Angehörigen einer Sprachgemeinschaft nach der sozialen Zugehörigkeit eingeteilt, wobei meist nach Ausbildung und Einkommen drei Schichten geortet werden: Eine Unter-, Mittel- und Oberschicht. (Diese Begriffe sollen in keiner Weise elitär oder gar pejorativ verstanden werden.) Einer der ersten, die auf die modernen Anforderungen eingingen, die Gesellschaft stärker in linguistische Überlegungen mit einzubeziehen, war der britische Soziologe BASIL BERNSTEIN (1924–2000). Er stellte in den 50er und 60er Jahren des 20. Jahrhunderts Untersuchungen am Sprachverhalten englischer Schulkinder an. Dabei achtete er auf die Herkunft der Kinder und teilte sie in zwei Gruppen ein: jene aus der so genannten „Unterschicht" und jene aus der „gehobenen Mittelschicht". Die Einteilung erfolgte nach der Schulbildung und den Berufen der Eltern.

BERNSTEIN stellte nun fest, dass in seinen beiden Untersuchungsgruppen unterschiedlicher Gebrauch der Sprache vorherrschte. Er bezeichnet diese Soziolekte als **Kodes**, wobei dieser Ausdruck nicht gleichbedeutend mit dem linguistischen Terminus im Sinne von ‚Zeichenvorrat' ist, sondern das Sprachverhalten und den Sprachbesitz meint. Das Sprachverhalten der Oberschicht nennt Bernstein **elaborierten** (‚erweiterten') Kode, das der Unterschicht **restringierten** (‚eingeschränkten') Kode. Man kann die beiden Arten des Sprachverhaltens folgendermaßen beschreiben:

Tabelle

elaborierter Kode	restringierter Kode
1. Längere Sätze	Kürzere Sätze
2. Komplexerer Satzbau (Hypotaxen)	Einfacherer Satzbau (Parataxen)
3. Vollständige Sätze	Unvollständige Sätze
4. Differenzierte Wortwahl	Einfachere Wortwahl
5. Mehr individuelle Markierungen (z. B. ich)	Weniger individuelle Markierungen
6. Weniger vorhersagbar	Stärker vorhersagbar
u. a. m.	

Beispiel

Dann führe ich einen Drahthaken von hinten [in das Schloss] ein und schüttle es und kratze so lange damit, bis alle Schlitze aufeinander zu liegen kommen. (PE)	*Da geh ich von hinten mit dem Drahthaken rein, tu so schütteln und kratzen, no, bis alle Schlitze aufeinander liegen. (182 l)*

Feministische Linguistik

Die Idee, dass Frauen und Männer jeweils eine anders geprägte Sprachform verwenden, stammt nicht aus unseren Tagen. Bereits JAN BAUDOUIN DE COURTENAY (s. Wissenschaftsgeschichte 5) wies auf die Rolle von Geschlechter- und Kindersprachen hin. Allerdings vernachlässigte man in der Folge diese Aspekte unter der fast ausschließlichen Konzentration auf die langue, die per definitionem für alle Sprachteilnehmer identisch sein sollte.

In den Blickwinkel der Linguistik kam die Idee dann wieder unter dem Einfluss der Hypothesen von SAPIR/WHORF, BERNSTEIN und LABOV: Wenn die Angehörigen verschiedener sozialer Gruppen Sprache unterschiedlich verwenden, dann muss dies auch für die Angehörigen der beiden Geschlechter sowie unterschiedlicher Lebensalter gelten. Schließlich führte die „Pragmatische Wende" als Folge des Gesellschaftsumschwungs von 1968 dazu, dass sich im Rahmen der Linguistik (ab etwa 1978) in den deutschsprachigen Ländern (außer der DDR) eine eigenständige Frauenbewegung formierte. Sie begann als **Sprachkritik**, indem sie – ganz im Sinn der neu etablierten Pragmatik – das Sprachverhalten untersuchte, inwieweit es herrschende männliche Strukturen unterstützt und weibliche Aspekte vernachlässigt und damit der Unterdrückung preisgibt. Die Untersuchungen bezogen sich sowohl auf das Sprachsystem als auch den Sprachgebrauch.

1. Kritik am Sprachsystem: Fehlen von parallelen femininen Bildungen in der Grammatik als Gegenstück zu man („frau") oder die sekundäre Movierung von femininen Nomina agentis: *Lehrer* > *Lehrerin*. (Eines der seltenen Gegenbeispiele wäre *Witwe* > *Witwer, verwitwet*, aber nicht **verwitwert*.)
2. Kritik am **sexistischen** Sprachgebrauch: Für Frauen ist es unhöflich, wenn sie unter der maskulinen Benennung subsummiert werden: *Kollegen* = ‚Kolleginnen + Kollegen'. Die **Beidnennung** scheint sich heute auch durchgesetzt zu haben (*Kolleginnen und Kollegen*), auch die Schreibung mit großem I ist weit verbreitet (*KollegInnen*), aber eher als umgangssprachlich zu werten.

Die seit den 70er und 80er Jahren entstehende **Dominanztheorie** folgt den Ansätzen der Sapir-Whorf-Hypothese in dem Sinn, dass sprachlich nicht wahr genommene Begriffe (also „gleichberechtigte" grammatische Termini) auch im Weltbild der Sprachteilnehmer nicht vorkommen. Sie sieht es als ihre Aufgabe, auf diese „sprachlichen Unterdrückungsmechanismen" hinzuweisen und Gegenvorschläge auszuarbeiten. Eine der Vorkämpferinnen ist LUISE PUSCH, die ab 1990 konsequent den Terminus **Feministische Sprachwissenschaft** verwendet.

Bei der Interpretation dieser unbestreitbaren Fakten orientiert sich BERNSTEIN offen an der Sapir-Whorf-Hypothese und überträgt diese interlinguistisch – zwischen verschiedenen Sprachgemeinschaften – bestehenden Ungleichheiten auf intralinguistische Verhältnisse, d. h. auf die Angehörigen derselben Sprachgemeinschaft. Als unvermeidbare Schlussfolgerung aus dem sprachlichen Determinismus leitet er aus elaboriertem und restringiertem Kode eine unterschiedliche Wahrnehmung der Wirklichkeit durch die Angehörigen der Oberschicht und der Unterschicht ab. BERNSTEIN formuliert daraus seine so genannte Defizit-Hypothese.

Erklärung

Die Bernstein-Hypothese (Defizit-Hypothese)

▶ Die Angehörigen unterschiedlicher Sozialschichten derselben Sprachgemeinschaft unterscheiden sich auf Grund ihres unterschiedlichen Sprachgebrauchs, hinsichtlich ihres Wahrnehmungsvermögens und ihres Denkens. Das Sprachverhalten der Oberschicht hat bei ihren Angehörigen besser ausgebildete kognitive Fähigkeiten zur Folge als bei Vertretern der Unterschicht und bietet ihnen damit bessere berufliche, soziale und wirtschaftliche Chancen. Die Angehörigen der Unterschicht haben wegen ihres eingeschränkten Sprachverhaltens ein Defizit gegenüber den Mitgliedern der Oberschicht.

Es muss ausdrücklich festgehalten werden, dass es dem Soziologen BERNSTEIN nicht um eine linguistische Beschreibung des elaborierten und restringierten Kodes geht. Er kann deshalb auch keiner linguistischen Schule oder Methode, etwa dem Strukturalismus, zugeordnet werden.

Die Bernstein-Hypothese führte zu konkreten Folgen in der Gesellschaftspolitik der 60er und 70er Jahre des 20. Jahrhunderts: Als ihre Folge schrieb man Angehörigen der Unterschicht geringere Intelligenzleistung mit allen daraus resultierenden Konsequenzen zu und versuchte etwa, in Schulen einen „kompensatorischen Sprachunterricht" für Unterschichtkinder zu etablieren oder das geschlechtsspezifische Rollenverhalten sprachlich durchzusetzen. Da die Verwendung von Dialekt häufig mit restringiertem Kode gleichgesetzt wurde (und wird), hielt man besonders Kinder zur Verwendung der Standardsprache („Schriftsprache") an. Dieser dialektfeindlichen Zeit folgte gegen Ende der 70er Jahre auch im deutschsprachigen Raum eine Förderung der Dialektverwendung, die aber mittlerweile wieder im Rückgang begriffen ist.

Erklärung

Labovs Differenz-Hypothese

▶ **Defizithypothese: Mit restringiertem Code kann man die Wirklichkeit nicht komplett abbilden – man kann „nicht alles ausdrücken".**
Differenzhypothese: Der restringierte Code kann ebenso viel ausdrücken wie der elaborierte, nur mit anderen Mitteln.

Aus heutiger Sicht wird die Defizithypothese allgemein abgelehnt. Mit ihr ist eine Bewertung der Sprachverwendung und des Sprachgebrauchs (Stichwort „geringe Intelligenzleistung") verbunden, die einer sich als objektiv verstehenden Wissenschaft nicht würdig ist. Von Seiten der Linguistik erfolgt die Neuorientierung durch den amerikanischen Sprachwissenschaftler WILLIAM LABOV (geb. 1927), der an Stelle von BERNSTEINS Defizit-Hypothese eine Differenz-Hypothese setzte: Der elaborierte und der restringierte Kode sind zwar als Tatsache vorhanden und können auch mit linguistischen Mitteln beschrieben werden, sie sind aber gleichwertig.

WILLIAM LABOV hat mehrere bedeutende Untersuchungen zur Linguistik und insbesondere zur Soziolinguistik vorgelegt. Eine davon beschäftigt sich mit der postvokalischen r-Aussprache in englischen Wörtern wie *guard* ‚Wache; bewachen', *car* ‚Auto', *beer* ‚Bier', *beard* ‚Bart', *board* ‚Brett' u. a. m. Dazu wurden Informanten befragt, die ausgewählte Kaufhäuser in New York City, die von bestimmten sozialen Schichten aufgesucht wurden, frequentierten. Die Artikulation des [r] erwies sich dabei als Prestigenorm, die besonders von

der obersten Schicht realisiert wurde, während sie bei der unter-
sten Schicht entfiel. Als eines der markantesten Ergebnisse zeigt
sich, dass jede Schicht einen charakteristischen Knick im Verlauf
der Stillagen aufweist: Dieser Knick markiert den Übergang von
einer Rede- zu einer Leseaussprache. Verräterisch ist der Verlauf
der Linie 6–8 (*lower middle class*), die zwei Einknickungen aufweist
und auf der rechten Tabellenseite über der Linie 9 (*upper middle
class*) zu stehen kommt. Hier versucht die untere Mittelschicht, die
als „vornehm" geltende Aussprache der Oberschicht nachzuahmen, so dass es zu einigen [r]-Aussprachen kommt, die die Oberschicht nie verwenden würde. Wir nennen dies **hyperkorrekte
Formen** oder **Hyperkorrektismen**.

LABOV demonstrierte damit, wie sich soziale Verhältnisse auf die
Sprache, hier insbesondere die Aussprache, auswirken können,
und lieferte so auch einen wichtigen Beitrag zum sprachextern
motivierten Sprachwandel.

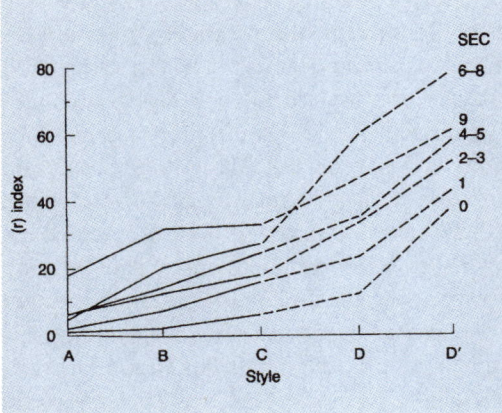

Die Kaufhaus-Unter-
suchung von William
Labov. SEC (socio-eco-
nomic-class): 0–1 Un-
terschicht, 2–3 Arbei-
terklasse, 4–5, 6–8
untere Mittelschicht
9: gehobene Mittel-
schicht. Stillage
(style): A: Alltagsspra-
che. B: Gewählte Aus-
drucksweise
C: Leseaussprache, D:
Wortlisten, D': Mini-
malpaare.

Abb 72

Funktiolekte

4.4.2

Neben den diatopischen und diastratischen Varietäten kann man
noch andere Ausprägungen einer natürlichen Sprache unterscheiden, ja, die Linguistik scheint nicht einmal angeben zu können,
wie viele unterschiedliche Sprachformen es in einer Sprachgemeinschaft gibt. Die Gefahr einer solchen Einteilung besteht darin,
dass man praktisch für jede Sprachform einen „-lekt" finden kann

Das Erp-Projekt und der Mittelrheinische Sprachatlas

Den soziolinguistischen Arbeiten Basil Bernsteins wurde auch im deutschen Sprachraum wiederholt der Vorwurf gemacht, dass das von ihm ausgewertete Material einseitig sei. Ulrich Ammon, Ulrich Oevermann, Klaus J. Mattheier, Brigitte Schlieben-Lange, Utz Maas u. a. m. begründeten im deutschen Sprachraum die moderne Soziolinguistik. In den 70er Jahren des 20. Jahrhunderts initiierte ein Forscherteam der Universität Bonn unter der Leitung von Werner Besch und Klaus Jürgen Mattheier ein langjähriges Forschungsprojekt mit dem Titel „Sprachverhalten in ländlichen Gemeinden" – in der Forschung bekannt geworden unter dem Kürzel „Erp-Projekt". Das ursprüngliche Konzept des Projektes sollte den Übergang einer Ortsgemeinde von agrarischer zu industrieller Lebensform beschreiben: Die ländliche Gemeinde Erfstadt-Erp, gelegen ca. 20 km südwestlich von Köln im zentralripuarischen Gebiet, war mit ihren 1700 Einwohnern bereits Anfang der 70er Jahre eine „typische Schlafstadt" für Pendler, die ihren Arbeitsplatz im Großraum Köln gefunden hatten, und in der nur mehr ein kleiner Teil der Bevölkerung landwirtschaftlich arbeitete. Die Untersuchung der Pendlersprache wurde jedoch bald erweitert zu einer umfassenden Erhebung der im Ort verwendeten relativ stabilen sozialen Sprachvarietäten (von den Projektbetreibern als **Sprachlagen** bezeichnet). Den Kern des neu entwickelten Verfahrens bildeten neben einer Fragebogenaktion und teilnehmender Beobachtung die Interviews, die selbst wieder aus drei Teilen bestanden: einem freien Gespräch in „Normalsprachlage" zwischen den Familienmitgliedern, einem „formelleren" Interview mit der Gewährsperson über ihren Beruf sowie einem Gespräch über das Thema Sprache selbst, in dessen Rahmen auch Dialekteinschätzungen der Interviewten vorgenommen wurden.

Das Projekt ist in mehrfacher Hinsicht bemerkenswert und richtungweisend. Zum ersten Mal in der Geschichte der germanistischen Linguistik wurde ein ganzer Ort untersucht – und das über einen Zeitraum von mehreren Jahrzehnten. Diese erschöpfende Darstellung ist eine Fallstudie par excellence. Aus dem erhobenen Material werden noch heute Erkenntnisse gewonnen und publiziert, und es finden immer noch Nacherhebungen statt. Den primären Sprachdaten (den Sprachlagen) können die Selbsteinschätzungen der Gewährspersonen gegenübergestellt werden. Das Projekt bietet eine Verbindung von (synchroner) Varietätenforschung und (diachroner) Sprachveränderungsforschung, zudem wird der Übergang einer Sprachgemeinschaft von der agrarischen zur industriellen und dienstleistenden Gesellschaft dokumentiert, ein Thema, das in den letzten Jahrzehnten zu einem der zentralen Anliegen der Soziolinguistik geworden ist.

Am Anfang der Dialektsoziologie im deutschen Sprachraum steht wohl der „Mittelrheinische Sprachatlas" (MRhSA) von GÜNTER BELLMANN und seinen Mitarbeitern, der seit 1978/79 vorbereitet, seit 1989 publiziert wurde und mit dem 5. Band 2002 abgeschlossen ist.

Seit den Arbeiten zum MRhSA wird von einer „zweidimensionalen" Dialektgeographie gesprochen. Darunter ist das Gegenüber einer arealen (räumlichen) Erstreckung und einer punktuell sozialen Variation zu verstehen, die man üblicherweise auch als diatopische und diastratische Aspekte bezeichnet. Diese Dimensionen kann man sich mit BELLMANN auch als Linien vorstellen, von denen die eine, vertikale, in einem beliebigen Ortspunkt auf der anderen, horizontalen, auftrifft. Die räumliche (horizontale) sowie die soziale (vertikale) Variation laufen entlang dieser imaginierten Linien. Als dritte Dimension kann man sich nun eine diachrone Achse vorstellen, aber dieser Aspekt wird hier ausgeklammert.

Die Datenerhebung für den MRhSA erfolgte in zwei Datenserien (in den Jahren 1981–89). Datenserie 1 erfasst die „aktive dialektale Kompetenz der alten, immobilen Sprecher", Datenserie 2 den „Dialekt der jüngeren, mobilen Sprecher". Genauer gesagt, kann man für Datenserie 1 den alten Bauern (um 75 Jahre) als idealtypisch ansehen, für Datenserie 2 den berufspendelnden Handwerker/Arbeiter (um 35 Jahre).

Dieses Verfahren hat den Vorteil, dass es nicht nur sämtliche Daten der Serie 1 darstellt (rechte Seite), sondern dass es auch die Daten von Serie 2 mit den entsprechenden (ausgewählten) Daten von Serie 1 strikt auseinander hält. Auf diese Weise können auch generationsbedingte Unterschiede im Dialektgebrauch auf einen Blick sichtbar gemacht werden. Das Beispiel des MRhSA hat im gesamten deutschen Sprachraum Schule gemacht.

und dass diese „Lekte" dann unübersichtlich und damit wenig aus-
sagekräftig werden.

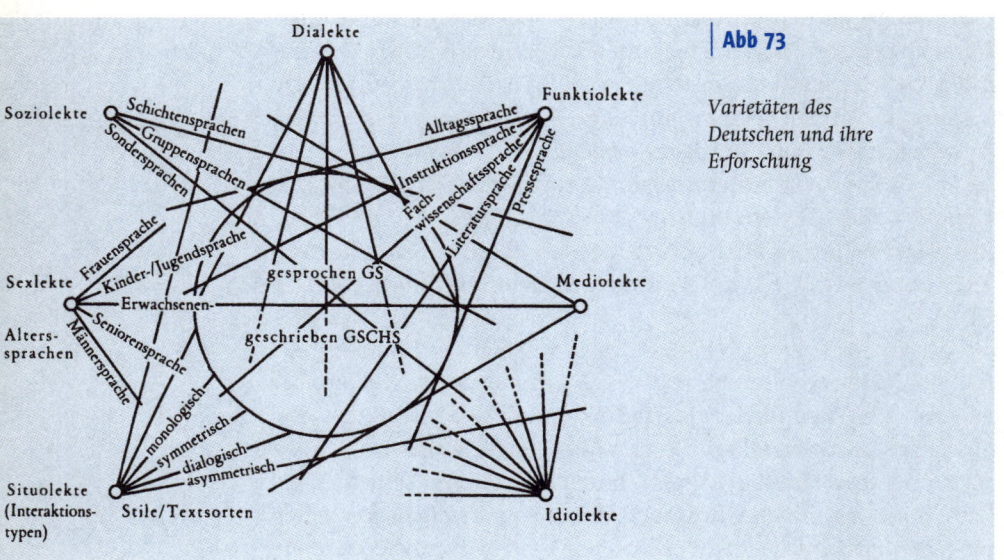

Abb 73

*Varietäten des
Deutschen und ihre
Erforschung*

Die Graphik ist nach Aussage ihres Schöpfers Heinrich Löffler
bewusst verwirrend gehalten, wodurch die Komplexität und Relati-
vität jedes Einteilungsversuches der Sprachwirklichkeit angedeutet werden soll. Jeder Klassifizierungsversuch ist nur eine Frage des
Standpunktes und letztendlich immer unzureichend. Die Übergänge sind fließend, die Unterscheidungskategorien überschneiden
sich. Am wichtigsten ist zunächst die Unterscheidung zwischen
Gesprochener Sprache (GS) und **Geschriebener Sprache** (GSCHS).
Diese werden gebildet von sechs Großbereichen („Lekten"), die sich
nach dem Medium (**Mediolekte**), der Funktion (**Funktiolekte**), der
räumlichen Verteilung (**Dialekte**), der Gruppenverwendung (**Soziolekte**), nach Geschlecht und/oder Alter (**Sexolekte, Gerontolekte**)
und nach Situation (**Situolekte**) unterscheiden. Alle diese Lekte bilden Untergruppen, die miteinander vernetzt sind (das sollen die
durchgezogenen und unterbrochenen Linien andeuten). Die Untersuchung aller dieser Varietäten, Stillagen und Register ist nun Aufgabe der Soziolinguistik, die damit zu einer Art „Überwissenschaft"
wird.

Jeder Mensch verfügt also über verschiedene **Varietäten** (oder **Register** oder **Kodes**), etwa die Sprachform in der Familie, im Beruf, in der Öffentlichkeit (bei Reden), zwischen denen er je nach Situation hin- und herwechseln kann. Man bezeichnet das auch als **Codeswitching**. Außerdem wandelt sich die Sprache eines Menschen auch diachron im Laufe seines Lebens, meist ohne dass er es selbst bemerkt.

Eine der Kernfragen der aktuellen Soziolinguistik lautet: Bedingt die Sprache die Gesellschaft, oder ist es umgekehrt? Jedenfalls darf die Wissenschaft keinen Gegensatz zwischen Sprache und Gesellschaft konstruieren, da beide ineinander verwoben sind.

Zusammenfassung

▶ Pragmatik ist die Wissenschaft vom menschlichen Handeln, Pragmalinguistik die Wissenschaft vom Handeln mit Sprache. Die Sprachhandlungstheorie wurde oft als Gegensatz der bis etwa 1970 vorherrschenden Abbildungsfunktion von Sprache gesehen, obwohl sich beide Ansätze nicht widersprechen, sondern ergänzen.

Mit unserer Sprache interagieren wir mit der Welt. Wir verfügen einerseits über ein oder mehrere Weltwissen, die wir unserer Erfahrung in der Welt und mit ihr verdanken, und andererseits über ein oder mehrere Sprachwissen. Im Sprachverhalten werden beide Kenntniskreise miteinander verbunden, indem wir wissen, wie Sprache angewendet wird oder adäquat angewendet werden sollte. Durch unsere Sprachbenutzung präsupponieren wir ständig das Weltwissen in die Sprache hinein und inferieren außersprachliche Fakten. Mit deiktischen Mitteln wie *ich, hier, jetzt* glaubte man lange Zeit, direkte Zeigefunktionen der Sprache ausgemacht zu haben, aber die genaue Funktionsbestimmung von Appellativen und Deiktika unterliegt gegenwärtig wieder einer Neuorientierung.

Die Sprachpragmatik stellt, den Vorstellungen von CHARLES W. MORRIS folgend, den Zeichenverwender in den Mittelpunkt ihrer Überlegungen. Wenn man sich demnach fragt, was der Sprecher mit Sprache tut, rückt der einzelne Sprechakt in den Mittelpunkt der Betrachtung. JOHN L. AUSTIN und JOHN R. SEARLE

Zusammenfassung

entwickelten, ausgehend von mehr kryptischen als deutlichen Bemerkungen LUDWIG WITTGENSTEINS, die Sprechakttheorie, die darauf fußt, dass jede sprachliche Äußerung eine Handlung darstellt, die glücken und gelingen oder missglücken und misslingen kann. Mit dem indirekten Sprechakt wurde ein Instrument geschaffen, Fälle von Sprachverwendungen, bei denen Form und Funktion voneinander abweichen, besser verstehen und beschreiben zu können als bisher.

Die Sprachpragmatik wendet ihre Anschauungen und Methoden sowohl auf gesprochene Sprache (Gespräche oder Konversationen) als auch auf geschriebene (Texte) an. Die Konversationsanalyse will die Regeln entdecken, nach denen Gespräche ablaufen, und ihre praktischen Auswirkungen auf die Sprachteilnehmer aufdecken. Mit den GRICE'schen Konversationsmaximen, den Regularitäten beim Sprecherwechsel und der Korrektur wurden wesentliche Beiträge auf diesem Gebiet geleistet. Die Untersuchung von Texten aus pragmatischer Sicht kann natürlich nicht auf grammatische und semantische Aspekte verzichten, aber auch hier steht der Sprachgebrauch im Vordergrund, wie das Textmodell von DE BEAUGRANDE und DRESSLER zeigt.

Wenn die Pragmatik den Zeichenverwender in den Mittelpunkt stellt, können auch seine gesellschaftliche Positionierung und das soziale Interagieren mit anderen Individuen nicht ohne Auswirkungen auf seine Sprache bleiben. Diese Aspekte untersucht die Soziolinguistik. Sie beschreibt die schichtspezifischen Varietäten (Soziolekte, Gruppensprachen) und bildet damit das Gegenstück zur Dialektologie, die die geographischen Ausprägungen beschreibt. In den letzten Jahren und Jahrzehnten sind Soziolinguistik und Dialektologie daher auch gemeinsame Wege gegangen. Die Soziolinguistik nimmt eine wichtige Stellung innerhalb der Linguistik ein, ihre Erkenntnisse über Dialektverwendung, Fachsprachen, stellungs- und situationsgebundenen Sprachgebrauch, etwa bei Politikern, macht sie auch außerhalb des akademischen Umkreises bekannt.

Übungen

● Finden Sie aus Ihrer persönlichen Umgebung ein Beispiel für **1**
Alltagswissen und Erfahrungswissen.

● Geben Sie für folgende Äußerungen die enthaltenen Präsupposi- **2**
tionen an. Kontrollieren Sie ihre Ergebnisse mittels der Negationskonstanz.
a. *Ich sehe den Mann mit dem Bart.*
b. *Patrick bedauert, nicht beim Empfang gewesen zu sein.*
c. *Er hörte nicht auf, über seine Kopfschmerzen zu klagen.*
d. *Der Augenblick der Genugtuung kam nicht wieder.*
e. *Als er eintrat, bemerkte er die Veränderung.*
f. *Luther, der zuerst Mönch war, trat gegen den Papst auf.*
g. *Wenn ich reich wäre, würde ich dir einen Elefanten kaufen.*
h. *Wer ist der Präsident von Tschechien?*
i. *Kannst du mir bitte das Salz geben?*
Denken Sie daran, dass sich die Präsuppositionen auf den
Hauptsatz beziehen.

● Was versteht man unter Deixis? **3**

● Markieren Sie in diesem Absatz alle deiktischen Elemente: **4**
*Nach gut zwei Stunden hatte Schröder dann sichtbar genug. Er schaute
mehrmals demonstrativ auf die Uhr, bis er schließlich irgendwann Stoiber die Hand auf den Arm legte: „Können wir danach Schluss machen?
Ich muss in die nächste Veranstaltung." Stoiber sprach weiter. Der
Kanzler nahm sich das kleine Mikro vom Revers und klappte vernehmlich die Absätze zusammen. Stoiber wollte gerade auf die Frage antworten, wer denn eventuell sein Nachfolger in Bayern werden könnte, als
Schröder sagte: „Das macht unter euch aus." Sprach's, stand auf, verabschiedete sich und enteilte.* (113 r)

● Konstruieren Sie fünf direkte Sprechakte und ihre Entsprechun- **5**
gen als indirekte Sprechakte.

● Gegen welche GRICE'schen Maximen verstößt folgender Dialog **6**
(nach LEVINSON 2000, S. 113) scheinbar:
A: *Wo ist Willi?*
B: *Vor Susannes Haus steht ein gelber VW.*

7 ● Nennen Sie die verschiedenen Arten der Reparatur.

8 ● Stellen Sie mittels Duden-Wörterbuch fest, wie die Ausdrücke *dröge* (263 l) und *Depp* (113 r) in ihrer Verwendung als landschaftlich gebunden beschrieben werden. Zusatzaufgabe: Können Sie eruieren, aus welcher Großlandschaft folgende Äußerung stammt: *Habt's an Kaffee?* (111 l)

9 ● Schlagen Sie in einem linguistischen Lexikon oder einer soziolinguistischen Fachdarstellung die Unterschiede zwischen **Bilingualismus** und **Diglossie** nach.

10 ● Finden Sie einander entsprechende männliche und weibliche Berufs- oder Funktionsbezeichnungen, die nicht auf Movierung basieren.

Kapitel 1

● Mit dem „Rundtanz", bei dem sie sich um die eigene Achse dre-   **1**
hen, drücken Bienen aus, dass sich die Futterquelle in der Nähe
des Bienenstocks befindet. Ist sie weiter entfernt, führen sie den
„Schwänzeltanz" aus, bei dem sie Achterkurven um eine etwas
längere Achse drehen. Richtung der Achse und die Größe der
Kurven geben dabei die Richtung und die Entfernung der Futterquelle an.

Bienentanz   **Abb 74**

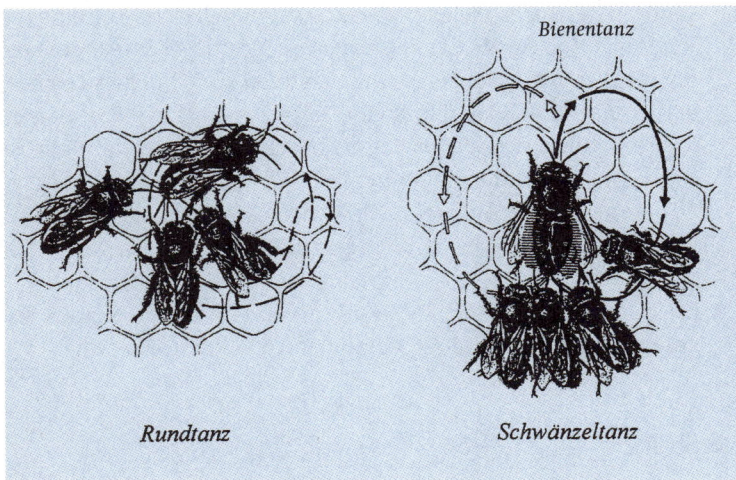

Rundtanz   Schwänzeltanz

● Siehe dazu die Namen auf S. 16, 30, 36–37.   **2**

● Tieren fehlt die metasprachliche Ebene: Sie können nicht mit   **3**
ihrer Sprache über ihre Sprache reden, und sie können ihr Kom-
munikationssystem auch nicht bewusst verändern.

● Die durchbrochenen Linien symbolisieren die Arbitrarität des   **4**
sprachlichen Zeichens (vgl. S. 52).

● Siehe die Darstellung von S. 23–25.   **5**

6
● Die Zahlzeichen: 1, 2, 3 etc. oder X (aus griech. χ) für ‚Christ(us)‘, etwa in *X-mas* (Fremdwort aus dem Englischen).

7
● Minimalpaare sind: Gold – Geld, Fenster – finster, fragen – ragen, lacht – Licht, reisen – reißen.
Keine Minimalpaare, weil sie sich in mehr als einem Element unterscheiden, sind: Frau – blau, fragen – sagen.
Beide Möglichkeiten: Zeit – seit.

8
● Bei SAUSSURE steht nicht die Kommunikation im Vordergrund, sondern das sprachliche Zeichen mit seinen beiden Komponenten Inhalt und Ausdruck. Er will zeigen, dass zwei Sprecher ständig Ausdruck und Inhalt der verwendeten sprachlichen Zeichen kodieren und dekodieren. BÜHLER hingegen will die Funktionen des sprachlichen Zeichens (an dessen Beschreibung durch SAUSSURE er nichts ändern will) beschreiben und setzt es daher in Beziehung zu den Aufgaben, die es nach seiner Ansicht zu erfüllen hat, d.h. zu Sender, Empfänger und realer Welt.

9
● Etwa in nicht natürlicher Redeweise, z.B. in einem Schauspiel auf einer Bühne oder einer vorab besprochenen Situation.

Kapitel 2

1
●
1. tseːn ˈmɛnə ˈʃtandn̩ ʔɪm raʊm
2. ˈʔaɪnə ˈʔœfnətə deːn ˈkɔfɐ ʔʊnt zaː diː ˈklaɪnən ˈʃuːə diː ziː ʔiːrən ˈkɪndɐ gəˈkaʊft ˈhatə
3. tseːn ˈmɛnə
4. ˈʔaɪnə ˈʃtɛltə ˈfraːgn̩ viː ˈfiːlə ˈkɪndɐ hast duː
5. ʔʊnt ziː ˈvʊstə diː ˈfraːgn̩ ˈvaːrən nuːɐ̯ ʃaɪn
6. man ʃlɔs deːn ˈkɔfɐ ziː zaː diː ˈbʊntn̩ ˈʃuːə nɪçt meːɐ̯ ʔʊnt deːɐ̯ bʊs fuːɐ̯ ˈvaɪtɐ hɪnˈyːbɐ ʔɪn diː ˈzɪçəhaɪt ˈtʃiːlə ˈʔaʊslant ˈʔoːnə ˈzɪlvia tɔlɡɪnskɪ
7. ʔɪç ˈmœçtə fɛɐ̯ˈgɛsn̩ zaːgt diː frau ˈmœçtə maɪn ˈleːbn̩ ˈkaɪnəm ʔɛɐ̯ˈtseːlən maɪn ˈleːbn̩ gəˈhøːɐ̯t miːɐ̯
8. ziː ˈreːdət ˈlaŋzaːm ˈʃtraɪçəlt zɪç deːn hals
9. dan vaːɐ̯ ˈruːə
10. ʔʊnt ziː ˈvʊstə ˈdiːzə ˈʃuːə ˈziːst duː niː meːɐ̯
11. ʔɛs vaːɐ̯ ʔaɪn ˈhɛlɐ taːk

Lösungen

● Die Neuerungen betreffen den Unterschied zwischen Adjektiv **2**
und Adverb: Die alte Unterscheidung *war*

Pfleger Jörg ist <u>vorsichtig</u>. (278)   Adjektiv (beim Hilfsverb)

Pfleger Jörg fährt <u>vorsichtig</u>.   Adverb (beim Vollverb)

Neu definiert sind die Partikeln:

Adverbien sind formal unveränderlich und nehmen die Funktion von Satzgliedern ein, z.B.: *er ist <u>bislang</u> unbescholten = er ist bis heute unbescholten.* (PE)

Heiko Jäpel ist den ganzen Tag <u>unterwegs</u>. (252 l) > Heiko Jäpel ist den ganzen Tag in Düsseldorf.

Partikeln: formal unveränderlich, nehmen nicht die Funktion von Satzgliedern ein, z.B. *aber, sehr, vielleicht, eigentlich* u.a.m.

Aber ein Zeichen <u>schon</u>, dass die alte Welt nicht völlig untergegangen ist. (235)

Die Interjektionen werden nun zu den Partikeln gezählt.

Die 6. Auflage kennt somit neun Wortarten: Substantiv, Verb, Adjektiv, Artikel, Pronomen, Adverb, Partikel, Präposition, Konjunktion

● Die Merkmale „konjugierbar", „deklinierbar" sind formal, „arti- **3**
kelfähig", „mit/ohne Kasusforderung" syntaktisch, „Satzglied" funktional. „komparierbar" ist zwar formal, aber nicht auf alle Adjektive anwendbar (z.B. nicht auf *tot*).

● [y:] = hoch, vorne, gerundet, lang **4**

[ç] = stimmloser palataler Frikativ

[ʁ] = stimmhafter uvularer Frikativ

[l] = dentaler (oder alveolarer) Lateral

[kx] = velare Affrikata

[n] = dentaler (oder alveolarer) Nasal

● stimmhafter dentaler (oder alveolarer) Plosiv = [d] **5**

vorderer, mittlerer, ungerundeter, kurzer Vokal = [e]

bilabialer Nasal = [m]

hinterer, gerundeter, mittlerer langer Laut = [o:]

dentaler (oder alveolarer) Vibrant = [r]

stimmhafter labiodentaler Frikativ = [v]

6 ● Vgl. dazu S. 87–88.

7 ● *(sich) betten*: Konversion, genauer Rückbildung (< *Bett*)
lufthungrig: mit Suffix deriviertes Adjektivkompositum
Mannweib: „echtes" Determinativkompositum ohne Fugenelement
Gotteswort: „unechtes" Determinativkompositum
Laser: Kürzung, genauer Akronym (*light amplification by stimulated emission of radiation*)
Nahrungsmittel: Determinativkompositum mit unetymologischem Fugenelement

8 ● TG: Der *Linguist* = Subjekt, *liebt* = Prädikat, *einfache Sätze* = Akkusativobjekt, *einfache* = Attribut von O_4.

DG:

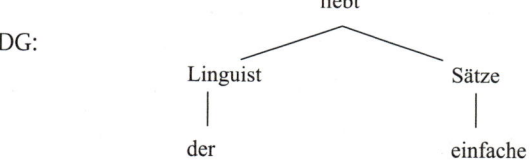

GG:

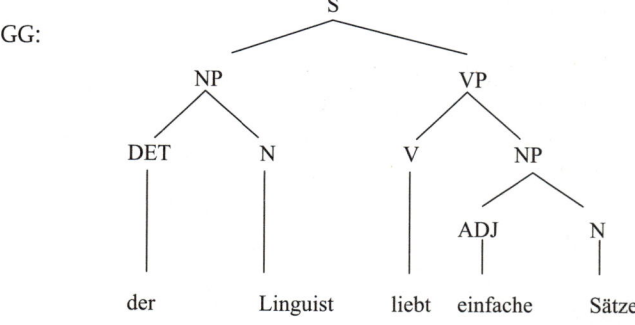

9 ● a Kernform/Verbzweitsatz
b Kernform/Verbzweitsatz mit Satzklammer
c Kernform/Verbzweitsatz mit Satzklammer

d *Wer ihm begegnet* Spannform/Verbendsatz
d *x merkt schnell* Kernform/Verbzweitsatz
d *dass der ehemalige Vollzugsbeamte ...* Spannform/Verbendsatz
e *Bei Jacques Derrida ... findet sich eine andere Deutung*
    Kernform/Verbzweitsatz
e *zu dem man immer greifen kann* Spannform/Verbendsatz
e *wenn man einen schlauen Spruch braucht* Spannform/Verbendsatz
f *Ist es nicht herrlich* Stirnform/Verberstsatz
e *wie er das macht* Spannform/Verbendsatz.

● *Sie konnten **beobachten**, wie er sich an der Scheunenwand zu schaffen* 10
machte, <u>dort</u> einige Bretter entfernte und in die Scheune einsteigen konn-
te. Das Scheunentor wäre offen gewesen, und <u>deshalb</u> wurden <u>die Beob-</u>
<u>achter</u> erst recht aufmerksam ... <u>Die Melder</u> konnten mit dem Fernglas
*weiter **beobachten**, wie <u>der Einschleichende</u> <u>die Bretter</u> wieder fein säu-*
berlich in die Nut der Pfostern und Streben einsetzte.
*<u>unterstrichen</u> = anaphorisch, **fett** = kataphorisch*

Kapitel 3

● Jede Linguistin/jeder Linguist sollte die Bedeutung ihres/seines 1
Namens kennen. Verwenden Sie z.B. die genannten Vor- und
Familiennamenbücher auf http://mailbox.univie.ac.at/peter.ernst.

● Die Untersuchungsbereiche der drei Wissenschaften, als deren 2
Vertreter die Protagonisten fungieren, befinden sich nicht auf
derselben Ebene. Während sich der Zoologe mit konkreten, in
der Natur nachweisbaren und „realen" Dingen (d.h. Lebewesen)
beschäftigt und der Mathematiker rein geistige Einheiten (Zah-
len und Formeln) zur Grundlage seiner Wissenschaft hat, untersucht der Linguist Einheiten, deren wahre Natur bis heute nicht
zufrieden stellend geklärt werden konnte, die aber wohl eine
Kombination aus Geist (Vorstellungen) und Materie (Ausdrücke)
darstellen. Zudem ist er der einzige, dessen Untersuchungsgegenstand und Beschreibungsmethode identisch sind. Und letztlich kommt es darauf an, wofür das Schaf in der Geschichte
steht.

3

● Die Matrix könnte etwa folgendes Aussehen haben:

	mit Motor	auf dem Land	Personenbeförderung	vier Räder
Auto	+	+	+	+
Lastwagen	+	+	–	+
Pkw	+	+	+	+
Motorrad	+	+	+	–
Flugzeug	+	–	Ø	Ø
Motorboot	+	–	+	Ø
Eisenbahn	+	+	Ø	Ø
Rollschuhe	–	+	+	Ø

4

● *Hochzeit* ‚jede Art von Fest > ‚Fest der Eheschließung': Bedeutungsverengung

feige ‚todgeweiht' > ‚ängstlich, mutlos': Bedeutungsverschiebung + Bedeutungsverschlechterung

Ampel ‚schalenförmige Hängelampe' > ‚Verkehrszeichen': Bedeutungsverschiebung

Pfaffe ‚Weltgeistlicher', seit der Reformation pejorativ: Bedeutungsverschlechterung

Liebe ‚geistige Zuneigung' > ‚geistiges und körperliches Liebhaben': Bedeutungserweiterung

Zunge ‚Zunge' > ‚Zunge, Sprache': Bedeutungserweiterung

Vewenden Sie die zitierten etymologischen Wörterbücher im Literaturverzeichnis.

5

● *Am Lebensende wird im reichen Deutschland gegeizt.* (280 l)
am Lebensende = Zeit + Source, *im reichen Deutschland* = Lokativ
Keith Lynch wohnt ein paar Häuser westlich. (107 l)
Keith Lynch = Agens, *ein paar Häuser westlich* = Lokativ
Im Laden wirft er seinen Hut an den Nagel ... (107 r)
im Laden = Lokativ, *er* = Agens, *seinen Hut* = Instrument, *an den Nagel* = Lokativ
Nirgendwo könne er sich so erholen. (106 r)
nirgendwo = Lokativ, *er* = Experiencer

● p ∧ q: Sokrates wird ein Bruder aller Menschen. 〖6〗

p → q: Wenn alle Menschen Brüder werden, wird (auch) Sokrates ein Bruder.

p ∧ ¬ q: Alle Menschen werden Brüder, aber Sokrates nicht.

● Siehe S. 224–225. 〖7〗

● Eigennamen können sich von Appellativen in der Referenz, der 〖8〗
Schreibung, der Lautung, der Morphologie, der Syntax und dem
amtlichen Sprachgebrauch unterscheiden, s. S. 196–197.

● Für die Arbitrarität des sprachlichen Zeichens. 〖9〗

Kapitel 4

● Etwa: Durch unser Alltagswissen kennen wir das heimische und 〖1〗
seit längerem importierte Obst (Äpfel, Birnen, Bananen). Neue,
exotische Obstsorten (z.B. Mangos, Sternenfrüchte) müssen wir
erst kennenlernen.

● Präsuppositionen: 〖2〗
2a. >Der Mann hat einen Bart.<
2b. >Patrick war nicht beim Empfang.< >Es gab einen Empfang.<
2c. >Er hatte Kopfschmerzen.<
2d. >Es gab einen Augenblick der Genugtuung.<
2e. >Er trat ein.<
2f. >Luther ist Mönch gewesen.<
2g. >Ich bin nicht reich.<
2h. >Es gibt einen Präsidenten von Tschechien.<
2i. >Es gibt (hier) Salz.<

● Lesen Sie auf S. 237ff. nach. 〖3〗

● *Nach* gut *zwei Stunden hatte Schröder* dann *sichtbar genug. Er schaute* 〖4〗
mehrmals demonstrativ auf die Uhr, bis er *schließlich* irgendwann *Stoi-*
ber die Hand auf den Arm legte: „Können wir danach *Schluss machen?*

Ich muss in die nächste Veranstaltung." Stoiber sprach weiter. Der Kanzler nahm sich das kleine Mikro vom Revers und klappte vernehmlich die Absätze zusammen. Stoiber wollte gerade auf die Frage antworten, wer denn eventuell sein Nachfolger in Bayern werden könnte, als Schröder sagte: „Das macht unter euch aus." Sprach's, stand auf, verabschiedete sich und enteilte.
Frage ist als textdeiktischer Verweis auf den folgenden indirekten Fragesatz zu werten.

5 ● Zum Beispiel:
‚Ich verspreche, dich vom Bahnhof abzuholen.' ≈ *Selbstverständlich hole ich dich vom Bahnhof ab.*
‚Hiermit kündige ich Ihnen fristlos.' ≈ *Ich muss ab sofort auf Ihre Mitarbeit verzichten.*
‚Ich entschuldige mich aufrichtig für meine Worte.' ≈ *Sie werden mir doch nicht mehr böse sein?*
‚Bitte, schließen Sie das Fenster!' ≈ *Ist Ihnen nicht auch kalt?*
‚Dafür werde ich mich an Ihnen rächen!' ≈ *Das wird Folgen für Sie haben!*

6 ● Bs Antwort ist, wörtlich genommen, keine Antwort auf As Frage. Sie scheint gegen die Maximen der Quantität und der Relevanz zu verstoßen, denn sie ist scheinbar nicht informativ und nicht relevant. Wenn man allerdings davon ausgeht, dass B kooperativ ist und sehr wohl As Frage beantworten will, dann stellt man eine Verbindung zwischen Willis Aufenthaltsort und dem abgestellten Fahrzeug her und schließt daraus, dass Willi sein Auto vor dem Haus von Susanne geparkt hat und sich bei ihr aufhält.

7 ● S. dazu S. 263–264.

8 ● *dröge* norddeutsch, *Depp* süddeutsch (beides ist im Duden verzeichnet). *Habts an Kaffee* ist sicher süddeutsch, vor allem durch das *an* für *einen* (statt *'nen*) und das *-s* in *Habts*, das auf die alte Dualform *es* ‚ihr beiden' zurückgeht, die sich dialektal im Oberdeutschen erhalten hat.

Lösungen

- Bilingualismus liegt vor, wenn ein oder mehrere Sprecher in der
Lage sind, sich in zwei Sprachen so gut auszudrücken wie in der
Muttersprache. Folglich muss es auch Trilingualismus etc.
geben.
Diglossie bezieht sich auf dieselbe Sprache und meint die funktionale Verwendung von verschiedenen Varietäten derselben
Sprache durch einen Sprecher. Musterbeispiel ist die Schweiz,
wo die Verwendung von Dialekt und Standardsprache jeweils
nach genau definierten Zwecken streng geregelt ist. Der Begriff
kann aber auch auf verschiedene Sprachen angewendet werden
(z.B. Englisch und Französisch in Teilen Kanadas).

9

- Hexe – Hexer, Witwe – Witwer, Hebamme – ?

10

Literatur

Aus Raumgründen werden hier nur einige wenige allgemeine Darstellungen vorgestellt. Eine
ausführliche Basisbibliographie zur Germanistischen Sprachwissenschaft sowie eine linguistische
Linksammlung finden Sie im Internet unter „http://homepage.univie.ac.at/peter.ernst".

Grundlagenwerke

ABRAHAM, WERNER (1988): Terminologie zur neu-
eren Linguistik. 2 Bände. 2. Aufl. Tübingen.
BUSSMANN, HADUMOD (2002) (Hg.): Lexikon der
Sprachwissenschaft. 3. Aufl. Stuttgart
CRYSTAL, DAVID (1997): The Cambridge Encyclo-
pedia of Language. Second edition. Cam-
bridge. Korrigierter Nachdruck 2002. Die
deutsche Übersetzung der 1. Aufl. ist
erschienen als: CRYSTAL, DAVID (1995): Die
Cambridge-Enzyklopädie der Sprache.
Frankfurt am Main, New York.
DITTMANN, JÜRGEN / SCHMIDT, CLAUDIA (2002) (Hg.):
Über Wörter. Grundkurs Linguistik. Frei-
burg i. Br.
DÜRSCHEID, CHRISTA (2003): Syntax. Grundlagen
und Theorien. 2. Aufl. Wiesbaden.
FLEISCHER, WOLFGANG / HELBIG, GERHARD / LERCHNER,
GOTTHARD (2002) (Hg.): Kleine Enzyklopädie
– Deutsche Sprache. Frankfurt am Main
GLÜCK, HELMUT (2000) (Hg.): Metzler Lexikon
Sprache. 2. Aufl. Stuttgart, Weimar.

Handbücher zur Sprach- und Kommunika-
tionswissenschaft. Buchreihe des Verlags
Walter de Gruyter, Berlin.
(„http://www.degruyter.de")
KÖNIG, WERNER (1998): dtv-Atlas zur deutschen
Sprache. Tafeln und Texte. 12. Aufl. München.
LYONS, JOHN (1992): Die Sprache. 4. Aufl. München.

Zitierte Werke

BLOOMFIELD, LEONARD (2001): Die Sprache. Deut-
sche Erstausgabe, übersetzt, kommentiert
und herausgegeben von PETER ERNST und
HANS CHRISTIAN LUSCHÜTZKY. Mit einem
Geleitwort von ANDRÉ MARTINET. Wien.
CHOMSKY, NOAM (1969): Aspekte der Syntax-
Theorie. Frankfurt am Main.
DITTMANN, JÜRGEN (2002): Der Spracherwerb des
Kindes. München.
Duden. Grammatik der deutschen Gegen-
wartssprache (1998). 6. Aufl., bearb. von
PETER EISENBERG, HERMANN GELHAUS, HELMUT

Literatur

HENNE, HORST SITTA und HANS WELLMANN.
Mannheim, Leipzig, Wien, Zürich.
FANSELOW, GISBERT / FELIX, SASCHA W. (1993). Sprach-
theorie. 2 Bde. 3. Aufl. Tübingen, Basel.
HELBIG, GERHARD / SCHENKEL, WOLFGANG (1983):
Wörterbuch zur Valenz und Distribution
deutscher Verben. 7. Aufl. Tübingen.
HELBIG, GERHARD (2002): Linguistische Theorien
der Moderne. Berlin.
LABOV, WILLIAM (1971): Das Studium der Spra-
che im sozialen Kontext. In: KLEIN, WOLF-
GANG / WUNDERLICH, DIETER (Hg.): Aspekte
der Soziolinguistik. Unter Mitarbeit von
NORBERT DITTMAR. Frankfurt am Main.
LEVINSON, STEPHEN C. (2000): Pragmatik. Neu
übersetzt von MARTINA WIESE. Tübingen.
LYONS, JOHN (1983): Semantik. 2 Bände. Mün-
chen.

MINSKY, MARVIN (1975): A Framework for Repre-
senting Knowledge. In: WINSTON, H. P. (Hg.):
The Psychology of Computer Vision. New
York, S. 211-278.
MÜLLER, HORST M. (2002) (Hg.): Arbeitsbuch Lin-
guistik. Paderborn u.a. (UTB 2169).
PAUL, HERMANN (1995): Prinzipien der Sprachge-
schichte. 10. Aufl. Tübingen.
VASSILAKOU, MARIA (1997): Textlinguistik. In:
ERNST, PETER (Hg.): Einführung in die syn-
chrone Sprachwissenschaft. Wien, Kap. 12.
WITTGENSTEIN, LUDWIG (1984): Philosophische
Untersuchungen. In: WITTGENSTEIN, LUDWIG:
Tractatus logico- philosophicus, Tagebü-
cher 1914–1916, Philosophische Untersu-
chungen. Ludwig Wittgenstein Werkaus-
gabe Bd. 1. Frankfurt am Main.

Abkürzungsverzeichnis

<	=	entstanden aus	Ind.	=	Indikativ
>	=	wird zu	Konj.	=	Konjunktiv
*	=	ungrammatische Form	lat.	=	lateinisch
Adb.	=	Adverbiale	m.	=	Maskulinum
Adj.	=	Adjektiv	mhd.	=	mittelhochdeutsch
ahd.	=	althochdeutsch	n.	=	Neutrum
Akk.	=	Akkusativ	nhd.	=	neuhochdeutsch
Attr.	=	Attribut	Nom.	=	Nominativ
Dat.	=	Dativ	Obj.	=	Objekt
DG	=	Dependenzgrammatik	P.	=	Person
dt.	=	deutsch	Pl.	=	Plural
engl.	=	englisch	Präd.	=	Prädikat
f.	=	Femininum	Präs.	=	Präsens
französ.	=	französisch	Prät.	=	Präteritum
Gen.	=	Genetiv	Sg.	=	Singular
german.	=	germanisch	span.	=	spanisch
Gramm.	=	Grammatik	sth.	=	stimmhaft
griech.	=	griechisch	stl.	=	stimmlos
GG	=	Generative Grammatik	Subj.	=	Subjekt
hebr.	=	hebräisch	Subst.	=	Substantiv
idg.	=	indogermanisch	TG	=	Traditionelle Grammatik

Andere Abkürzungen werden an den entsprechenden Stellen im Text aufgelöst.

Abbildungsverzeichnis

Abb. 1: NASA, U.S.A.

Abb. 2: CANNON, GARLAND (1990): The Life and Mind of Oriental Jones. Sir William Jones, the father of modern linguistics. Cambridge u.a.

Abb. 3: GRIMM, JACOB / GRIMM, WILHELM (1854): Deutsches Wörterbuch. Band 1: A-Biermolke. Leipzig. Nachdruck München 1984, 1999.

Abb. 4: Deutsche Schriftsteller im Porträt. Band 3: Sturm und Drang, Klassik, Romantik. Hg. von JÖRN GÖRES. München.

Abb. 5: HAIDER, HUBERT (2001): Spracherwerb, Sprachverlust, Sprachvermögen. Sprache im Netzwerk von Biologie, Psychologie und Neurologie, In: PANAGL, OSWALD / GOEBL, HANS, BRIX, EMIL (Hg.): Der Mensch und seine Sprache(n). Wien, Köln, Weimar, S. 25–56.

Abb. 6: Bildarchiv der Österreichischen Nationalbibliothek Wien.

Abb. 7: SAUSSURE, FERDINAND DE (2001): Grundfragen der allgemeinen Sprachwissenschaft. Hg. von CHARLES BALLY und ALBERT SECHEHAYE unter Mitwirkung von ALBERT RIEDLINGER. Übersetzt von HERMAN LOMMEL. 3. Aufl., mit einem Nachwort von PETER ERNST. Berlin, New York.

Abb. 10, 67: BÜHLER, KARL (1999): Sprachtheorie. Die Darstellungsfunktion der Sprache. Mit einem Geleitwort von FRIEDRICH KAINZ. 3. Aufl. Stuttgart.

Abb. 11: WELLS, CHRISTOPHER J. (1990): Deutsch: eine Sprachgeschichte bis 1945. Tübingen.

Abb. 13: JOACHIM HERRGEN / ALEXANDRA LENZ (1993): Digitale Dialektologie. Online-Publikation des Wenker-Atlasses im Internet. In: Marburger Uni-Journal Nr. 14 (Januar 2003), S. 43–48.

Abb. 20, 23, 24, 30, 31: ERNST, PETER (1999) (Hg.): Einführung in die synchrone Sprachwissenschaft. 2. Aufl. Wien.

Abb. 32, 35: BÜHLER, HANS / FRITZ, GERD / HERRLITZ, WOLFGANG / HUNDSNURSCHER, FRANZ / INSAM, BERND / SIMON, GERD / WEBER, HEINRICH (1990): Linguistik I. Lehr- und Übungsbuch zur Einführung in die Sprachwissenschaft. 6. Aufl. Tübingen.

Abb. 33, 61: MÜLLER, HORST M. (2002) (Hg.): Arbeitsbuch Linguistik. Paderborn u.a.

Abb. 36: Duden. Grammatik der deutschen Gegenwartssprache (1998). 6. Aufl., bearb. von PETER EISENBERG, HERMANN GELHAUS, HELMUT HENNE, HORST SITTA und HANS WELLMANN. Mannheim, Leipzig, Wien, Zürich.

Abb. 38: Kinowelt Filmverleih.

Abb. 39: BLOOMFIELD (2001).

Abb. 40: Nach BERGENHOLTZ, HENNING / MUGDAN, JOACHIM (1979): Einführung in die Morphologie. Stuttgart, Berlin, Köln, Mainz.

Abb. 45: GRÉCIANO, GERTRUD / SCHUMACHER, HELMUT (Hg.): Lucien Tesnière – Syntaxe structurale et opérations mentales. Akten des deutsch-französischen Kolloquiums anläßlich der 100. Wiederkehr seines Geburtstages, Strasbourg 1993. Tübingen.

Abb. 48: SANDIG, BARBARA (1972): Zur Differenzierung gebrauchssprachlicher Textsorten im Deutschen. In: GÜLICH, ELISABETH / RAIBLE, WOLFGANG (Hg.): Textsorten. Differenzierungskriterien aus linguistischer Sicht. Frankfurt am Main, S. 113–124.

Abb. 50: Nach OGDEN, CHARLES KAY / RICHARDS, IVOR ARMSTRONG (1974): Die Bedeutung der Bedeutung (The Meaning of Meaning). Eine Untersuchung über den Einfluß der Sprache auf das Denken und über die Wissenschaft des Symbolismus. Aus dem Englischen von GERT H. MÜLLER. Frankfurt am Main.

Abb. 51: MORRIS, CHARLES WILLIAM (1972): Grundlagen der Zeichentheorie. Ästhetik und Zeichentheorie. Aus dem Amerikanischen von ROLAND POSNER unter Mitarbeit von JOCHEN REHBEIN. Mit einem Nachwort von FRIEDRICH KNILLI. München. Lizenzausgabe Frankfurt am Main 1988.

Abb. 53: REUTNER, RICHARD (1999): Namenkunde. In: ERNST (1999), Kap. 16.

Abb. 64: Kunsthistorisches Museum Wien

Abb. 65, 66: ERNST, PETER (2002): Pragmalinguistik. Grundlagen, Anwendungen, Probleme. Berlin, New York.

Abbildungsverzeichnis

Stichwortverzeichnis

Fügungen von Adjektiv und Substantiv werden unter dem Substantiv angeführt, z.B. Kognitive Wende → Wende, Kognitive.

Stichwortverzeichnis

Stichwortverzeichnis

Stichwortverzeichnis

Stichwortverzeichnis

Stichwortverzeichnis

Stichwortverzeichnis